Pour Mr l'abbé de Tanouarn
en espérant que ce récit
vous plaise.
Salutations

Alain Le Bihan

MACRON
LE GRAND LIQUIDATEUR

« Quoiqu'il en coûte ? »

Editions des Cimes
Paris, 2022.
Collection « Politica »
ISBN : 979-10-91058-46-9

MACRON
LE GRAND LIQUIDATEUR

PRÉFACE

de Roland Hureaux

L'éclatement d'une épidémie (ou pandémie, comme on voudra, c'est, paraît-il, une question de degré) comportant une infection virale appelée le Covid 21 depuis le mois de janvier 2020 jusqu'à aujourd'hui, est, en dehors des guerres, un des événements les plus frappants des dernières années.

Compte tenu de ses répercussions économiques, personne ne sait d'ailleurs quelles en seront les conséquences ultimes.

Pourtant le nombre de victimes estimé dans le monde : 3 ou 4 millions — très exagéré selon certains du fait de l'inclusion de polymorbidités et spécialement celle de gens très âgés, est loin d'atteindre par ses effets d'autres catastrophes : 30 millions, peut-être 100, pour la Grippe espagnole de 1918. En proportion, le nombre de victimes est loin d'être à la hauteur de l'émotion suscitée.

Il est vrai quelles mesures drastiques prises à travers le monde, de manière concertée par les gouvernements pour ouvrir un contre-feu : confinement étendu, restrictions de toutes sortes à la circulation et à la vie économique, ont eu des conséquences au moins aussi lourdes que la maladie elle-même : environ 5 % du PIB mondial a été perdu en 2000[1].

Si l'on considère que l'effet principal de la crise liée au Covid a été l'enrichissement des plus riches de la planète, en particulier dans les secteurs de la pharmacie ou du télétravail et l'appauvrissement des plus pauvres, n'a-t-on pas là un effet analogue à celui d'une grande crise économique ?

Les plus optimistes jugeront même que la crise du Covid rend inutile une grande crise financière, ce qui serait pour certains une bonne nouvelle…

Au point que certains se demandent si elle n'a pas été provoquée ou à tout le moins amplifiée par le climat de panique dans lequel elle a plongé la plupart des pays.

Atténuée dans les pays où la population est dispersée ou les gens bénéficient d'immunités naturelles — grâce à l'usage fréquent de l'hydroxychloroquine —, la crise s'est trouvée au contraire aggravée dans la grande métropole européenne.

Des pays comme la Chine ont affiché des succès foudroyants contre la pandémie sans que l'on ait vraiment les moyens d'en vérifier la véracité.

Il est probable qu'en France, l'effet général du virus et des politiques menées, sous la coordination de l'OMS ou d'autres forces multinationales publiques et privées, ont vu leurs conséquences aggravées par le mauvais état du système de santé.

Non que techniquement, il ait été moins bon qu'ailleurs. Au contraire : nous avions depuis la guerre un des systèmes de santé les plus performants du monde occidental.

---

1 Nous ne faisons pas passer l'économie avant la santé. Le stress qui résulte d'une crise économique pourrait avoir dans certains cas, pas toujours mesurés, des conséquences aussi graves que l'épidémie elle-même : dépressions, suicide, désorganisation sociale.

Mais les réformes administratives qui lui ont été infligées depuis vingt ans : *numerus clausus* du recrutement des médecins, alourdissement de la sphère bureaucratique (35 % du personnel hospitalier), complication des procédures au motif de rapprocher la gestion publique de celle du secteur privé — et qui en fait s'en est éloignée, tant imiter les méthodes du privé, ce n'est pas le singer.

Le sentiment que nous évoluons dans un univers kafkaïen débordé par des événements que la puissance publique ne maîtrisait a été particulièrement ressenti dans notre pays. Mais aussi dans d'autres comme le Canada.

La combinaison de politiques non maîtrisées, car ordonnées depuis l'international et d'une machine administrative à bien des égards devenus folle, ont amplifié un réflexe bureaucratique, où l'autoritarisme stupide, la marginalisation des plus compétents se sont conjugués pour donner le sentiment d'une crise plus grave qu'elle n'aurait dû l'être.

Quoiqu'elle ne soit pas terminée, il semble que le climax en ait été atteint dans les deux dernières années du quinquennat de Macron. Macron qui comptait se représenter à la présidence a pensé jouer sur différents ressorts psychologiques : panique, manipulation, politique de force, égarement des esprits sous l'effet de l'irrationalité de beaucoup de mesures prises — une méthode classique qui permet de faire perdre les repères à certains animaux. La frustration engendrée dans la population par la gestion de la crise du Covid dans ce qu'elle a eu de national pourrait entraîner au contraire des effets que l'actuel président n'escomptait pas : non un plébiscite, mais un profond rejet.

Bon connaisseur des rouages administratifs français, dont on connait la complication, Alain Le Bihan, quoiqu'il n'appartienne pas aux professions de santé auxquelles on voudrait réserver la réflexion sur le sujet, a, notamment comme syndicaliste, une connaissance étendue de l'administration hospitalière ; il d'abord réagi comme un indigné : il a d'emblée ressenti le caractère absurde des politiques menées et s'est attaché à en faire la description la plus complète possible.

Il s'est efforcé de donner à son étude une amplitude qui en fasse une sorte de travail de référence dont on peut seulement espérer qu'il permettra un jour de ne pas refaire les erreurs du passé.

INTRODUCTION

Pour la première fois de leur existence, les générations nées après la Deuxième Guerre mondiale se voient interdites de circuler comme bon leur semble qu'ils soient étudiants, salariés, entrepreneurs, membres de professions libérales, ou retraités. Tous ont dû se soumettre à un état d'urgence sanitaire sévère, bâti par un exécutif, en apparence pris de cours, qui les a malmenés. Les emprisonnant à domicile et les soumettant à des obligations de toutes sortes, le pouvoir macronien a privé les Français des libertés élémentaires pour protéger leur santé menacée. Un virus létal, à l'origine inconnue, a bouleversé leur vie. Les médias pour lesquels « *bad news are good news* » ont surjoué l'épidémie. Ils ont repris les prédictions d'une puissante hécatombe touchant les grands pays occidentaux qu'un institut universitaire reconnu, l'Imperial College of London, avait modélisées dans ses ordinateurs.

Aux frissons d'une fin de la vie sur terre, théorique, lointaine pour cause de réchauffement ou de dérèglement climatique, s'est substituée la peur incoercible et concrète d'être atteint par un virus et d'en mourir le jour suivant. Cette peur de mourir sera alimentée par une communication officielle perverse qui validera les pronostics de l'Imperial College et rendra crédible l'impossibilité de trouver un remède autre qu'un vaccin. Vaccin dont la mise en service ne pourra être que lointaine, ce qui alimentera l'anxiété.

Alors que la guerre économique fait rage entre les USA et la Chine, guerre qui sous-tend pour le vainqueur la suprématie mondiale, le virus, qui va mettre le monde en veille, apparaît en octobre 2019 à Wuhan, capitale de la région du Hubei. Wuhan est la quatrième ville industrielle de Chine, après Shanghai, Pékin et Chongqing. Elle est un des points de départ de la révolution qui aboutira à la création de la République populaire de Chine. C'est une ville historique. Wuhan est connue de la France pour être un de ses anciens comptoirs, ce qui explique la forte implantation d'entreprises, d'écoles, d'universités et d'instituts français. Dans le cadre du développement des relations entre la Chine et la France, Wuhan va se trouver naturellement privilégiée.

En 2004, il est convenu d'y créer un laboratoire de type P4[1], piloté par l'INSERM et l'institut Mérieux. Deux ans auparavant la Chine est frappée par une épidémie, connue sous le nom de SRAS, et baptisée du nom scientifique de SARS-CoV. Cette épidémie implique des coronavirus émergents, qui sont des virus hébergés chez les animaux et transmis à l'homme. En 2009 de nouveau, la Chine est touchée par une l'épidémie de grippe H1N1, dont le nom scientifique est MERS-CoV. Ce qui relance le pro-

1 La qualification 4 signifie qu'il a pour spécialité l'étude et le traitement d'éléments hautement pathogènes dans des conditions de confinement extrême. Les armées ne peuvent rester insensibles aux travaux de ces laboratoires. Les avancées dans ce domaine ont des conséquences sur les armes spéciales (NBC) en l'occurrence le B de bactériologiques.

jet laissé à l'abandon. Finalement, le laboratoire est inauguré en 2017 par le Premier ministre français, Bernard Cazeneuve. Il a pour mission la connaissance et le combat contre les maladies infectieuses. Notre organisme de recherche, l'INSERM, que dirige encore Yves Lévy, le mari d'Agnès Buzyn, ministre de la Solidarité et de la Santé, dispose du laboratoire où il va poursuivre ses recherches sur les maladies infectieuses[2].

Contre toute attente, le nouveau virus ne provient pas du laboratoire P4[3] mais d'un marché de Wuhan sur lequel se vendent des chauves-souris et des pangolins. Ces animaux seraient à l'origine du coronavirus dit SARS-CoV2 requalifié en Covid-19 par l'OMS le 30 janvier 2020. Les marchés en Asie orientale sont des grands déballages de produits alimentaires conservés dans des conditions étonnant le voyageur occidental habitué à des normes d'aseptisation poussées. Qu'ont donc de différent les marchés chinois de ceux de Birmanie, du Cambodge ou du Vietnam pour faire naître des épidémies de cette nature à répétition ?

La piste « chauve-souris et pangolins » reviendra régulièrement mais un doute traverse l'opinion quant à cette origine. En effet, pour d'autres spécialistes, et non des moindres, le Covid-19 présente une caractéristique particulière, il serait un virus de synthèse,

2 En Chine… la coopération en matière de prévention et de contrôle des maladies infectieuses émergentes va se poursuivre. Les deux nations devraient en outre construire de nouveaux projets scientifiques autour des thèmes de l'intelligence artificielle et de la *silver* économie. Concernant ce dernier thème, la collaboration franco-chinoise devrait s'appuyer sur la recherche menée par l'INSERM. Document INSERM.

3 Quand Donald Trump évoque le fait que le Covid pourrait avoir été fabriqué dans ce laboratoire, les médias ont qualifié ses propos de *fake news*. Quand Jo Biden émet la même hypothèse, il est salué.

c'est-à-dire formé de plusieurs souches distinctes. Lorsque le professeur Montagnier, prix Nobel, présente cette hypothèse qui sous-tend une participation humaine, autrement dit un produit de laboratoire, il est vilipendé. Cependant d'autres reprennent l'idée d'une opération humaine[4]. D'autres « rumeurs » indiquent qu'il aurait pu être créé dans un laboratoire en France ou aux USA et transféré en Chine pour la rendre responsable d'un dégât planétaire. Un de ceux qui avancent cette explication sera interné et incarcéré[5]. Lorsque l'OMS diligentera une enquête sur place au printemps 2021 pour établir la responsabilité de la Chine dans la naissance de la pandémie. Elle dédouanera de nouveau dans ses conclusions les autorités chinoises et statuera une fois encore sur son origine naturelle. Une autre information est venue télescoper les certitudes. Les USA utilisent le laboratoire pour y effectuer des études interdites sur leur territoire[6]. Ces études dites « gains de fonctions » sont un langage codé pour désigner des chimères. Ce que précisément le professeur Montagnier avait signalé et qui lui avait valu une pluie d'injures. Décidément, il y a beaucoup de nationalités à Wuhan.

Un autre évènement pourrait être sinon à l'origine du virus, du moins à sa diffusion, les Jeux olympiques militaires. Ils se sont tenus à Wuhan à la mi-octobre 2019 et se sont terminés le 28.

---

4 François Heisbourg géopoliticien et idéologue de la mouvance néo conservateur indique que ce sont les Chinois et le parti communiste qui ont manigancé l'épidémie. *Figaro* 3 mars 2021.

5 Il s'agit du professeur Fourtillan professeur des Universités, expert en pharmacologie

6 Le NIH, Institut national de santé des USA a financé entre 2014 et 2019 à hauteur de 3,4 millions de dollars l'institut de virologie de Wuhan.

Sans disposer de preuves, il peut être admis que l'occasion est propice pour les services de renseignement de regarder plus en détail ce que font leurs ennemis et éventuellement d'y apporter leur touche. Si le virus est détecté officiellement à Wuhan le 17 novembre, on apprendra plus tard qu'un coronavirus aurait été soigné en Alsace dès la mi-novembre, et un autre en Île-de-France le 27 décembre. L'information sera diffusée le 6 mai 2020 sans autre explication. Un autre bruit laisse entendre que des soldats participants aux jeux de Wuhan auraient été soignés pour des problèmes respiratoires en rentrant dans leur pays au début novembre. Le 30 décembre le coronavirus est officiellement déclaré épidémie en Chine. Ce jour, le ministre de la Solidarité et de la Santé, Agnès Buzyn dit avoir informé le président Macron du risque de tsunami épidémique. Si celui-ci a reçu le message, il n'en a pas beaucoup tenu compte.

Alors qu'elle subit les premiers assauts d'un virus inconnu, la Chine va, à sa façon, et magistralement, en gérer[7] les conséquences. Elle va construire des hôpitaux provisoires qui vont permettre de soigner les malades qui se présentent en nombre. Sa « face » est en jeu. On peut se demander au premier abord pourquoi les autorités françaises (comme celles d'autres pays d'Europe) ont considéré qu'il était impossible d'augmenter le nombre de lits et de moyens hospitaliers. Il fallait d'abord « sauver l'hôpital »[8], est-ce à dire qu'il fallait décourager ceux qui voudraient se présenter à ses portes ? Il a été relevé quelque chose qui s'y apparente. Les conséquences

---

7 La Chine va accélérer ses investissements dans les nouvelles technologies pour transférer les données du virus.

8 Le Premier ministre, Jean Castex, est allé plus loin dans le sauvetage de l'hôpital : « le meilleur moyen de soulager l'hôpital c'est de ne pas tomber malade »

se sont traduites immédiatement en nombre de morts. Est-ce de l'incompétence ou est-ce un choix qui, permettant une diffusion irrationnelle de la peur, allait redonner l'initiative à un exécutif fatigué ?

Ce qui caractérise le comportement du pouvoir macronien[9], qui paraît inexplicable à la réflexion, c'est sa désinvolture devant l'épidémie qui se profile, elle a déjà atteint l'Europe et tue en Italie[10]. C'est aussi l'impréparation dans laquelle se trouve l'ensemble du système de santé alors qu'il va subir incessamment les assauts du coronavirus. Puis, soudainement, en plein processus électoral, le président déclare la France en état de guerre !

De quelle armée disposait le président ? D'une armée qui ressemblait, toute proportion gardée, à celle de l'an I, partie en haillons et mal équipée, défendre la nation. Privés des plus élémentaires protections dans des structures hospitalières dépassées par l'afflux soudain de malades, les soldats des urgences et de la réanimation ont fait preuve de courage exceptionnel alors que leurs revendications restaient insatisfaites. Ils ont eu des chefs à la hauteur dans beaucoup de lieux, des médecins chez lesquels la mission de soigner conférée par le serment d'Hippocrate constitue un repère permanent.

Bizarrement à l'Assistance publique de Paris, cette institution prestigieuse, des responsables de services hospitaliers ont eu un

9 Nous entendons par pouvoir macronien, le président de la République, le gouvernement et les groupes République en Marche et Modem de l'Assemblée nationale. Nous utiliserons aussi régime ou exécutif macronien.

10 Un éminent futur membre du conseil scientifique, Yazdan Yazdanpanah déclarera le 21 janvier 2020 qu'il ne croit pas à une épidémie en France. Alors que l'Italie est touchée le 20 janvier. Le président est au théâtre le 6 mars et incite à y aller.

comportement trouble[11] et condamnable dans un état de guerre. Comme si la finalité de leur intervention était de maintenir le virus en activité, ils ont occupé les médias en continu pour critiquer la seule unité en ordre de combat et salir son chef, le docteur Didier Raoult. Cette unité-là pouvait se targuer de premiers résultats conséquents. Elle avait accueilli des malades et les avait soignés. Elle avait rapidement bâti une méthode qui allait sauver beaucoup de vies. Elle s'était taillée des armes à la mesure de l'enjeu. « Des résistants ! » diront les commentateurs du futur.

Pourquoi les options de soins et de gestion de la pandémie proposées par ce médecin français de renommée internationale furent-elles *négligées des pouvoirs publics et caricaturées par des responsables de la santé*? Pourquoi a-t-il été admis, dès cette période, qu'à l'exception d'un vaccin, la pandémie ne pourrait être circonscrite ?

En plus des retards, des hésitations et des atermoiements, les décisions de l'exécutif macronien interpellaient un public inquiet. Cette inquiétude se propageait alors qu'il percevait un manque de volonté de vaincre le virus mais une posture d'attente chez beaucoup de ceux qui devaient mener le combat. Il constatait qu'une drôle de guerre s'installait comme si d'autres préoccupations, dont ne seraient pas absents des intérêts mercantiles, motivaient des guerriers virtuels.

---

11 Si l'état de guerre est effectif, comment accepter le comportement d'un grand nombre de hauts cadres de l'AP-HP, qui exigent l'organisation de tests « randomisés » tel qu'on les pratique en temps de paix ? Pourquoi les autorités les laissent-ils dénaturer ceux qui tentent de soigner et communiquer leurs résultats ? Pourquoi ne leur est-il pas demandé de « fermer leur gueule », comme l'a exigé le général Georgelin qui coordonne les travaux de Notre-Dame ?

Le public faisait connaissance de la notion de conflit d'intérêts. Deux camps occupaient les médias, celui de Didier Raoult et ceux qui le critiquaient, invités en plus grand nombre. Il ne faisait plus de doute que des enjeux financiers étaient l'origine de la querelle. Mais savoir s'il existait une intention derrière l'arrivée de l'épidémie importait peu à ce moment-là. Celle-ci s'étalait. Il fallait la juguler. Dans les forces pour l'arrêter, les plus puissantes, les multinationales du médicament, ou le Big Pharma se taisaient, elles attendaient leur heure. Un laboratoire californien réussissait à faire homologuer en Europe un médicament qui s'avérait vite inefficace. Quel était son rôle exact dans ce qui allait survenir et permettre à Big Pharma d'empocher des milliards grâce à un vaccin bénéficiant de dérogations exceptionnelles ?

Des deux ans prévus pour produire un vaccin, six mois avaient suffi. Le vaccin était exempté de phase d'expérimentation classique, celle-ci allait se faire in vivo sur toutes les populations vaccinables. Des doutes sur la qualité du produit se faisaient entendre, la vaccination marquait le pas, il fallait la rendre obligatoire…

L'histoire du virus sur notre sol, les réactions de l'exécutif macronien et de notre appareil de santé, les interrogations qu'elles suscitent feront l'objet de la première partie de ce livre. Dans la seconde partie, nous aborderons le cadre général de la pandémie, les tendances du monde, l'état de la France et les ambitions de celui qui la dirige.

La pandémie frappe un monde qui s'interroge sur son avenir. Après une longue période où elle a marqué le mouvement, la mondialisation se voit contester par les peuples. Ceux-ci comprennent que les motivations des forces économiques dominantes, les sociétés multinationales et la finance internationale ne sont pas compatibles avec les intérêts nationaux. La mondialisation se réduit à la fabrication des produits en Chine, leur commercialisation en Occident et la mise à l'abri des profits dans des paradis inconnus des services fiscaux nationaux. La mise en valeur du capital internationalisé ne faisait pas bon ménage avec l'entretien des logements, des équipements, des routes ou des ponts comme le relevait Donald Trump pour les USA. Le nationalisme renaissait et il renaissait au cœur même du pays qui l'avait relégué au musée de l'histoire.

La pandémie va révéler le déclassement de l'Occident qui peine à vaincre un virus. Ce qui se joue, c'est le basculement et le recentrage du monde en Chine. Le comportement des occidentaux reste encore marqué par les habitudes des anciennes puissances, mais les faits sont incontournables, la perte du leadership est avancée. Des grandes puissances occidentales, la France est la plus affaiblie. Son incapacité à produire un vaccin pourrait en être le symbole.

Le pays ne crée plus suffisamment de valeur. Son tissu entrepreneurial est précaire, en particulier le tissu industriel, corrélativement le chômage est très élevé. Les personnalités qui l'ont maintenu dans un statut de grande puissance ont disparu progressivement des postes de responsabilité. La génération que François Mitterrand amène aux affaires n'a retenu que son conseil de considérer la nation comme facteur de guerre. Corrélativement son crédo se situe dans la mondialisation de l'Union européenne et son moteur la haute finance, c'est-à-dire les déficits publics et l'endettement qu'elle impose à l'État et le soutien aux desiderata des compagnies transnationales dont elles souhaitent un retour.

Il s'agit d'un mix de libéralisme socialiste ou de socialisme libéral dont la doctrine peut être résumée de façon simple : les profits sont privatisés et les pertes socialisées. Les marxistes ont qualifié ce moment de capitalisme monopoliste d'état, c'est-à-dire un mécanisme public/privé piloté par les mêmes hommes. Les libéraux y voient eux, un capitalisme de connivence dans lequel se négocient les intérêts des catégories supérieures mondialisées par des hommes issus des mêmes centres de sélection. La nation ne bénéficie plus du temps précieux nécessaire à sa mise en valeur. Elle est devenue un lieu qu'on pille sans vergogne. La nation n'est plus le terreau à partir duquel peut s'épanouir une démocratie au service de libertés plus grandes. La démocratie et les libertés ne sont que des éléments de langage, seul l'argent compte.

Cette génération a fait de la nation française un être abject, responsable de tous les maux de l'humanité. Il est nécessaire de la dissoudre à la fois en tant que peuple et en tant qu'État. Cette génération a acté le transfert des moyens d'agir à la fédération européenne que dirige l'Allemagne. Dans une logique de gouvernance du pays, elle opère tel un syndic de faillite ou comme administrateur provisoire d'un grand territoire qu'elle connaît pour en avoir fait l'école. Alors, la France est devenue une immense préfecture dont il faut calibrer au plus bas les dépenses sociales publiques et en même temps récupérer ses actifs patrimoniaux pour la haute finance mondialisée soit directement ou indirectement grâce à l'endettement. Les objectifs pour équiper le pays, accroître sa richesse et son indépendance ne sont plus prioritaires. En réalité, il faut faire disparaître ce qui fut une grande puissance.

La transformation de la France en territoire soumis à une autre puissance que son État naturel ne suffit pas, elle peut encore se réveiller. Il faut aussi en changer la physionomie dans un projet élaboré de longue date. Le territoire est devenu une zone de peuplement où des avantages substantiels sont promis et accordés à ceux qui viendraient s'y installer dans les conditions qui sont les leurs. Il faut y noyer la population présente, la diluer dans un magma cosmopolite hostile. L'enseignement de la géographie ou de l'histoire n'a plus d'intérêt, il faut se contenter d'épisodes choisis, la collaboration, la colonisation, et les prétextes d'anniversaire, les crimes de Napoléon qui perpétueront la haine des nouveaux arrivants.

Ce pays qu'affaiblit sa classe dirigeante, année après année, est attaqué par un virus. Une grande partie de son peuple a montré sa détermination à ne pas se laisser assassiner facilement. Il vient de donner un avertissement sévère à celui qui, voulant tous les pouvoirs pour assurer sa gouvernance, s'est assuré de la destruction de tous les contrepouvoirs. La transformation en hameau des 35 000 communes de petite taille est encore à l'œuvre, qu'il faut au président courir chercher leur maire pour tenter de rétablir un dialogue avec un peuple qui ne l'écoute plus.

Le virus ne vient-il pas à point nommé pour reprendre l'initiative ? Sur quelles forces, Emmanuel Macron peut-il encore compter ? Les couches sociales constituant son potentiel représentent environ le tiers du corps électoral. Sauf que de ce tiers, il lui faut retirer les indéfectibles de la droite, les républicains, et de la gauche, le parti socialiste et les écologistes. Dans un tel contexte, rien n'assure une nouvelle victoire pour Emmanuel Macron, ce qui engendre des velléités et des prétentions. L'autre appui dont il ne peut faire abstraction, qui n'est pas une catégorie sociale, c'est l'appareil d'état. L'appareil judiciaire lui a permis de prendre le pouvoir, l'appareil répressif lui a permis de le conserver. C'est désormais tout l'appareil qu'il veut utiliser pour assurer ses ambitions jupitériennes inassouvies mises en pièces par les Gilets jaunes.

Dans la dernière partie, nous aborderons la question du changement nécessaire. La covid a mis en lumière le déclassement de la France. La France a changé de catégorie. Hier, elle se classait dans les cinq premières puissances mondiales. Aujourd'hui, où est-elle ? Dans son classement du PNB par habitant, qui est plus juste, elle se trouve désormais à la vingt-sixième place. Dans le classement de son système scolaire, ce n'est guère mieux, idem pour son système de soin dont nous examinons ici les carences. Par contre, pour les prélèvements obligatoires, elle ne quitte plus la première place. Le déclassement de la France a progressé avec son engagement dans l'Union européenne. L'euro lui a fait perdre des milliards.

Est-ce la rançon d'un État dépourvu de pouvoir et pour la même raison, devenu, lui-même, obèse, dépassé et obsolète ? Nous avions abordé ce problème dans « L'horreur étatique » il y a près de dix ans maintenant. Cet essai sur la réforme de l'état abordait déjà la situation de la santé qui croulait sous la paperasse, de la justice qui avait perdu la raison, de la sécurité qui n'en constituait plus une… Nous avions montré que la concentration et la recentralisation du pouvoir conduisaient dans le mur. Le réel nous a malheureusement donné raison, il faut maintenant aller plus loin. Les transferts des attributs de la puissance à l'Union européenne ont vidé l'État de sa substance, mais n'ont pas pour autant donné de l'efficacité à ce monstre technocratique. Cet organisme s'est révélé incapable de tout, sauf celui d'acheter cher des produits discutables dans des conditions opaques. Il faudra que le secret de ce qui peut cacher de la corruption soit levé. L'obstination d'Emmanuel Macron à le présenter en opérateur efficace ne joue pas en sa faveur.

Doivent se lever tous ceux qui veulent en finir avec cette médiocrité dans laquelle s'enfonce le pays auquel n'est commandé que de se soumettre aux obligations de normes importées. Il faut donc faire revenir le pouvoir de décider sur le territoire national, et engager sans hésiter avec l'Union européenne le conflit nécessaire pour regagner notre indépendance et notre souveraineté. Il faudra en conséquence rebâtir un État puissant, efficace et modeste, par obligation.

CHAPITRE PREMIER :

UN VIRUS INCONNU ATTEINT LE TERRITOIRE

Lorsque le virus arrive sur le territoire au début mars 2020, il met en évidence la faiblesse de notre appareil productif. Notre pays qui se veut une puissance industrielle avancée ne peut plus fabriquer, en grande quantité, des produits aussi simples que des masques[12], pas plus que leur matière, la pâte à papier. Idem pour les tests, les gels hydroalcooliques, les respirateurs et tant d'autres matériels. Parallèlement apparaît notre dépendance vis-à-vis de l'étranger pour la fourniture de ces produits et la difficulté de les obtenir par notre système de commande publique.

Notre système de santé se dégrade régulièrement. Les urgences hospitalières, en grève depuis des mois pour obtenir les moyens d'effectuer leurs missions, sont dans l'impossibilité de prendre en charge correctement et dignement tous les malades. L'hôpital ne dispose pas de moyens de protection de ses personnels, ils n'ont pas été renouvelés depuis le quinquennat de François Hollande. Entre 1980 et 2020, des dizaines de milliers de lits ont été supprimés.

---

12 Nous apprendrons à l'occasion qu'une usine, moderne et de capacité de production de 200 millions de masques par an, située en Bretagne, fut fermée en 2018 par son repreneur américain au motif qu'elle n'était pas suffisamment rentable là pour être réinstallée en Tunisie. L'État et la Région ont laissé faire.

Les Français prennent conscience des conséquences de la réduction continuelle du nombre de lits, de services, d'hôpitaux et de soignants, avec l'impossibilité de faire face à une maladie contagieuse. Les organismes qui composent le système de santé, naguère considéré le meilleur au monde, ne s'entendent plus. L'ambiance générale est de nature conflictuelle entre tous les acteurs : ministère, agences régionales et autres, hôpitaux publics et privés, recherche médicale et biologique, l'ordre des médecins, les syndicats des personnels et les médecins libéraux.

Pourtant, la part des dépenses de santé dans notre produit national brut n'est pas insignifiante. Elle est égale à celle de l'Allemagne[13] qui s'avère nettement plus efficace. La différence entre le système allemand et français tient à l'administration. Le coût de l'organisation et de la gestion administrative[14] de la santé française est supérieur de plus de 10 % à celui de l'allemande. Une partie importante de l'argent consacré à la santé est captée par une bureaucratie dominante dont la fonction est de réduire l'offre hospitalière publique de santé. Multipliant les doubles emplois inutiles comme elle sait en produire afin d'assurer son hégémonie, cette bureaucratie pléthorique coiffe le système de santé en y imposant sa chape de plomb.

On retrouve le même principe d'organisation hiérarchique dans les autres secteurs de l'action publique, la police, l'armée ou l'école. Il y a au sommet une haute administration, formée aux concours, au droit et à la comptabilité. Elle pilote les différents dé-

13 D'après l'OCDE la part de la santé dans le PIB allemand est de 11,25 % et en France de 11,30 %.

14 En Allemagne 24,3 % des personnels hospitaliers assument des missions administratives en France 35,2 %.

partements de l'action publique en lieu et place des professionnels de l'art. Sa finalité est de produire des normes et des règlements ou de reproduire ceux de l'Union européenne. Elle veille à ce qu'au sein de ceux-ci, sa longévité soit d'abord assurée. On est bien au cœur du mal français. Il donne au sommet de la pyramide hiérarchique le pouvoir à une administration centralisée, généraliste et forcément incompétente techniquement, car loin de l'objet lui-même et de ses subtilités, en l'occurrence ici le combat contre une pandémie. *Le Figaro* présentait le 25 novembre 2020, les hommes au cœur de la lutte contre le virus. Ils sont trois : Frank von Lennep, directeur de la sécurité sociale, est diplômé de l'École nationale de la statistique et de l'administration économiques (ENSAE) ; Thomas Fatome, directeur de l'assurance-maladie, est diplômé de HEC et de l'ENA ; Aurélien Rousseau, directeur de l'ARS Île-de-France, est diplômé de l'ENA. Il ne s'agit pas de porter un jugement sur ces personnes qui doivent s'acquitter de leur tâche avec sérieux. Cependant, il est quand même étonnant de ne pas trouver des médecins en première ligne dans le combat contre une pandémie. Imaginons demain la guerre, la vraie avec une configuration identique ! Des chefs en complet-veston à faire des plans dans des bureaux en lieu et place d'hommes en mouvement risquant leur vie sur le terrain ?

Seulement à prendre tous les pouvoirs, ou tout le pouvoir comme s'en chargent partout les hauts fonctionnaires issus de l'ENA, ils s'exposent à en subir les contrecoups en cas d'échec[15]. C'est précisément, un des affrontements qui se déroule en dessous et parallèlement au développement des dégâts du coronavirus.

15 C'est ce qui fonde en partie la décision d'Emmanuel Macron de supprimer l'ENA. L'énarque est devenu impopulaire. Le problème est à l'évidence mal posé.

Une administration, quel que soit son secteur d'activité, ne peut prétendre à l'opérationnel sauf en France apparemment.

Ainsi l'État dans lequel les Français placent leur confiance et leurs impôts s'avère donc incapable de les protéger et de les soigner. Comme toujours dans ces situations tendues où le fonctionnement de l'État se trouve sur la sellette, le pouvoir, chargé de l'animer, va flotter. De la qualité de son chef dépendra l'importance de la flottaison. Le mouvement Gilets jaunes reste présent dans les esprits. Les personnels des urgences sont en grève. La contestation d'un projet du gouvernement de modifier radicalement le système des retraites est en train de prendre de l'ampleur. Les manifestations des Gilets jaunes avaient commencé par un mot d'ordre simple : « Qu'est-ce qu'ils font de tout ce pognon[16] ? » Que fait donc le pouvoir de tous ces prélèvements en augmentation constante ? La même question se pose pour les retraites et maintenant pour la santé.

La répression brutale qui s'est abattue sur les Gilets jaunes n'a pas seulement montré la nature autoritaire de l'exécutif. Elle a mis en évidence la faiblesse de son pilote. Celui qui s'identifiait au dieu des dieux Jupiter, ou recevait, en grande pompe, le dirigeant russe à Versailles ne devait son salut qu'à sa garde prétorienne. Emmanuel Macron était seul face au peuple en colère. Conserve-t-il encore l'ambition d'un pouvoir sans partage, absolu ? Peu importe ses désirs. En a-t-il encore les moyens ? Avec le coronavirus, la tentation de prendre sa revanche sur « les gens qui ne sont rien »[17] pour reprendre le cours d'un quinquennat cahoteux est grande.

---

16 Demande de Jacline Mouraud sur Facebook qui sera à l'origine de la première manifestation des Gilets jaunes.

17 « Les gens qui réussissent et les gens qui ne sont rien » dans le discours d'Emmanuel Macron lors d'une rencontre avec les startupers chez le milliardaire Xavier Niel.

UNE NOUVELLE ÉPREUVE POUR LA MACRONIE

Dans une longue intervention télévisée trois jours avant le scrutin des élections municipales, le 12 mars, le président de la République prévient de « la plus grave crise sanitaire qu'ait connu la France depuis un siècle ». Sans le dire, il fait référence à l'épidémie de la grippe espagnole qui, rappelée régulièrement dans les médias, signifie des millions de morts. Que perçoit-on à travers son propos ? Il se veut être le chef de la manœuvre, celui qui va donner des ordres au gouvernement.

La veille, un conseil scientifique est mis en place qui s'est réuni ce jour. Il ne sera pas un comité Théodule supplémentaire, ce qu'il est fondamentalement, il se voudra, plus exactement il sera présenté comme tel, le représentant de la science qui éclaire les décisions du pouvoir. À sa tête se trouve nommé un inconnu du grand public, Jean-François Delfraissy. François Hollande lui a confié la présidence du Comité consultatif national d'Éthique en 2016. On connaît donc sa sensibilité. Il s'est fait remarquer à propos de la Procréation maternellement assistée, non pas pour des réserves morales émises à propos de cette fabrication d'enfant sans père, il n'en a relevé aucune, mais pour sa conception particulière de l'éthique. En effet, à un journaliste, il répondait : « *Je ne sais pas ce que sont le bien et le mal, et vous avez de la chance si vous le savez vous-même!*». On touche, ici, un point de vue au-delà duquel il n'y a plus de limite. Si le Comité consultatif national d'Éthique n'a pas vocation d'indiquer où se trouvent «le bien et le mal» à quoi peut bien servir d'autre ce machin. Que peut en attendre celui qui doit disposer d'une approche morale pour décider. Le Comité consultatif national d'Éthique est une autorité administrative indépendante, créée par François Mitterrand, dont une des finalités comme tous ces comités ou conseils est de recaser des amis qui en contrepartie serviront de caution aux mesures que les décideurs politiques n'ont pas le courage d'assumer. Avec Jean-François Delfraissy, le Comité consultatif national d'Éthique a perdu sa raison d'être. Dorénavant, la médecine, à son tour, devrait se méfier. Elle n'est pas à l'abri de risques de remise en cause de sa validité et d'anéantissement avec le conseil scientifique présidé par Jean-François Delfraissy.

Dans son allocution, le président suggère fortement aux personnes âgées et fragiles de ne plus quitter leur domicile[18]. Il annonce toute une série de mesures dont la plus importante et la plus symbolique sont les fermetures des établissements scolaires et universitaires, au motif que la jeunesse propage le virus. L'accès à un grand nombre d'établissements publics est limité et programmé; le télétravail devient une priorité; une offre hospitalière agrandie et musclée est prévue, l'armée sera sollicitée pour la compléter; L'Union européenne est mobilisée. «Le temps est à l'union sacrée» termine l'allocution du président. Le mot tabou est lancé, il fera réagir.

La stratégie de la peur est mise en place, elle ira crescendo dès ce moment.

18 Le «en même temps» macronien à l'œuvre, il indique aux personnes fragiles de se cloitrer pour se protéger, mais d'aller quand même faire la queue pour voter.

Le 14 mars, dans la logique de l'intervention du président, le gouvernement constate la circulation du virus sur tout le territoire et décide du passage au stade 3 de la lutte contre l'épidémie. Il s'agit de limiter les contagions par des mesures barrières. Le scrutin municipal se tient comme prévu le 15 mars. La participation électorale est la plus faible jamais connue pour ce type d'élection.

LE PAYS EST EN GUERRE

Le lendemain du vote, le 16 mars, dans une nouvelle longue allocution où il renouvelle ce qu'il a dit précédemment, le président informe le pays qu'il est « en guerre », ce qu'il reprendra plusieurs fois pour marquer les esprits. Si la phrase peut se discuter, comme il l'admet lui-même, elle signifie au moins que ce qui prévaut dans la lenteur des temps de paix n'a plus cours. Chacun l'interprètera à sa façon, on s'en apercevra par la suite. Dans la guerre, chacun sait qu'on y compte les morts, qu'il y des blessés et en plus grand nombre des gens qui souffrent. Emmanuel Macron nous annonce-t-il « le sang et les larmes » ? En effet, dans la guerre, on trie les blessés, on abandonne les moribonds pour sauver les moins atteints afin qu'ils reprennent le combat. Aux urgences civiles, il ne faut pas se méprendre, comme le rappelle un urgentiste connu « Et le tri ? c'est mon métier depuis trente ans »[19]. Comment les gens âgés ont-ils reçu le message ? Ils sont en quelque sorte avertis, s'ils sont touchés, ils seront sacrifiés. Ils ne bénéficieront d'aucune priorité due au grand âge. Cela restera naturellement du domaine du non-dit d'autant plus que le président, dans ces deux allocu-

19 Patrick Pelloux, urgentiste, *Le Figaro Magazine* 2/4/21

tions, a signalé prévoir l'augmentation des capacités d'accueil des hôpitaux[20] pour les malades covid.

En réalité, les capacités d'accueil des hôpitaux n'évolueront pas, voire diminueront globalement pendant toute la durée de la pandémie.

Ce qui va changer, c'est la surface réservée aux malades covid au sein des hôpitaux. Elle s'étendra aux dépens des autres pathologies. En transformant l'hôpital en centre prioritaire d'accueil des malades Covid, la sélection des blessés qu'on attribue au temps de guerre est ainsi mise en place. Les traitements et les opérations des cardiaques, des cancéreux, des accidents vasculaires cérébraux… seront repoussés à une date ultérieure. Espérons que leur état ne se soit pas trop détériorédans l'intervalle! Des médecins de La Pitié-Salpêtrière alertaient le journal *Le Monde* : « ils demandaient à l'exécutif d'assumer devant la société toute entière sa stratégie de tri des patients… environ 150 patients ne seront pas opérés… en 2020, du fait de la déprogrammation, environ un tiers des cancers digestifs n'ont pas été diagnostiqués à temps ».[21]

Le principe de la guerre implique de désigner celui qui va mener les opérations : le général en chef. Le président ne désigne personne au poste, alors que quelques mois auparavant, il en nommait un pour reconstruire la basilique de Notre-Dame. Il est vrai que dans ce cas, il fallait quelqu'un qui commande à ses troupes

20 Le président a indiqué que l'armée allait installer un hôpital de campagne dans l'Est. On a vu ce qu'il en était.

21 *Le Figaro mMgazine* 2/4/21 Patrick Pelloux.

de la boucler et à l'architecte en chef « de fermer sa gueule »[22]. À l'évidence, Emmanuel Macron veut tenir le rôle de chef de guerre. Qui va-t-il faire rentrer dans le rang ?

Les premières mesures de guerre concoctées par l'Élysée consistent à empêcher la circulation des personnes à l'exception de quelques professionnels incontournables. L'internement à domicile prendra le nom de confinement[23]. Le président appelle « tous les acteurs politiques, économiques, sociaux, associatifs, tous les Français à s'inscrire dans cette union nationale qui a permis à notre pays de surmonter tant de crises par le passé ». Jamais aucune union nationale n'a eu d'effet, a tenu à lui rappeler un Jean-Luc Mélenchon en colère à propos de l'union sacrée. Une union nationale pour faire quoi sinon attendre…

Tout le pays va rentrer dans le rang. Les rassemblements et rencontres sont interdits. La situation sanitaire s'avère un moyen supplémentaire dans la construction d'une dictature administrative s'étendant année après année sans contestation effective. Le virus va permettre au pouvoir d'opérer comme il l'entend avec la peur que suscite la mort qu'il va exacerber à l'excès. Le pouvoir prive la population de la liberté la plus élémentaire, celle d'aller et de venir où bon lui semble. L'opposition va-t-elle prendre le risque d'appeler les Français à refuser l'internement à domicile, va-t-elle leur tenir un discours différent ? L'opposition de droite comme de gauche ne les appelle ni à sortir et encore moins à manifester. Elle constate leur docilité et l'accompagne.

---

22 Le général Jean-Louis Georgelin.

23 Les individus ne pourront pas quitter leur domicile plus d'une heure par jour dans un rayon d'un kilomètre, avec document pour l'attester. Les mesures sont prévues pour une durée de 15 jours.

LA STRATÉGIE DE LA PEUR

Le pouvoir macronien emprisonne à domicile tout un peuple pour le protéger d'un fléau mortel avec, semble-t-il, son accord tacite ainsi que celui de l'opposition. Le pouvoir absolu repose et tient décidément sur la crainte : « Celui qui contrôle la peur des gens devient le maître de leurs âmes »[24].

L'élément déclencheur est venu de l'étranger, d'un institut, l'Imperial College de Londres. Ses prévisions, passées inaperçues lors de leur publication en janvier 2020, sont apocalyptiques : une épidémie va ravager le monde. En mars, lorsqu'elles parviennent à la connaissance du grand public qui apprend les premiers décès, elles vont le terroriser. Elles annoncent que cette épidémie fera des millions de morts, laissent entendre qu'il est illusoire de vouloir s'en protéger autrement qu'en se confinant et qu'il n'existe aucun remède, à l'exception d'un vaccin pour y faire face avant longtemps. Le spectre de la peste s'étend sur le pays où la prévision des décès se situe entre trois cent mille et un demi-millions. Un demi-million de morts sont prévus aussi en Grande-Bretagne et plus de deux millions aux USA. Les conditions sont réunies pour la panique. Il faut donc nous interroger sur le pourquoi de cette frayeur qui semble avoir touché aussi un grand nombre de gouvernements.

Pourtant, un éminent chef de service de l'hôpital Bichat, expert à l'OMS et futur membre du conseil scientifique quand il sera mis en place, Yazdan Yazdanpanah, n'a pas hésité à déclarer

24 Niccolo Machiavel, *Le Prince*.

à la télévision le 21 janvier qu'il ne croit pas, lui, à une épidémie en France. Il n'est pas seul. Seulement dix jours avant de nous déclarer en guerre, le 6 mars exactement, Emmanuel Macron et son épouse se rendaient au théâtre et incitaient les Français à y aller. Le passage au niveau 2[25] de propagation du virus le 28 février ne semble pas avoir perturbé son emploi du temps plus que cela. Emmanuel Macron est-il informé des deux évènements qui se produisent ce même jour où il finira dans ce théâtre, assiégé par des Gilets jaunes. Les États-Unis annoncent quitter l'OMS qu'ils savent corrompue. Bill Gates[26] devient contributeur de l'organisation dont il rejoint le cercle dirigeant. Le hasard du calendrier ? L'OMS qualifie de pandémie la diffusion du coronavirus désormais transformé en Covid-19. L'Organisation des Nations Unies suit l'OMS et qualifie ce qui arrive de pire crise à laquelle l'humanité ait été confrontée depuis 1945. L'ONU fait aussi référence à la Guerre. Ce n'est pas un hasard si Emmanuel Macron a répété le 16 mars « Nous sommes en guerre ».

Puis tout va s'accélérer subitement. Les premières mesures de guerre, que nous connaissons déjà, sont tombées. La plupart des lieux rassemblant du public à l'exception des hôpitaux, des transports publics et… de la grande distribution font l'objet d'une fermeture administrative. Les usines et la plupart des entreprises ferment. Les rues des villes se désertifient. Une contravention de 135 euros est prévue pour ceux s'y trouvant sans motif impérieux. La France sera le seul pays à pousser à l'extrême cet état d'excep-

---

25 Stade 2 : il a pour but de freiner la propagation du virus en mettant en œuvre des mesures barrières plus ou moins fortes.

26 Bill Gates est le créateur et ancien dirigeant de Microsoft accessoirement milliardaire. Il va devenir un personnage clé du covid et de la vaccination.

tion. Alors que la mobilisation générale accompagne habituellement la déclaration de guerre afin, au moins, de tenter de ne pas la perdre, cette déclaration-là pousse « tout le monde aux abris ». Un processus s'enclenche qui veut que tout en déclarant l'état de guerre, le président reconnaisse nous l'avoir déjà fait perdre[27]. Dès lors, notre vie devint un long suicide vers la ruine, nous ne fûmes plus nôtres, nous appartenions au virus[28]. Certes, des circonstances atténuantes peuvent être accordées au décideur dans la mesure où tous les grands pays ont eu recours au confinement devant le virus inconnu. Mais il est quand même étonnant que lorsque la région de Wuhan fut mise dans ces conditions, il fût fait référence au totalitarisme du régime communiste. « Vérité en deçà des Pyrénées, erreur au-delà ».

Le 20 mars, le monde recense 10 000 morts, dont plus de la moitié concerne les Européens qui vivent, depuis quelques jours, selon l'OMS, dans l'épicentre de l'épidémie. En Lombardie, une panique engendrée par les médias a poussé une foule terrorisée dans des hôpitaux vite débordés. Beaucoup y ont trouvé la mort. La conjugaison des annonces de décès et les prévisions de l'institut londonien ne prêtent plus à contestation. Néanmoins, le fonctionnement normal de l'État républicain, tel qu'il se présente habituellement, a pour le moins été malmené. Il faut donc corriger le tir et faire entrer les mesures d'exception qui se succèdent dans un cadre, si ce n'est constitutionnel, au moins présentant un semblant de légalité. C'est au parlement d'entrer dans le circuit de l'exceptionnalité.

---

27 Ce qu'il reconnaîtra en déclarant « le virus maître du temps »

28 « Dès lors, ma vie devint un long suicide, je ne fus plus mien, j'appartenais au fer ». Pierre-François Lacenaire criminel et poète.

LA COMÉDIE PARLEMENTAIRE

L'Assemblée se réunit le surlendemain, le 21 mars, finalement pour valider les mesures déjà prises pour « *donner une base légale aux mesures de confinement de la population en créant un état d'urgence sanitaire* ». Le texte de loi soumis, « une Urgence face à l'épidémie de Covid-19 », comporte 4 titres : le report du deuxième tour des élections municipales en premier ; le deuxième, de décider de l'état d'urgence sanitaire en court ; le troisième, d'habiliter le gouvernement à légiférer par ordonnances et le quatrième : diverses dispositions pour des mesures d'accompagnement, soient les mesures de soutien à l'économie.

Le premier intervenant, après le Premier ministre et les rapporteurs du texte, le député Bertrand Pancher du groupe « Libertés et territoire », décrit le cadre dans lequel la plus grande atteinte aux libertés va être votée : « (...) *Jamais je n'aurais pensé avoir à m'exprimer dans un tel contexte historique, dans cet hémicycle quasi vide* (...) »

Un instant de vérité se joue à ce moment. L'Assemblée nationale qui doit débattre de mesures exceptionnelles dans un contexte de guerre est quasiment vide. La représentation nationale a délégué des représentants pour éviter la propagation de la maladie en son sein. Même dans ce lieu qui fut celui où s'annonçait la mobilisation générale se joue « tous aux abris ». Une représentation de la représentation en quelque sorte va entériner ce qui fonctionne déjà. C'est un recul sans précédent du fonctionnement parlementaire. Un accord fut passé entre les présidents des groupes afin de respecter le rapport des forces et de permettre la mise en place des nécessaires intervalles entre les individus. Si au sein de ces mêmes groupes, des voix dissidentes avaient existé, elles n'auraient pu franchir les filtres mis en place.

La minorité parlementaire dont la mission première est de s'opposer à la majorité ne se manifestera pas. Elle a accepté les conditions dans lesquelles a été organisé le débat sur un sujet aux conséquences dramatiques et incalculables. Il s'agit de la liberté des occupants d'un pays dont on organise la ruine. Comment imaginer dans ces circonstances l'absence d'une quelconque contestation de la procédure ? Quitter la séance à son ouverture, envisager un boycott pour rendre publique cette parodie de discussion démocratique qui peut s'apparenter au coup d'État ? Comment dans ces conditions imaginer autre chose qu'un accord sur les dispositions quand on a accepté au préalable la procédure qui y aboutira ?

Comment accepter de mettre les institutions entre parenthèses alors que la référence à l'État de droit est avancée à tout bout de champ. Le pouvoir macronien propose la création d'un « état d'urgence sanitaire » qu'il ne définit pas pour le moment, mais qui assure à l'exécutif tous les pouvoirs. « L'état d'urgence sanitaire est une mesure exceptionnelle pouvant être décidée en conseil des ministres en cas de catastrophe sanitaire, notamment d'épidémie, mettant en péril la population »[29]

En fait, ce que le pouvoir propose là n'est ni plus ni moins qu'un habillage de l'article 16 de la Constitution dans la forme et une suppression de toutes les garanties de contrôle que son appli-

29 Vie publique document officiel.

cation implique quant au fond. Article 16 que la gauche, le parti communiste et un grand nombre de responsables socialistes, a, dès l'origine de la Cinquième République, combattue, et lors des discussions du programme commun, voulu abolir. Il donnait au président de la République les pleins pouvoirs pendant un mois sous le contrôle du Parlement réuni sans restriction.

Le contenu des mesures d'urgence se tient dans le titre deux de la loi votée ce jour-là. Laissons le rapporteur, madame Guevenoux, députée de la majorité, le soin de préciser l'état d'urgence sanitaire ainsi créé : « (...) *En effet, comme le ministre de la santé lui-même l'a expliqué, le cadre juridique actuel, constitué essentiellement par les articles L. 3131-1*[30] *et suivants ainsi que par la théorie des circonstances exceptionnelles, trouve aujourd'hui ses limites au regard des mesures qui sont nécessaires. La situation actuelle nécessite donc de prévoir un régime spécifique aux cas de catastrophe sanitaire. L'article 5 du projet de loi crée ainsi un nouvel état d'urgence sanitaire... L'état d'urgence sanitaire serait déclaré par décret en conseil des ministres pris sur le rapport du ministre de la Santé. Sa prorogation au-delà d'un mois ne pourrait être autorisée que par une loi...* »

Qu'est-ce qui distingue la situation actuelle de ce qui est déjà prévu ? Qu'est-ce qu'une catastrophe sanitaire d'autre qu'une pandémie ou une épidémie : Rien. Sinon de rajouter de la peur à la

30 « En cas de menace sanitaire grave appelant des mesures d'urgence, notamment en cas de menace d'épidémie, le ministre chargé de la santé peut, par arrêté motivé, prescrire dans l'intérêt de la santé publique toute mesure proportionnée aux risques courus et appropriée aux circonstances de temps et de lieu afin de prévenir et de limiter les conséquences des menaces possibles sur la santé de la population »...

peur et mettre en place des dispositions pour justifier d'autres mesures exceptionnelles encore inconnues. La première de ces mesures permet d'enlever la gestion de la crise à l'hôtel Matignon, au Premier ministre. La menace sanitaire grave ou la menace d'épidémie sont en magasin, et vont arriver les notions de crise sanitaire, puis de situation d'urgence sanitaire. À défaut de trouver des solutions contre un virus qui se propage, l'exécutif aura multiplié les définitions qui diront approximativement la même chose et qu'il sentira la nécessité de clarifier plus tard. Il déposera, à la toute fin de l'année 2020 et dans l'urgence, un projet de loi visant à clarifier les nuances entre l'état de crise sanitaire et l'état d'urgence sanitaire. On croit rêver! Le but caché sera de tordre un peu plus le cou à la liberté. Devant l'ampleur de la protestation, le Premier ministre mettra au clou son texte validé (ou inspiré) comme toujours par le Conseil d'État.

Le reste de la discussion parlementaire de ce 21 mars ne fut qu'une litanie insipide et indigeste. La France insoumise, le parti communiste et le parti socialiste ont envoyé leurs délégués à cette réunion improbable de l'Assemblée nationale pour en contester à la marge les décisions du pouvoir exécutif, mais finalement, et surtout, pour lui donner un lustre de validité. Telle était cette assemblée réduite qui allait entériner la plus formidable atteinte aux libertés jamais connue à l'échelle des hommes vivant sur ce territoire. La gauche s'offusquait de la proposition d'Emmanuel Macron de construire une union sacrée face à l'épidémie, mais en réalité elle s'y conformait ce jour-là.

Pour la France Insoumise, Jean-Luc Mélenchon déclarait : « *Nous mesurons le poids des responsabilités qui pèsent sur vos épaules, monsieur Philippe… nous voulons vous assurer que nous serons tou-*

jours au rendez-vous de l'intérêt général. Nous sommes une opposition politique et nous le resterons, mais nous pratiquons cette opposition sans acrimonie et avec vigilance et exigence».

Stéphane Peu du Parti communiste embrayait : « (...) *Nous souscrivons aux mesures d'urgence que vous préconisez. Mais, tout en les soutenant, nous souhaitons que le contrôle démocratique et l'association des forces politiques continuent. Nous ferons donc plusieurs propositions visant à concilier l'adoption de mesures d'urgence avec l'association des forces politiques et sociales*».

Boris Vallaud pour le parti socialiste : «... *Surmonter la tension entre la nécessaire autorité du Gouvernement dans des circonstances exceptionnelles — car cette guerre, notre pays doit la gagner! — et la continuité de la vie démocratique, sans rien céder de l'unité nationale, est le défi auquel nous devons répondre en débattant aujourd'hui*». Une précision toutefois, l'emplacement naturel du parti socialiste lorsqu'il n'est pas au pouvoir est à gauche. Le groupe socialiste actuel à l'Assemblée nationale est le reste d'une scission. Il est formé de ceux qui n'ont pas souhaité rejoindre l'ancien ministre de François Hollande ou qui n'ont pas été sélectionnés dans le casting qui a suivi l'élection présidentielle. On peut dire que le parti socialiste est dans sa configuration naturelle à la fois pour et contre Emmanuel Macron, au moins le temps de son mandat. Une recomposition aura lieu lorsqu'il aura complètement quitté le pouvoir. Ce que nous constatons pour le parti socialiste s'étend au parti communiste et à la France Insoumise qui resteront dans l'ambiguïté toute la pandémie.

LES POUVOIRS PUBLICS SE RÉORGANISENT

Ces évènements montrent que la remise en cause des fondements de la société capitaliste n'appartient plus au discours de la gauche. Celle-ci s'est sclérosée avec le temps dès lors qu'elle a admis et renforcé l'omnipotence de l'État qu'elle était à l'origine de sa création censée détruire. Désormais, la gauche entière conçoit l'État comme une voiture-balai qui ramasserait les victimes du capitalisme. Les dégâts du capitalisme augmentant avec la crise, la voiture-balai gonfle d'autant. Cette reddition tranquille ou cette capitulation en rase campagne fit que la gauche fut difficile d'être entendue par la suite. L'union sacrée fonctionnait une nouvelle fois et les circonvolutions des discours ne changeaient rien. Certes, la gauche ne votait pas la loi qui portait atteinte aux libertés, mais son plus grand péché fut d'admettre les conditions dans lesquelles cette atteinte aux libertés allait se faire. L'opposition de droite, Les Républicains votaient le texte du gouvernement.

En réalité, la pandémie de la Covid-19 empêchant le parlement de se réunir dans sa configuration normale, le pouvoir législatif et le contrôle de l'exécutif ne peuvent pas s'exercer. Déjà, ce qui s'exerce habituellement sous le vocable de pouvoir législatif ou de contrôle de l'exécutif est très limité. Nous l'examinons plus loin. Le législateur est privé de prérogatives depuis fort longtemps. Les lois qu'il vote proviennent à plus de quatre-vingt-dix pour cent de directives de l'Union européenne. L'élection du président de la République pour une durée de cinq ans a accéléré un processus, changeant le président en gouverneur local doublé d'un chef de clan. Le clan d'aujourd'hui est formé principalement par le groupe des députés de la République en marche et de ses satellites qui écrasent l'Assemblée nationale de leur poids. La faible démocratie parlementaire qui en découle dans des conditions ordinaires se trouve encore suspendue pendant toute la durée du danger pandémique. Plus crûment, le pouvoir macronien a neutralisé l'opposition, avec son accord. Il dispose d'une marge de manœuvre encore élargie dont on ignore le terme. Ce type de fonctionnement était, jusqu'à cette période, inconnue de nos institutions. Consécutivement, l'exécutif se trouve seul à prendre les dispositions de continuité du fonctionnement de l'État.

En principe, c'est le rôle du gouvernement. Il détermine et conduit la politique de la nation[31]. Le Premier ministre dirige l'action du gouvernement… il exerce le pouvoir réglementaire[32]. Cependant, là encore, les choses ne se sont pas passées comme il est prévu dans les textes. La loi d'urgence sanitaire, votée dans les conditions que l'on sait, a dépossédé le Premier ministre de son pouvoir réglementaire de police, en l'occurrence les dispositions à prendre pour maîtriser une épidémie.

Le président a tenu à marquer sa présence à toutes les étapes de l'évolution de l'épidémie. Qu'en attend-il ? Sa réélection ? C'est probable. Sa revanche sur les Gilets jaunes qui l'ont humilié ? C'est possible. De mettre au pas le peuple français qu'il méprise en plus de la méconnaître ? C'est sa mission.

La loi d'urgence sanitaire a enlevé au gouvernement sa compétence générale, de déterminer et conduire la politique de la nation certes entièrement centrée sur le virus mais concernant tous les aspects de la vie sociale. La mise en avant du conseil de défense va transférer au président la conduite de la politique de la nation.

31 Article 20 de la Constitution.

32 Article 21 de la Constitution.

Sorte de conseil des ministres réduit, le conseil de défense nous rappelle l'état de guerre et place le président de la République en patron incontesté, en commandant en chef. Le chef du gouvernement devient une sorte de premier collaborateur. Edouard Philippe avait sans doute résisté à ce transfert[33] non constitutionnel du pouvoir, Jean Castex a été emporté.

Cependant neutraliser le législateur et l'exécuteur nous fait sortir pour le moins du fonctionnement normal de la République. Encore que bonne fille, elle en a vu d'autres, elle a perduré avec trois rois et deux empereurs, elle tiendra le coup avec un apprenti dictateur. Le président Macron a fait comme si la Constitution était respectée, mais il s'en est largement abstrait pour détenir un pouvoir absolu dicté par l'élection présidentielle qui se profile. Un second organisme va participer aux manœuvres du nouvel exécutif : le Conseil d'État. L'ancien conseil du roi est un organisme non élu, technocratique. Il va désormais fonctionner comme sous l'Ancien Régime. Il donne de la consistance juridique aux textes de loi en les façonnant et les validant dès leur projet, en multipliant les décrets qu'il rédige et en renvoyant dans leur but ceux qui les contestent. Les textes qu'il a élaborés passent ensuite au parlement pour la forme, comme par obligation du respect d'un rite.

Dans le passé, le Conseil d'État était plus exigeant avec la majorité en place pour la simple raison qu'il était majoritairement composé d'éléments de la minorité qui n'avaient pu, compte tenu de leur profil, rejoindre les cabinets ministériels. Il semble que cette époque soit révolue. Le Conseil d'État est devenu une sorte d'assemblée délibérative de droite et de gauche au bénéfice de la

33 C'est sans doute ce qu'a voulu signifier Édouard Philippe au cours d'un entretien lorsqu'il se disait passionné de droit public.

Macronie. Lorsqu'il conteste un aspect d'une décision ministérielle, il faut considérer que l'acte n'est là que pour donner le sentiment d'une autonomie du conseil. Un contrepouvoir, certes *soft*, disparaît néanmoins. Il faut en prendre acte pour demain.

EXISTAIT-IL UNE AUTRE VOIE ?

Comme nous l'avons ébauché précédemment, le gouvernement dispose, sans modifier en quoique ce soit l'agencement des pouvoirs publics et leur mise en œuvre, de leviers légaux pour assurer le fonctionnement du pays dans quasiment toutes les circonstances. Avant toute précision sur une autre voie, il existe des préalables. Ces préalables exigent d'abord de la part de ceux qui sont aux commandes de faire preuve de sang-froid devant une catastrophe. Ils doivent ensuite en prendre l'exacte mesure et mettre les moyens d'y faire face. Ils ne peuvent profiter d'un évènement exceptionnel pour embarquer le pays vers un ailleurs qui irait, comme c'est le cas, jusqu'à nier ses fondements. En modifiant l'objectif qui leur est imposé, ils perdent en efficacité sur le *résultat.* Ils sont condamnables à double titre. On ne court pas après deux lièvres en même temps prenant des directions opposées.

Quels sont donc dans le cas qui nous préoccupe ces leviers ? Il s'agit principalement du pouvoir de police générale du Premier ministre. Nous l'avons cité plus avant, dans ses articles L. 3131-1 et suivants du code de la santé publique. Il permet au ministre de la Santé de prendre, en cas de « menace » d'épidémie, « toute mesure pour protéger la santé de la population ». Il y a dans cette simple phrase tout le matériel nécessaire. Que dit la totalité de ce texte ?

« En cas de menace sanitaire grave appelant des mesures d'urgence, notamment en cas de menace d'épidémie, le ministre chargé de la santé peut, par arrêté motivé, prescrire dans l'intérêt de la santé publique toute mesure proportionnée aux risques courus et appropriée aux circonstances de temps et de lieu afin de prévenir et de limiter les conséquences des menaces possibles sur la santé de la population.

Le ministre peut habiliter le représentant de l'État territorialement compétent à prendre toutes les mesures d'application de ces dispositions, y compris des mesures individuelles. Ces dernières mesures font immédiatement l'objet d'une information du procureur de la République.

Le représentant de l'État dans le département et les personnes placées sous son autorité sont tenus de préserver la confidentialité des données recueillies à l'égard des tiers.

Le représentant de l'État rend compte au ministre chargé de la santé des actions entreprises et des résultats obtenus en application du présent article. »

La France n'est pas née avec Emmanuel Macron. Les évènements qu'elle a connus, heureux ou malheureux, lui ont fait prendre des dispositions dans pratiquement toutes les circonstances. Avec ce pouvoir de police générale, de quoi avait-on besoin de plus ? Le gouvernement disposait là des moyens dans la lutte contre la pandémie jusqu'à sa neutralisation. Pourquoi Emmanuel Macron et son entourage se sont-ils exonérés de ces dispositions ? Pourquoi ont-ils profité d'un parlement dans l'impossibilité de se réunir normalement et de ce fait, ne pouvant ni en discuter les fondements ni en valider les perspectives ?

Plusieurs facteurs sont à prendre en compte : le caractère mondial de la pandémie ; la difficulté d'y faire face compte tenu de l'affaiblissement de l'hospitalisation publique ; le contexte politique et le mécontentement généralisé; l'élection présidentielle qui s'approche; l'aubaine ou la malchance que peut constituer une épidémie pour celui qui se trouve aux commandes; l'état de la population et la peur... Tous ces facteurs contribuent à la désignation d'un chef, et d'un seul. La caractéristique première d'un chef réside dans sa capacité à s'entourer; or il faut bien dire qu'Emmanuel Macron n'a jamais cherché de fortes personnalités. Il s'est entouré de gens dont il assure la carrière et qu'il domine. Puis lorsque les premiers déboires d'une présidence au seul service des puissances financières sont apparus, les prétendants à vouloir le servir ont commencé à diminuer, ce qui lui a créé des difficultés pour composer ses gouvernements où apparaîtront des personnages diaphanes voire sans grande personnalité.

Dans son esprit, sa gestion de la pandémie fera oublier tout le reste. Elle sera la preuve de sa compétence et lui permettra de se présenter pour un deuxième mandat. En conséquence, Emmanuel Macron va affermir sa position de commandant en chef. S'appuyant résolument sur une peur que finalement rien ne justifie (la communication gouvernementale et les médias en sont les vecteurs) il va dérouler des réponses aux évènements sanitaires qu'il annoncera sous la forme d'allocutions présidentielles solennelles. Ces réponses tourneront autour du confinement ou de sa menace. Ceux qui s'y opposent, déjà peu présents dans les médias « mainstream », seront totalement négligés dans ses propos de façon qu'il occupe seul l'ensemble du dispositif de communication grand public[34]. Les médias sont friands des catastrophes. Dans

34 La catastrophe vécue en Lombardie est attribuée à la peur panique déclenchée par les médias qui ont fait affluer dans les hôpitaux des gens se sentant atteints par le coronavirus.

l'affaire du coronavirus, il y a quelque chose de plus dans l'attitude des médias qu'il est encore prématuré de comprendre. Notons cependant que leurs propriétaires ont beaucoup de points communs avec les propriétaires des multinationales de la pharmacie. Ils ont une cause commune à défendre.

Ce déferlement de mauvaises nouvelles a permis un resserrage ou un recentrage du pouvoir qui va rapidement se préciser et imprimer au pays son tempo. Le président s'impose, il dépossède le gouvernement de ses prérogatives et transforme, avec son assentiment, le Premier ministre en premier collaborateur du nouveau centre de pilotage. Le président Macron peut *désormais orienter* et modeler la France vers ce qui lui semble proche de sa pensée euromondialiste, c'est-à-dire autre chose qu'elle-même. L'opposition politique ne peut sortir glorieuse de la période. Elle en a accepté les principes directeurs. Il sera retenu, qu'elle s'est couchée au moment où il aurait fallu qu'elle exprime de fortes réserves sur ce qui était en gestation. L'histoire ne repasse pas les plats.

LES INTERROGATIONS D'UN PEUPLE

En réalité, la gestion de la pandémie n'aurait pas été moins efficace si l'exécutif avait appliqué le règlement à sa disposition. Le règlement de police générale permet en effet une organisation décentralisée donc adaptée aux considérations particulières. Les conditions locales auraient permis aux préfets de redoubler de leur capacité organisationnelle et, aux élus des territoires, aux organismes de santé et aux bénévoles d'être pleinement associés dans le combat dans une sorte de défense opérationnelle de la santé de la population. Une DOT[35] sanitaire à inventer. La méthode choisie, comme on l'a vu, fut autre. Elle fut centralisée et concentrée dans les seules mains d'un Emmanuel Macron qui ne fit pas appel à résister, mais au contraire à conseiller de rester chez soi et attendre. La pression était forte quand dans la précipitation fut choisie la stratégie. Les habituels partisans du local, du Modem ou de l'UDI, réfugiés dans la Macronie, n'eurent pas non plus le temps de nous jouer leurs couplets antijacobins, pourtant là, l'occasion était bonne.

Cependant, transformer une épidémie en guerre et dramatiser au plus haut point la réalité, cache forcément quelque chose. On peut imaginer que c'est vraisemblablement ce qui s'est passé dans la tête de nombre de nos compatriotes. Le peuple français est ainsi fait qu'une grande partie des éléments qui le composent se méfie de ce qui vient du pouvoir en place, et, quelle que soit la couleur de celui-ci. Le poids de l'histoire et de l'expérience compte vraisemblablement! Une partie du peuple français est par nature rebelle, elle ressent le « mal français ». C'est d'ailleurs celle-là qui contraint l'autre si ce n'est à agir au moins à s'interroger avant de se coucher devant les ukases. Malheureusement, on pourra constater que les partis d'opposition au pouvoir macronien, en principe de gauche, ont trahi le peuple une nouvelle fois. La première, lorsque toute la gauche appelât à voter pour le candidat de la finance à l'élection présidentielle, la deuxième lorsqu'elle caricaturait et insultait les Gilets jaunes et la troisième lorsqu'elle donne au pouvoir quitus pour limiter les libertés. Le peuple mécontent trouvera un (ou des) leader pour remplacer ceux qui ont déserté le

35 Défense Opérationnelle du Territoire ou organisation de la résistance.

combat. L'opposition de droite ne s'est guère distinguée, coincée qu'elle était par la participation au gouvernement de quelques-uns des siens et sa tendance à ménager la chèvre et le chou.

Désormais qualifiés de complotistes par ceux-là mêmes qui complotent, les Français rebelles, se sentant abandonnés par l'opposition institutionnelle, se sont mis, consciemment ou non, à la recherche de celui ou de celle qui pouvait tenir le rôle de leader de colère.

En dix jours, le programme du pays est chamboulé. Ce bouleversement est-il imposé ou ne fait-il pas déjà l'objet d'une organisation ? Est-ce le réel qui télescope l'agencement ou est-ce un pouvoir, fatigué de la confrontation avec le mouvement Gilets jaunes et celui des soignants, qui trouve une substitution aux difficultés qui l'accablent ? Toutes les hypothèses sont recevables. Cependant, émettons que le cas n'est pas strictement franco-français. La plupart des pays sont touchés par le virus. Ils prennent des mesures analogues, nous disent les médias. Ce qui est vrai et faux, il existe autant de mesures qu'il existe de pays. Pour ce qui est faux, considérons que l'épidémie a frappé plus durement les pays occidentaux riches qui ont affiché des records de décès. Ce qui est faux encore tient aussi au pragmatisme dont ont fait preuve les différents gouvernements face à l'inconnu de la maladie. Les deux paramètres retenus contre la pandémie ont concerné le système de santé et l'économie. La France fut dans les rares pays à combattre l'épidémie en prenant des mesures liberticides et à sacrifier son économie tout en poursuivant un malthusianisme sanitaire. Elle a en conséquence obtenu de très mauvais résultats concernant la mortalité des malades et les difficultés des entreprises.

LE PROTOCOLE DU PROFESSEUR RAOULT OU L'ESPOIR D'UN TRAITEMENT

Dans un consensus pourtant balisé par les médias, une voix discordante va percer, celle du professeur Didier Raoult. L'homme fait preuve de sang-froid et ne rajoute pas à la panique qui s'installe. Il est spécialiste des maladies virales et dirige à Marseille un centre spécialisé dans les maladies infectieuses, l'IHU ou Institut Hospitalier Universitaire. Il conteste le confinement à partir de ses connaissances sur les quarantaines, en particulier celles mises en place dans le passé dans la ville portuaire où il exerce. Il préconise de mettre en place une autre procédure : tester pour détecter les malades ; les isoler pour réduire les contaminations ; et les soigner. Il informe qu'il a mis au point une méthode de soin qui donne des résultats encourageants. Elle neutralise le virus mortel dans la mesure où le traitement est pris dès l'apparition des premiers symptômes.

À peine a-t-il fait part de son traitement qu'il va faire l'objet d'un pilonnage d'une intensité inouïe. Son diagnostic n'est pas bon, sa méthode n'est pas confirmée par la science, son produit est dangereux et sa personnalité tient de la mégalomanie. Tel est la teneur des informations à son sujet avec lequel l'opinion sera bombardée. Pilonnage, bombardement, nous sommes effectivement en guerre, sauf que celle-ci n'est pas menée contre le virus, sauf accessoirement, mais essentiellement contre ce professeur et tous ceux qui vont le rejoindre. La conjuration associera pratiquement tous les médias. Vont se distinguer comme à leur habitude, le journal *Le Monde*, France Inter, les médias audiovisuels publics et BFM télé qui vont entrainer toute la presse écrite, les radios et les chaînes de télévision. Tous ceux qu'on désigne sous le vocable de médias « mainstream » et qui vivent en partie de la manne publique seront à l'unisson pour démolir le professeur marseillais.

Quand une telle campagne se déclenche, il n'y a pas de hasard dans l'enchaînement de points de vue semblables. Il y a un chef d'orchestre. Celui-là, à coup sûr, ne peut être que le pouvoir en place, car l'espoir que suscite le professeur Raoult s'y oppose d'emblée. Il fait reculer la peur en donnant l'espoir et la perspective d'un traitement.

L'exécutif qui fonde son action politique sur l'écoute des « grands scientifiques » peut-il négliger les préconisations d'un des plus grands de la discipline qui, de plus, dirige l'outil le plus performant sur le territoire national ? Il est vrai qu'il a refusé de participer au conseil scientifique lorsqu'il a pris connaissance des participants, de leur niveau comme de leur conflit d'intérêt. Naturellement, il inquiète les responsables gouvernementaux à juste titre, des conséquences qui pourraient rejaillir sur eux-mêmes et leur carrière si d'aventure la suite des évènements, c'est-à-dire le nombre de morts, leur donnait tort[36]. L'affaire du sang contaminé

---

36 Philippe de Villiers rapporte une conversation avec Emmanuel Macron qui lui aurait dit, en parlant du Premier ministre, « qu'il gère son risque pénal ».

est dans toutes les têtes. Les sanctions pourraient être beaucoup plus lourdes.

Utiliser ce que le professeur préconise impliquerait la création de centres de dépistages et la création de centres de soins. Le gouvernement devrait rouvrir l'hôpital militaire du Val de Grâce afin de donner un peu plus de dynamisme et d'espoir, et émettre le signal d'un « branle-bas de combat », après tout « nous sommes en guerre ». Tout ça semble hors de portée. L'Assistance publique des Hôpitaux de Paris devrait rouvrir l'hôtel-Dieu. Si le président s'est fendu de deux allocutions se voulant en même temps inquiétantes et rassurantes contre la pandémie, on ne sent de combativité nulle part et encore moins dans les actes. Les décideurs gouvernementaux sont dans la drôle d'attente, dans l'exercice plan-plan qui aboutira inévitablement à augmenter la mortalité. Consécutivement à ce choix, il y a la peur d'être tenu pour responsable. Sinon, comment comprendre ce déchaînement contre les préconisations du professeur Raoult. Si d'aventure, il avait raison ?

Le professeur de Marseille sera un peu seul. Aucun parti politique ne le soutiendra, ce qui est rare dans pareil cas. Aucun syndicat non plus. La CGT des Bouches-du-Rhône ira jusqu'à le calomnier. Des personnalités annonceront avoir été soignées par lui, mais dans l'ambiance générale elles passeront inaperçues[37]. La pression est trop forte pour s'exposer à son soutien.

Tel est le contexte politique au début du confinement. Lorsque cette période sera examinée avec le recul du temps, on pourra se demander pourquoi des dispositions aussi extravagantes ont

37 Christian Estrosi, maire de Nice ; Valérie Boyer, députée ; Philippe Douste-Blazy ancien ministre…

été prises pour contrer une maladie exclusivement mortelle sur des patients âgés et fragiles, mais finalement bénins pour plus de 99,98 % de la population.

L'ADHÉSION IMMÉDIATE DE FRANÇAIS AU PROFESSEUR

Les Français rebelles ont trouvé dans ce professeur de médecine, inconnu du grand nombre, leur porte-parole naturel. De fait, il personnifie l'opposition fondamentale au pouvoir macronien. Opposé au confinement, opposé sur le plan médical, il l'est dans le contexte, opposé socialement, économiquement, culturellement et finalement politiquement. Le professeur Raoult soigne les gens, défend l'hôpital public, souhaite l'améliorer avec une autre gouvernance qu'il met lui-même en œuvre. Il ne cherche pas à s'enrichir effrontément comme tous les soutiens ou les profiteurs du pouvoir en place, l'oligarchie des laboratoires et ses correspondants dans les organismes de santé. Autrement dit, il n'est pas en conflit d'intérêts.

Il devient un opposé politique de fait, bien qu'il s'en dédît, en prenant la place de ceux dont c'est la mission dans les institutions. Dans ces conditions, contre lui vont se coaliser toutes les forces de la Macronie.

Son traitement doit être pris dès les premiers symptômes, car c'est à ce moment qu'il possède sa plus grande efficacité. Ce traitement conjugue l'hydroxychloroquine[38] ou chloroquine à un

38 L'Hydroxychloroquine, dérivée de la chloroquine, est un antipaludique qui existe depuis plus de 70 ans. Il est vendu librement en pharmacie jusqu'au

antibiotique l'azithromycine. Ses connaissances et sa pratique lui permettent de n'être pas pris au dépourvu, de plus, il s'inspire des traitements pratiqués en Chine qui, elle, commence à voir l'épidémie se ralentir. Si le grand public trouve dans les annonces du professeur des raisons d'espérer et d'entrevoir une issue à ce mal mortifère inconnu et démesurément grossi, il n'en est pas de même des médias et de certains professionnels. Ceux-ci vont, de concert, éreinter durement le protocole et celui qui l'a initié. C'est un sujet qu'il sera nécessaire d'approfondir quand le calme sera revenu.

Deux « médecins », médiatiques, paraît-il, responsables de chroniques médicales, sont dans les premiers à la manœuvre. Un certain Marcel Ichou, médecin, qui officie à Europe1, traite le professeur Raoult de « *charlot* », il est renforcé par Michel Cymes, la star médicale de la 5 et de France2 qui le traite de façon analogue. D'autres le qualifient de « *charlatan* » de « druide qui promet une potion magique » de « *mandarin qui se prend pour un Messie 2.0.* » » Alain Duhamel, l'homme au service de tous les pouvoirs en exercice, dira « *un déséquilibré psychiquement* ». « *Qu'il ferme sa gueule, il y en a marre de ce genre de mecs* », ajoutera Daniel Cohn-Bendit, présent en permanence sur LCI en tant qu'expert en interdiction d'interdire.

Le professeur Raoult paraît bien seul à assurer l'opposition aux choix du pouvoir macronien, alors les serviteurs du pouvoir en place, sentant le danger qu'il représente, n'hésitent pas à lâcher leurs coups. Il y a toujours dans cette meute des journalistes prêts à tout. Ils font penser au dialoguiste de cinéma Henri Jeanson,

---

13 janvier 2020 où il devient étrangement par décret un médicament vénéneux, c'est-à-dire ne pouvant être utilisé qu'à l'hôpital.

quand on lui signalait qu'on ne frappe pas un homme à terre répondait « Oui ! mais alors quand ! ». Leur campagne va faiblir lorsque les nouvelles des réseaux sociaux leur parviendront. Le contenu sera le même, mais la forme plus insidieuse[39].

UNE SAINTE-ALLIANCE SE MET EN PLACE

Le tir de barrage violent que déclenchent plusieurs de ses confrères laisse penser que le professeur affronte un autre pouvoir, le pouvoir profond des mandarins de la médecine qui ne partagent pas ses choix et ses conceptions ? Mais, y a-t-il encore des mandarins ? Sont-ce vraiment des fortes personnalités de la médecine qui engagent le fer avec le docteur Raoult ? Non, pas vraiment. Ce sont des chefs de service d'hôpitaux parisiens qui vont se comporter en agents de démolition du professeur marseillais. Ils sont donc rattachés à un grand organisme, l'Assistance publique des hôpitaux de Paris, dans lequel ils entrent en hiérarchie[40]. Couramment désignée par son sigle, L'AP-HP est une sorte d'ARS, une

39 Un groupe Facebook « Didier Raoult Vs Coronavirus » est créé le 20 mars qui réunit 370 000 membres quasiment instantanément et qui génère près de 5 millions d'interactions. La timeline du traitement éditorial de Didier Raoult et de la chloroquine sur l'antenne linéaire de BFMTV entre le 1er mars et le 29 mars montre que le sujet était totalement absent du traitement médiatique dans les premières semaines de mars. À l'inverse, sur la semaine du 23 au 29 mars, BFMTV n'a pas hésité à prononcer les mots « chloroquine » **jusqu'à 35 fois par heure**, et « Didier Raoult » **jusqu'à 15 fois par heure** — les résultats sont d'ailleurs largement identiques sur les autres chaînes d'info continue.

40 Le professeur Perronne, chef de service à l'hôpital de Garches sera débarqué de son poste pour son comportement non conforme avec les orientations de l'AP-HP

agence régionale de santé à elle toute seule, elle a des compétences étendues. Elle est tenue directement par le pouvoir qui désigne ses dirigeants, au premier rang desquels son actuel directeur, Martin Hirsch.

La direction de l'Assistance Publique — Hôpitaux de Paris

Martin Hirsch est un énarque comme ceux qui le nomment. Il s'est fait connaître du public en prenant dans le passé la direction d'Emmaüs aux côtés de l'abbé Pierre. En entrant officiellement en politique ensuite, il a fait preuve de l'œcuménisme que lui avait légué l'abbé. Il a soutenu tous les pouvoirs, de Jospin à François Hollande en passant par Jacques Chirac et Nicolas Sarkozy, qui lui ont, en retour, confié des missions officielles jusqu'à ministère ou haut-commissariat. Son souci d'une « *vraie intégration* » l'a poussé à considérer celle-ci comme réussie « *quand les catholiques appelleront leur enfant Mohamed* »[41], il n'a jamais imaginé l'inverse. Il est donc immigrationniste et conséquemment mondialiste comme le pouvoir qu'il sert. Certains, les mauvaises langues, diront qu'il est d'une fidélité relative, d'autres qu'il fait preuve de pragmatisme, pour ne pas dire qu'il n'a aucune conviction à l'exception de ses intérêts. Sous François Hollande, il est nommé directeur de l'AP-HP. Il devra y fermer des lits et des services hospitaliers, comme ses prédécesseurs. L'Union européenne, bien qu'elle insiste ne pas être concernée par la santé, veille néanmoins aux dépenses sociales et à leur diminution. Ce sont elles qui sont dans le collimateur. Il poursuivra la même mission au service d'Emmanuel Macron sans sourciller, après tout, n'est-il pas en même temps de droite

41 Il n'est pas le seul, Laurent Fabius qui trouvait qu'Al Nostra faisait du bon boulot en Syrie avait déjà employé la formule.

et de gauche ? Une grève des services des urgences commence le 18 mars 2019. Martin Hirsch la laissera se poursuivre en espérant son pourrissement. Quand arrive le coronavirus, la grève est toujours effective et l'AP-HP se doit d'être en première ligne quand le virus se développe. Martin Hirsch a pour obligation d'obtenir des résultats. Les résultats seront les personnes sauvées, c'est à cela qu'il sera jugé dans le futur. On sait déjà que les résultats ne sont pas particulièrement bons. Ceci explique-t-il cela ?

L'allégeance au président, il saura la manifester en reprenant la doxa et en mettant en garde, ce qui revient au même, contre le «*populisme scientifique*» et s'insurger des «*polémiques et remises en cause, par exemple, du principe de confinement. On a bien fait de le faire. Pareil pour les évacuations sanitaires qui ont sauvé des vies et le système hospitalier*»[42]. Pour clore son apport à tout ce qu'il entreprend, il licenciera un soutien de Didier Raoult, le professeur Christian Perronne de sa chefferie de l'hôpital de Garches. C'est un aveu. Il a le licenciement sélectif. Martin Hirsch soutient, a contrario, tous ceux qui s'opposent à Christian Perronne et au professeur Raoult. Peut-être leur suggèrent-ils de monter au créneau, après tout, n'est-il pas leur patron ? Ne sont-ils pas des médecins-chefs de service dans les grands hôpitaux parisiens, Bichat, la Pitié-Salpêtrière, Saint Antoine, Lariboisière, Thonon ? Cependant ces médecins-chefs de service ont une autre qualité,

42 Le Figaro du 5 septembre 2020 : Martin Hirsch, aux premières loges. Au printemps 2021, Martin Hirsch n'est plus en odeur de sainteté auprès du siège de l'Élysée. Un conseiller du président signale : « S'il passait plus de temps à s'occuper de la direction de l'AP-HP plutôt que dans la préparation des campagnes d'Anne Hidalgo, peut-être que la situation sanitaire serait différente » *Le Figaro* 1/4/21 la défiance s'installe entre Martin Hirsch et l'exécutif.

ils sont souvent en conflit d'intérêts, autrement dit, ils perçoivent des rémunérations des grands laboratoires internationaux. Cela ne les disqualifie pas pour autant, mais donne à leur discours une présomption de préférence quant à leur choix.

Des chefs de service de l'AP-HP

Jean François Bergman, chef de service à Lariboisière, a occupé des postes prestigieux dans les organismes publics de santé. Il n'est pas tendre avec Raoult et qualifie sa méthode de non scientifique. Il se discréditera définitivement lorsqu'il saluera le bien-fondé de l'étude bidonnée du *Lancet*.

Gilbert Deray, médecin-chef à la Pitié-Salpêtrière, fréquente tous les plateaux de télé où il cogne contre la chloroquine et le professeur Raoult bien qu'il ne cite jamais le nom. Après avoir dit que l'OMS et le professeur Fauci[43] comme toutes les grandes institutions ne veulent pas de la chloroquine, il regrette la division au sein du corps médical, il poursuit « *... dans n'importe quelle autre circonstance, elle (la chloroquine) n'aurait été acceptée nulle part et présentée nulle part.... Je pèse mes mots... (elle) n'a pas le début de preuve d'efficacité... surtout ne le prenez pas* (le traitement) ».

Gilles Pialoux, médecin-chef de service à Thonon « *on sait très bien que ça ne fonctionne pas l'hydroxychloroquine* ». Dans la foulée, il a signé la plainte devant le conseil de l'ordre des médecins contre Didier Raoult.

Roland Tubiana, médecin-chef de service à la Pitié-Salpêtrière, s'est distingué dans une confrontation avec le docteur Chabrière

---

43 Antony Fauci (prononcer Fauchi) est médecin et directeur d'une agence de santé américaine. Il est aussi responsable au sein du parti démocrate. Le président Trump l'a mis en place pour coordonner la lutte contre la pandémie.

de l'IHU de Marseille. Quand celui-ci lui demande s'il teste dans son service les malades, le docteur Tubiana ne répond pas, mais conteste de façon systématique les résultats que lui donne son confrère qui lui demande à la fin « … mais que cherchez-vous ? »

Yazdan Yazdanpanah est chef de service à Bichat. On le rencontrera plus tard. Le personnage est doté d'un si grand nombre de casquettes qu'on est en droit de se demander s'il a le temps de soigner. Activité pour laquelle il est principalement payé.

D'autres personnalités médicales participeront à cet hallali comme Éric Caumes, médecin et chef de service à La Pitié-Salpêtrière. Son cas est intéressant, car il évolue avec l'épidémie. Il est à la fois ou en même temps, un peu porte-parole du mécontentement général et un peu celui de la doxa, ce qui lui vaut quelquefois de se faire aligner des deux côtés. « … *l'Hydroxychloroquine, il y a plus d'études qui montrent que ça ne marche pas que ça marche* ». Et pour cause ! Il aura ce comportement oscillant lors des annonces de vaccin. Il sera rappelé à l'ordre et remis dans le droit chemin. Finalement il conseillera fortement de vacciner les enfants. « *Le passe-sanitaire n'est pas sanitaire* » dira-t-il et plus loin il ajoutera : « *On pourrait revenir en arrière… ce passe pourrait s'appeler socio-économique pour aboutir à… c'est une décision courageuse du gouvernement* ».

Présidente du CARE (organisme concurrent du conseil scientifique sous l'autorité d'Emmanuel Macron) Françoise Barré-Sinoussi[44], Nobel de médecine pour le SIDA qu'elle doit au profes-

44 Le CARE comprend : Laëtitia Atlani-Duault, anthropologue ; Christophe Junot, responsable du service de pharmacologie et immunoanalyse au Commissariat à l'énergie atomique ; Marie-Paule Kieny, virologiste, vaccinologiste et experte en santé publique ; Marc Lecuit, microbiologiste ; Franck Molina, directeur de l'unité de recherche Sys2 Diag sur le diagnostic médical ; Sylviane

seur Montagnier et qu'elle ne va pas honorer. Elle appelle à la prudence envers le traitement à la chloroquine qui possède dit-elle de nombreux inconvénients pour les cardiaques. « *Ne donnons pas de faux espoirs, c'est une question d'éthique* ». Qu'est-ce que l'éthique vient faire avec les cardiaques ?

François Chast, directeur de la pharmacie des hôpitaux de Paris, « *Ces échecs de la chloroquine ou de l'hydroxychloroquine avaient déjà été observés à l'égard des virus Ebola, chikungunya et de la dengue. Pire, les résultats obtenus en ce début avril 2020 à Detroit (USA) dans le cadre d'une étude comparative (malheureusement de faible effectif), pourraient faire craindre que l'hydroxychloroquine soit associée à une dégradation de la fonction respiratoire des malades traités* » le 14 avril dans *Le Figaro*. Ce François Chast ne nous explique pas, par contre, pourquoi et comment le stock de chloroquine a disparu de la pharmacie dont il a la responsabilité.

Christine Rouzioux, médecin-chef de service à Necker : « *Le Dr Raoult ne démontre pas que la chloroquine serait efficace* », « *Ce n'est ni fait, ni à faire* », « *Les résultats ne sont pas bons* (...) *Un essai thérapeutique demande une méthodologie rigoureuse, là il y a plein d'erreurs* ». On pourrait encore citer : Philippe Juvin (chef du service des urgences de Pompidou) ou Olivier Bouchaud (chef service Avicennes) « *si le médicament (hydroxychloroquine) était efficace ça se saurait* ». Néanmoins ces deux derniers sont moins virulents contre le professeur Didier Raoult. Philippe Juvin est maire républicain, il ne peut emmener trop loin son parti. N'oublions pas le 24 mars, Jean Paul Hamon, président d'un syndicat de médecins,

---

Müller, immunologiste ; Jean-Philippe Spano, oncologue ; Bertrand Thirion, chercheur en analyse statistique de l'imagerie cérébrale ; Dominique Valeyre, pneumologue Muriel Vayssier, directrice de recherche à l'Inra ; Yazdan Yazdanpanah, infectiologue.

déclarant qu'il a pris de la chloroquine dans ces termes, « *et après d'intenses nausées, je me suis dit, c'est bon ! je préfère mourir... j'en profite pour dire... J'incite les gens à beaucoup de prudence* ». Souhaitons qu'il ne soit jamais contraint de subir une chimiothérapie. Quant aux autres représentants syndicaux des médecins, on ne peut pas dire qu'ils brillent par leur originalité.

Karine Lacombe, égérie de la Macronie

Karine Lacombe, Cheffe du service des maladies infectieuses à l'hôpital Saint-Antoine est la plus forcenée. Elle a un côté Marlène Schiappa qui ose tout. Elle apparaît sur les grands médias. En particulier sur TF1 le 23 mars, elle déclare à propos du traitement du docteur Raoult « ... *utiliser un médicament comme ça, hors AMM (autorisation de mise sur le marché)... c'est en dehors de toute démarche éthique* ». « *Les études du professeur Raoult ont été construites à l'envers* » (Journal télévisé d'antenne2, le 11 avril). Elle a touché 20 000 € du labo Gilead qui produit le Remdesivir dans lequel elle voit le 29 avril « *un traitement encourageant...* ». On le serait à moins au vu des performances constatées fin septembre du « traitement encourageant ».

Lors de sa conférence de presse du 28 mars, le Premier ministre, Édouard Philippe, adoube Karine Lacombe qu'il invite à prendre la parole. Le message est clair, le chef du gouvernement montre qu'il a choisi de faire équipe avec la plus virulente et délirante opposée au professeur Didier Raoult et à son protocole. Ce qui confirme, s'il en était besoin, la participation et l'encouragement du pouvoir macronien à cette croisade stupide contre une méthode qui donne des résultats et sauve des vies. Le 1er janvier 2021, Karine Lacombe est décorée de la Légion d'honneur. Les services qu'elle a rendus à la patrie sont loin d'être évidents. La médaille étant attribuée aux faits de guerre, on peut se demander comment Karine Lacombe a pu en être dotée. Son comportement aurait dû lui valoir de sévères sanctions, après tout « nous sommes en guerre » avait prévenu le président.

Il est rare de rencontrer des personnalités appartenant à la même profession se comporter ainsi, publiquement, vis-à-vis d'un confrère qui est salué mondialement comme une sommité de sa discipline. Que signifie ce discours haineux ? Eu égard aux conditions psychologiques dans lesquelles se trouve une population inquiète, le comportement de ces personnes peut être considéré comme contraire à leur serment[45]. Ils sont des facteurs de démoralisation. Ce comportement est hautement condamnable en temps de guerre, ça s'apparente à l'intelligence avec l'ennemi, en l'occurrence l'intelligence avec l'ennemi-virus, l'ennemi-maladie, l'ennemi-décès. Ils démolissent un traitement, mais n'en proposent aucun. Le remède prescrit par les services hospitaliers de l'AP-HP fut d'inviter les patients inquiets à rester chez eux, à s'aliter en prenant du doliprane et revenir à l'hôpital en cas de difficultés respiratoires. Ce que des praticiens sur le terrain, ceux à qui interdiction est faite de prescrire de l'hydroxychloroquine ou l'azithromycine, ont traduit par les quatre D, doliprane, domicile, dodo, décès[46]. C'est si vrai que les personnes décédées du Covid dans les hôpitaux parisiens l'ont été dans les 3 jours suivant leur admission pour 50 % d'entre eux. Ce qui accroît forcément l'inquiétude. Les hôpitaux de l'AP-HP ont-ils renoncé à soigner ?

---

45 « Le serment d'Hippocrate comme notre code de déontologie supposent de ne pas affoler volontairement la population » Patrick Pelloux, *Figaro magazine* 2/4/21

46 Le docteur Erbstein dans le documentaire « Mal traités »

Seront-ils tenus pour responsable de non-assistance à personnes en danger ?

PRIMUM NON NOCERE

La Macronie, qui fait fausse route dans sa gestion sanitaire comme dans les mesures qui l'accompagnent, trouve chez ceux-là un soutien indéfectible. Peut-être suscite-t-elle ce soutien ? Ce comportement n'est pas compatible avec ce principe appris aux étudiants de médecine et de pharmacie. « D'abord ne pas nuire » aurait dû être dans la tête de tous ceux qui participent à l'action de santé. Or, tous ceux que nous venons de citer, pour des raisons qu'il faudra un jour connaître, ont nui à une population inquiète, ont nui aux malades qu'ils n'ont pas cherché à soigner, et ont nui à la médecine.

La gauche, qui, à juste titre, voit Didier Raoult en concurrent, participe de la nuisance. Elle ne fera rien pour le soutenir non plus, bien au contraire[47], elle le dénigrera plus sournoisement, par exemple en l'assimilant à un gourou. Elle restera, sans toujours en prendre conscience, fidèle à l'union sacrée qu'elle a ratifiée le 22 mars.

Ce qui se trame là contre Didier Raoult aura des répercussions sur le comportement futur des électeurs. Il en aura aussi sur le futur de la médecine et de la recherche médicale, sur les relations entre le médecin et son patient. Les médecins ne risquent-ils pas de n'être perçus à l'avenir que soucieux uniquement de leurs in-

---

47 Lors de la commission d'enquête du Sénat, les plus méprisants contre Didier Raoult sont Bernard Jomier et David Assouline sénateurs socialistes.

térêts pécuniaires ? Les plateaux de télévision ont offert leurs tribunes principalement à des professionnels de la santé violemment critiques envers le traitement à la chloroquine. Il a été entendu que le rejet de ce vieux médicament tenait à son trop faible prix. Il a été compris que les plus virulents[48] sont des personnes en conflit d'intérêts, autrement dit dépendantes des grands laboratoires internationaux, du Big Pharma[49] qui les rémunère. Dans d'autres secteurs de la vie économique, le bâtiment par exemple, ce genre de pratique, c'est-à-dire la rétribution d'un acheteur public par son fournisseur privé, constitue le délit de corruption condamné par les tribunaux. D'une façon plus générale, se comportant à la fois en « juge et parti », ces décideurs médicaux ne sont pas neutres, ils ne peuvent prendre parti dans un débat public sans annoncer la couleur de leurs intérêts. C'est Jean-François Delfraissy qui a dû initier Karine Lacombe à l'éthique.

Ces praticiens disent exprimer la pensée de la profession. La majorité des médecins sont des gens sérieux et honnêtes. Leur seul souci est de soigner, voire de sauver leurs patients. Le grand public entend rarement leur voix, car les médias les censurent. Par exemple, le collectif « Laissons les médecins prescrire »[50] qui regroupe un grand nombre d'associations médicales et rassemble un nombre considérable de praticiens est interdit de médias. Il est facile ensuite de reprendre le panel sélectionné qui passe en boucle et d'en conclure que la majorité des médecins est au diapason. Nous connaissons le même processus de captation de la vérité avec le « réchauffement climatique ».

---

48 Un médecin nantais adresse des menaces à Didier Raoult.

49 Big Pharma désigne les grands laboratoires pharmaceutiques mondiaux qui fonctionnent à la façon d'un cartel. Voir plus loin.

50 https://manifestes-libertes.org/medecins-engages/

LE *BIG PHARMA* ET SES ALLIÉS

Les grands laboratoires ont besoin de produits sinon à haute valeur ajoutée surtout à taux de profit élevé, ne serait-ce que pour financer leurs actionnaires et éventuellement leurs prescripteurs. Quels sont donc ces grands laboratoires qui constituent ce qu'on désigne sous le terme de Big Pharma? Parmi les plus connus, il y a Sanofi (France), Novartis (Suisse), AstraZeneca (Grande-Bretagne et Suède), Roche (Suisse), Abbott (USA), Pfizer (USA), Bristol Myers Squibb (USA), Johnson&Johnson (USA), Bayer (Allemagne). Ces laboratoires sont des sociétés multinationales qui sont avec le militaire les activités les plus rentables[51]. Entre 1999 et 2017, les 11 plus grands laboratoires ont vu leur chiffre d'affaires multiplié par deux, soit près de 400 milliards d'euros en 2017. Les bénéfices nets n'ont augmenté que de 40 % environ, par contre, la part des profits distribués aux actionnaires a été multipliée par 3,6. Parmi les bénéficiaires se trouve le gestionnaire d'actifs américain BlackRock dont la filiale française est dirigée par Jean François Cirelli, énarque, ancien directeur adjoint du cabinet du Premier ministre Jean Pierre Raffarin.

Un puissant partenaire BlackRock

Devenu patron de Gaz de France grâce à son passage à Matignon, Jean François Cirelli a organisé sa privatisation et sa fusion avec Indosuez. Jean François Cirelli sera promu officier de la Légion d'honneur en janvier 2021 sur le quota du Premier ministre. Les relations de BlackRock avec les autorités françaises, qu'elles

51 *L'essor de Big Pharma* par Olivier Petitjean dans *Pharma Papers*.

soient étatiques ou financières, suscitent beaucoup d'interrogations. BlackRock est encore apparu au moment de la loi visant à démanteler le système de retraite mis en place à la libération en proposant ses services pour la gestion des pensions. En effet, BlackRock est un des plus puissants gestionnaires d'actifs américains. Il gère directement 9500 milliards d'actifs soit presque quatre fois le produit national brut français[52].

Il est actionnaire de quasiment tous les laboratoires que nous avons cités. Bénéficiant de leur situation de monopole, ce monde financier participe de la hausse injustifiée des prix des médicaments d'autant plus facilement acceptée par les clients que ceux-ci, en nombre limité, sont les organismes collectifs publics des pays riches. Lorsque Pfizer annonce un vaccin efficace à plus de 90 %, son directeur général vend une partie des titres de la compagnie qu'il possède pour un montant de 5,6 millions d'US $. On peut imaginer le montant de la plus-value réalisée après cette annonce ! Est-ce une marque de confiance dans un produit qui va prendre d'importantes parts de marchés ?

Le développement des grands laboratoires ne peut se faire sans une multitude de réseaux au sein des professions et autorités médicales étatiques pour faire connaître leurs produits et en faciliter la distribution. Ces produits sont des rentes pour les fabricants-propriétaires, et plus encore pour ceux disposant d'une position de monopole. Leur position se trouve consolidée par l'AMM ou

52 BlackRock, Vanguard et State Street sont les plus grands gestionnaires d'actifs mondiaux. Ils détiennent ou contrôlent 42 000 milliards d'actifs soit 15 fois le CAC40. Dans « le discret fossoyeur de votre épargne et de votre santé » par Guy de La Fortelle.

autorisation de mise sur le marché accordée par les pouvoirs publics et l'OMS. Les pouvoirs publics sont des agences du médicament pour les grands pays contributeurs. Les agences américaine, anglaise, européenne et française ont un pouvoir déterminant dans la décision de l'AMM.

L'OMS, un agent du Big Pharma ?

L'OMS qui appartient à la galaxie de l'ONU est une sorte de gouvernement mondial théorique de la santé, dominé par les USA qui participent pour 15 % au montant de son budget. À partir de 1990, l'OMS fait appel à d'autres contributeurs que les États, les fondations et les entreprises entrent en force au sein de l'organisation. Désormais, il sera un organisme dans lequel sont renforcés les intérêts des multinationales du médicament. De toutes les époques, ce mélange entre une autorité publique et des intérêts privés est propice à la corruption. La gouvernance de l'OMS n'échappe pas à la règle, son passé déjà ne plaide pas pour sa grande probité. Les USA décident d'en sortir en août 2020 officiellement au motif de n'avoir pas fait la clarté sur les causes du coronavirus. Bill Gates en profite pour les remplacer et participer au cercle dirigeant en y apportant plusieurs dizaines de millions de dollars. Après avoir fait fortune avec Microsoft, Bill Gates a mis sa générosité naturelle au service de l'humanitaire sanitaire pour aider les pays pauvres à vacciner les populations. Il dispose d'une Fondation, et il a déjà investi dans l'association GAVI[53] pour se faire. Le même jour, l'OMS transforme en état d'urgence de santé publique mondiale, la diffusion du coronavirus qu'elle avait

53 GAVI organisation internationale pour la diffusion des vaccins. Voir ensuite.

déclaré, le 30 janvier, pandémie mondiale. Les objectifs de Bill Gates ne laissent pas indifférents. Ils ne sont pas partagés par tous les opérateurs de la médecine qui voient dans son projet quelque chose d'attentatoire aux libertés individuelles, quelque peu machiavélique, une sorte de numérisation des individus. Quelques jours après la visite de Bill Gates au président Macron, la France augmentera sa contribution à l'OMS. Coïncidence !

Bill Gates, le multicarte du Gafam et des COP

Quel est le rôle exact de Bill Gates dans la santé ? L'organisation de ses vaccinations de masse en Afrique ont fait l'objet de commentaires et de critiques virulents qui n'ont pas été repris dans les médias occidentaux « mainstream ». Bill Gates ne dispose pas seulement d'un statut particulier dans la santé qui le propulse dans le staff de l'OMS, il est aussi vénéré par les théoriciens du réchauffement climatique et les partisans des COP. Lors de la COP21 qui s'est tenue à Paris, une photo donne une idée de la place prise par Bill Gates dans la mondialisation. Il est en première ligne entre le président des USA, le Premier ministre canadien, à côté de François Hollande et Angela Merkel. Que représente-t-il ou qui représente-t-il exactement ? Le Gafam[54] ?

Le Remdesivir, candidat du Big Pharma

L'OMS « choisira » de promouvoir un médicament, le Remdesivir, pour lutter contre la covid-19. Le médicament est produit par Gilead. Ce puissant laboratoire californien réalise 22 milliards

---

54 GAFAM Google, Amazone, Facebook, Apple, Microsoft, c'est-à-dire les géants du numérique

US $ de chiffre d'affaires avec 11 000 salariés (pour comparer PSA réalise un peu moins du double, autour de 35 milliards US $ de chiffre d'affaires, avec vingt fois plus de salariés, 211 000 salariés). Parmi ses actionnaires, on retrouve naturellement BlackRock.

Le Remdesivir est un médicament qui fut inventé pour lutter contre la fièvre Ebola, il ne s'est pas avéré efficace. Contre le sida, il n'a pas marché non plus. Son propriétaire souhaite vraisemblablement rentrer dans ses frais et le propose à toutes les occasions. La covid-19 est une aubaine. Gilead ne perd pas de temps, l'épidémie n'a pas encore touché le territoire européen que l'OMS fait déjà la promotion du Remdesivir. Elle lui apporte son soutien officiel le 24 février. Le lobbying du Remdesivir est assuré en France par le médecin-chef de service de l'hôpital Bichat, Yazdan Yazdanpanah, qui présente le médicament le 31 janvier. Il soutient aussi un produit du groupe pharmaceutique américain Abott, le Kaletra.

Yazdan Yazdanpanah est, en même temps, directeur à l'INSERM et expert au sein de l'OMS, il est aussi membre du Conseil Scientifique présidé par Jean François Delfraissy, ainsi que du discret et intermittent conseil, conduit par Françoise Barré-Sinoussi. On peut dire sans se tromper que Yazdanpanah est dans la place. Il aurait touché officiellement près de 100 000 euros sur 5 ans des laboratoires. Ce qui paraît faible en regard de ses compétences.

Le Remdesivir va prendre de l'importance avec l'épidémie jusqu'à sa consécration. Le docteur Anthony Fauci est directeur depuis 1984 de l'institut des maladies infectieuses qui dépend du ministère de la Santé des USA. Nous l'avons déjà rencontré lorsque Gilbert Deray faisait son éloge, c'est une sommité américaine dans son domaine. Dans la lutte contre la covid-19, il est en première ligne aux côtés du président des USA. Il est un partisan du Remdesivir dont il loue, le 29 avril, les qualités, alors que celles-ci sont somme toute modestes, « *les données montrent qu'il a un effet clair, positif et significatif, pour diminuer le temps de guérison* », de combien de jours ? Il sera le seul médicament contre la covid-19 à être autorisé aux USA par la NIH, national Institute of Health[55]. Le prix du traitement bénéficie de sa position de monopole. En réalité, le Remdesivir a un rôle limité. Est-il promu pour démontrer l'impossibilité de soins ou pour contrer l'hydroxychloroquine, afin de préparer l'arrivée du vaccin ? Les deux hypothèses sont possibles.

L'Agence européenne du Médicament recommande une autorisation de mise sur le marché[56] le 26 juin. La Haute Autorité de Santé[57] française la lui accorde à son tour et temporairement le 3 juillet. Le Remdesivir sera le premier traitement à obtenir ce privilège, accordé habituellement par l'Agence française de sécurité du médicament (ANSM), dont c'est la mission. Pourquoi n'est-elle pas concernée cette fois ? La côte de l'action Gilead[58] fait un bond spectaculaire à Wall Street. Le 8 octobre, la Commission européenne signe un contrat d'achat pour 500 000 patients. Le prix

---

55 NIH : organisme permettant aux médicaments d'être vendus sur le territoire des USA, équivalent de l'ANSM

56 L'AMM est une obligation pour commercialiser un médicament et le faire rembourser par la SS. L'AMM est délivrée par l'Agence française de sécurité du médicament et des produits de santé (ANSM).

57 HAS autorité publique indépendante, mais dépendant du ministère. Elle tient du statut d'agence qui fleurit dans tous les domaines de l'action publique et participe de l'opacité croissante des constituants de l'État.

58 Le 17 avril déjà l'agence Reuters avait signalé que l'action Gilead Sciences avait pris 16 % à Wall Street après la publication de résultats encourageants d'un essai du Remdesivir contre le coronavirus.

du traitement est de 2070 euros (coût de l'opération plus d'un milliard d'euros). Le 15 octobre, l'OMS partageant les conclusions d'une étude sur 2000 patients indique que le Remdesivir « ne réduit pas la durée des hospitalisations nécessitant un respirateur », l'inverse de ce qu'avait annoncé le professeur Anthony Fauci. L'OMS revoit sa position initiale en disqualifiant le produit. Le Remdesivir est enterré avec les honneurs le 20 novembre, Gilead aura récupéré plus que sa mise de fonds, l'équivalent de près de 5 % de son chiffre d'affaires avec ce seul produit et cette seule vente. Gilead peut informer ses actionnaires que les ventes de Remdesivir ont rapporté 900 millions d'US $. Étonnamment, quelques jours auparavant, Gilead n'a pas fait suite aux demandes de la Haute Autorité de Santé française de valider définitivement son AMM auprès de la Sécurité sociale. Connaissait-il la décision qu'allait publier l'OMS ? Ce changement nécessiterait un examen pour en comprendre les raisons. Pendant que le Remdesivir était loué, l'hydroxychloroquine qui avait fait ses preuves était interdite.

LA CHLOROQUINE OU UN CONCURRENT À DÉTRUIRE ?

Si le Remdesivir a bénéficié d'une promotion inouïe, la chloroquine (ou l'Hydroxychloroquine), qui existe depuis plus de soixante-dix ans, est maltraitée par les organismes et les institutions sanitaires publiques. Agnès Buzyn, ministre de la Solidarité et de la Santé a fait publier un décret le 13 janvier pour retirer le médicament de la vente libre. Agnès Buzyn, nous l'avons déjà précisé, est l'épouse d'un des créateurs du laboratoire P4 de Wuhan qui y a financé et suivi des expériences. Nous supposons qu'elle doit connaître tout ce qui se trame là-bas à partir de novembre

2019, puisqu'elle informe Emmanuel Macron le 30 décembre 2019 de la possibilité d'un tsunami épidémique.

Le décret transforme du jour au lendemain la chloroquine en médicament vénéneux, c'est-à-dire ne bénéficiant plus d'AMM et ne pouvant être recommandé que dans des conditions spécifiques. Le décret du 13 janvier 2020 pourra être considéré dans le futur comme la date ouvrant sur le plus grand scandale sanitaire connu en France[59].

Karine Lacombe, médecin-chef de service à l'hôpital Saint-Antoine, a fait référence à ce déclassement de l'hydroxychloroquine pour accabler le professeur Raoult. On se rappelle ses propos : « *… utiliser un médicament comme ça, hors AMM… c'est en dehors de toute démarche éthique* »[60], sauf que c'est une décision politique qui a organisé le déclassement pour des raisons qui sont, compte tenu du contexte covid-19, obscures, fallacieuses et qui sait, immorales. Karine Lacombe s'inspire d'un point, non encore tranché et passé inaperçu auprès des profanes, contenu dans le texte de la loi initiée par Xavier Bertrand en 2011, alors ministre de la Santé, qui veut empêcher de prescrire des médicaments hors AMM. Cette mesure, en suspend, est une atteinte directe à la liberté de prescrire des médecins, liberté inscrite dans leur code de déontologie. L'atteinte à la liberté de prescription se concrétise dans un nouveau décret publié le 27 mars 2020 par Olivier Véran cette fois. Il est interdit aux médecins de ville de prescrire la chloroquine. Ce

---

59 La préparation du décret commence à la mi-novembre 2019. Nous traitons cet aspect dans la deuxième partie.

60 Si l'AMM est le critère de l'éthique, autant laisser Big Pharma décider de ce qui est le bien et le mal et l'étendre aux fabricants d'armes.

nouveau décret à n'en pas douter sera la deuxième marche du plus grand scandale sanitaire que la France a connu.

L'OMS n'est pas en reste contre la chloroquine qu'elle abîme grâce à ses multiples réseaux. Le 22 mai, la publication de référence mondiale de la médecine, la revue « *the Lancet* », qualifiera l'hydroxychloroquine de médicament inefficace contre la covid-19 et dangereux par ses effets secondaires selon une étude menée par des inconnus du monde de la médecine, qu'elle publie. « *The Lancet* » est reconnu dans le monde de la santé, de la science et de la recherche. Cependant, cette revue n'est pas neutre. Elle appartient depuis peu au plus puissant groupe de publication scientifique au monde, RELX. Devinez qui est celui qui nomme les dirigeants des publications du groupe, c'est-à-dire qui est le premier actionnaire de ce groupe ? BlackRock !

Le lendemain, comme si une fenêtre de tir s'était ouverte, le ministre de la Santé, Olivier Véran demande au Haut Conseil de la santé publique de revoir les « règles dérogatoires de prescription » de la chloroquine. Dans la foulée un nouveau décret est publié pour interdire complètement son usage. Est-ce la troisième marche du grand scandale sanitaire ? On peut raisonnablement le penser.

Quelques jours plus tard, le 4 juin, il est révélé que l'article de « *the Lancet* » est bidonné, le journal présente ses excuses, mais le ministre ne fait pas retirer pour autant son décret. Pourrait-il en être autrement ? La confiance dans le ministre de la Santé, dans le gouvernement et dans le président est déjà si basse, est-ce la peine de mettre l'accent sur cet évènement fâcheux qui ferait encore chuter la confiance. Les essais pratiqués pour juger de l'efficacité des médicaments tant attendus s'avèrent participer du trucage.

Les essais randomisés pour gagner du temps ?

Le principal reproche concernant le traitement du professeur Raoult est de n'être pas randomisé, c'est-à-dire qu'il n'a pas été validé par des tests spécifiques à partir de deux échantillons équivalents de malades. L'un ayant pris le traitement et l'autre à qui on a fait croire l'avoir donné, aucun des deux ne sachant lequel a bénéficié du traitement. Le nombre de morts, sans doute, permettrait de conclure à l'efficacité ou non de la méthode. La comparaison avec un test concluant à l'utilité du parachute est parfaitement justifiée dans ce cas de figure. Cependant, les critiques à l'encontre de Didier Raoult s'appuyant sur le manque de test, ne peuvent être prises à la légère, car elles influencent beaucoup de Français, en particulier beaucoup de ceux qui ont fait des études… mais pas la guerre.

En déclarant « Nous sommes en guerre », le président de la République ne tient pas un propos de comptoir, il définit le cadre dans lequel il considère se mouvoir dorénavant le pays et son personnel de santé. Le temps des tests n'est plus d'actualité et encore moins une priorité. Une course de vitesse s'engage avec un virus contagieux. Didier Raoult, doté d'une solide expérience de ce type de maladies et dont le père appartenait à la médecine militaire coloniale, a pris immédiatement la mesure du temps et de l'urgence. Il a fait son travail. Il a trouvé une parade au virus. Ses concurrents ou ses détracteurs auront beau faire, c'est ce qui restera de cet épisode. Néanmoins, eux aussi ont pris la mesure du temps et de l'urgence.

Lorsqu'ils réclament, à hauts cris, des tests, ce n'est pas par intérêt pour la méthode. Les détracteurs de Didier Raoult veulent repousser la mise en œuvre de sa méthode, pour faire prévaloir autre chose que l'on ne connaîtra jamais. En réalité il s'agit pour eux de retarder la mise en position de combat. La pandémie est une affaire de timing. L'organisation de tests ne prendrait qu'un ou deux mois, disent les concurrents du professeur Raoult. Lorsque des tests randomisés seront mis en place, les deux mois sont déjà largement dépassés alors que la seule sélection des groupes témoins n'est pas terminée, si nous prenons l'exemple du test Discovery. Qu'à cela ne tienne, disent-ils, il s'agit de la science ; or d'aucuns pensaient que le procédé tenait de la médecine, et elle était la grande oubliée. Mais reprenons ce que les détracteurs de Didier Raoult évoquent : deux mois pour l'organisation de tests, à partir du 17 mars cela repousse au 17 mai 2020. À cette date, on recensera un peu moins de 25 000 morts. Faut-il attendre l'accumulation des morts ou agir ?

Le mail de Jean François Delfraissy du 25 mars 2020 à Anthony Fauci donne un autre éclairage à cette démarche. Le président du conseil scientifique écrit précisément : « ... *Par ailleurs, une cohorte de patients COVID + sévères a été créée et certains seront traités par l'HCQ (hydroxychloroquine) : nous analyserons ce résultat avec toute la conscience nécessaire* ». Jean-François Delfraissy indique qu'il va tester la chloroquine sur des malades sévères, précisément lorsque celle-ci n'a plus d'efficacité. « Y a-t-il une erreur qu'ils n'ont pas commise ? » demande le professeur Christian Perronne dans un ouvrage. En est-ce une celle-là ? Est-ce une erreur ou de la malfaisance pure ? Dans le contexte d'une épidémie, l'intention n'est pas banale, mais criminelle. N'est-ce pas ce qui est annoncé dans ce même mail cité ci-dessus ?

Une majorité de la population a compris les enjeux. Il y a d'un côté celui qui s'entête à sauver des malades et de l'autre une colonne d'opposants à la présence quasi ininterrompue dans les médias. On ne connaît rien d'autre de leur compétence que leur résolution à condamner une méthode de soin qui a donné des résultats plus qu'encourageants comme dirait madame Lacombe ou plus qu'un « léger mieux positif »[61] comme dirait Jean-François Delfraissy.

La comédie des tests, il y a quelque chose de pourri…

Des tests, forcément randomisés puisqu'émanant de l'INSERM en collaboration avec l'OMS, étaient proposés et organisés dès les débuts de la pandémie. Ces tests devaient être réalisés au plan européen avec un échantillon de 3200 personnes. Le 31 mars le CHU d'Angers mettait lui aussi en place une étude proche. Le test Discovery[62] comme l'étude Hycovid devaient à l'origine se pencher principalement sur trois médicaments : le Remdesivir de Gilead, le Kaletra du groupe pharmaceutique américain Abbott et un Interféron du groupe allemand Merck. Il sera ajouté la chloroquine compte tenu de la place qu'elle a prise dans le débat national, car entretemps, le 9 avril, le président Macron s'est rendu à l'IHU de Marseille, il s'est senti contraint de rencontrer Didier Raoult, devant l'ampleur de son influence. Cette visite est-elle la marque de reconnaissance officielle ? Non. Ce n'est ni le chemin de Damas pour l'État en errance qu'il dirige, bien qu'il vantât le

---

61 Courriel de Delfraissy à Fauci dans *Libération* du 4 juin 2021

62 Le test Discovery est conduit par Yazdanpanah en remplacement de Delfraissy. Yazdanpanah était aussi favorable au Kaletra d'Abott.

docteur ensuite dans un journal africain[63], ni celui de Canossa. La visite est restée sans lendemain, Emmanuel Macron n'a pas exigé la levée des interdictions de la chloroquine ni la mise en œuvre des préconisations et du traitement. Les Français montrent de plus en plus de signes d'exaspération. Ils veulent sortir de leur internement. À partir de la visite à Marseille, vont filtrer des informations jusqu'à présent masquées.

Il était entendu que le Remdesivir devait tirer son épingle du jeu. Or la présence de la chloroquine changeait la donne. À supposer que les deux médicaments soient à égalité de réussite, ce qui est loin d'être le cas comme on le verra plus tard. Le facteur prix rentrera nécessairement dans la décision de l'acheteur public. Le Remdesivir étant près de 1000 fois plus cher que l'hydroxychloroquine, pour au mieux un résultat inférieur, le choix est évident.

Les tests et études seront arrêtés en route afin de ne délivrer aucune donnée comparative. Ce qui permettra aux organisateurs des tests, d'exprimer sans honte et dans une sorte d'intime conviction propre aux tricheurs, car ne reposant sur aucun résultat, d'annoncer que le médicament du professeur Raoult n'apporte rien de significatif. Karine Lacombe n'y a vu aucun problème d'éthique.

« *Les preuves internes apportées par l'Essai Solidarity/Discovery, les preuves externes apportées par l'Essai Recovery*[64] *et les preuves combinées apportées par ces deux essais largement aléatoires, mises ensemble, suggèrent que l'hydroxychloroquine — lorsqu'on la compare avec les traitements habituels des patients hospitalisés pour le Covid-19 —*

63 La renommée de Didier Raoult en Afrique ne permet pas à un quidam d'en dire du mal.

64 « Recovery » est l'essai organisé par l'université d'Oxford.

n'a pas pour résultat la réduction de la mortalité de ces patients»[65], conclura l'OMS.

Comme on pouvait s'y attendre, Hycovid, qui s'arrête le 26 mai, conclut à son tour à l'inefficacité de l'hydroxychloroquine dans le traitement de la Covid-19[66]. L'article du *Lancet* viendra à point et permettra au ministre de la Santé de bannir le médicament le 28 mai. Cet enchaînement de prises de position et de mesures d'interdiction ne peut être accordé au hasard du calendrier. Le professeur Raoult publiant régulièrement des résultats positifs de sa méthode, le refus de reconnaître de la part d'institutions un traitement qui de toute évidence donne des résultats ne peut être attribué à de quelconques sautes d'humeur. Comme la campagne des médias engagée en France, il y a là une campagne mondiale orchestrée. Orchestrée par ceux qui en attendent les bénéfices.

Quand en septembre, le professeur Raoult demande une autorisation de mise sur le marché temporaire pour la chloroquine, elle lui est refusée par l'agence nationale de sécurité du médicament. Celle-là même qui avait instruit son procès en toxicité. Didier Raoult n'est pas seul dans sa croisade. Dans un contexte difficile, un grand nombre de médecins et de personnalités courageux l'ont rejoint parmi ses premiers supporters on note : Christian Perronne, médecin-chef de Garches ; l'ancien directeur scientifique de l'Institut national du cancer, Fabien Calvo ; l'ancien président de la Haute Autorité de santé Jean-Luc Harousseau ; l'ancien directeur général de l'Agence nationale de sécurité du

---

65 Déclaration du docteur Ana Maria Henao Restrepo, de l'OMS à Genève le 16 juin 2020.

66 Les résultats seront publiés officiellement le 19 octobre.

médicament et des produits de santé, Dominique Maraninchi; l'épidémiologiste Laurent Toubiana; le professeur Jean François Toussaint; l'ancien ministre de la Santé, Douste-Blazy; la généticienne Alexandra Henrion-Caude, l'urgentiste Louis Fouché, les médecins Nicole et Gérard Delpéine, le médecin députée Martine Wonner.

Il y a quelque chose de pourri au royaume de la santé française, au sein de ce monstre administratif qu'est devenu le ministère (des solidarités et) de la Santé comme au sein de la Santé mondiale. Depuis le début de ce qui est qualifié officiellement de pandémie, la priorité du ministre de la Santé, et consécutivement du Premier ministre et du président de la République, n'est pas de mettre en avant le traitement et les résultats obtenus d'un spécialiste français mondialement reconnu des maladies contagieuses.

Ce traitement, vu l'état d'impuissance dans lequel se trouve le corps médical, est une solution plus que convenable. Il ne présente que des avantages. Il est simple, compréhensible par tous, peu onéreux et efficace. L'IHU de Marseille que dirige le professeur Raoult publie régulièrement des résultats sur les personnes traitées et sorties d'affaires qui ne sont jamais démentis. Accessoirement, le traitement répond parfaitement à l'état de guerre décrété par le président de la République lui-même. Il remplit donc toutes les cases d'une santé publique efficace. Contre toute attente, la priorité du ministre de la Santé est de piloter l'opération de démolition du professeur Raoult et de son traitement. L'opération n'est pas seulement médiatique, politique et idéologique, elle est autoritaire et répressive. Elle s'appuie (ou les initie!) sur des manipulations nuisibles d'individus et d'officines qui seront justifiées et ratifiées à la hâte par des députés hors sol et complices. Les anciennes pratiques sont remisées au bénéfice de nouvelles. Celles-ci sont d'essence dictatoriale parce que mises en œuvre par quelques-uns au service de quelques autres. Dans l'arsenal des moyens de la répression, elle dispose du conseil de l'ordre des médecins, ordre qui n'a jamais aussi bien porté son nom.

Un chien de garde de la Macronie l'Ordre des médecins

L'action de l'ordre est de poursuivre et sanctionner les médecins qui outrepassent l'interdiction de soigner en conscience. Il leur a été interdit de prescrire la chloroquine. Il leur a été interdit d'exercer librement leur savoir-faire par des décrets pris au moment où l'épidémie se développe. Jusqu'à ces jours funestes, le combat contre la maladie était confié aux médecins engagés par leur serment d'Hippocrate[67]. Le conseil de l'ordre veillait à son respect. Désormais, il veille à une application stricte des diktats de la Macronie. Il faut savoir que la servilité du conseil de l'ordre n'est pas étrangère à un contrôle de la Cour des comptes[68] qui l'a sérieusement épinglé dans son rapport définitif de décembre 2019. À n'en pas douter, il lui faut faire acte d'allégeance pour rester en vie. Que dit ce rapport de la Cour des comptes ? Le seul énoncé des titres de ses chapitres est suffisamment éloquent pour éviter des commentaires superflus : un ordre sociologiquement peu représentatif du corps médical en activité ; une gouvernance fermée ; de grands désordres comptables et de gestion ; des missions ad-

67 « Au moment d'être admis(e) à exercer la médecine, je promets et je jure d'être fidèle aux lois de l'honneur et de la probité. Mon premier souci sera de rétablir, de préserver ou de promouvoir la santé dans tous ses éléments, physiques et mentaux, individuels et sociaux.

68 Rapport de la Cour des comptes publié en décembre 2019.

ministratives inégalement exercées ; un manque de rigueur dans le traitement des plaintes ; une justice disciplinaire marquée par des dysfonctionnements. Il n'est pas sûr qu'une entreprise, dotée d'une mission publique, qui se verrait charger de cette façon par un quelconque tribunal de commerce ne soit pas dissoute dans la foulée et ses dirigeants mis en examen, voire emprisonnés.

La pandémie se présente comme une opportunité pour cet organisme voyou de sauver temporairement sa peau. Il a donc participé à la chasse des médecins qui privilégiaient les soins. L'utilité du maintien de cet organisme corrompu se pose à l'évidence. Sa liquidation marquerait un début de la lutte contre la corruption qui gangrène la santé. En attendant la moralisation nécessaire, il est consternant d'observer les écarts de conduite d'institutions ou de personnalités protégées par le pouvoir macronien et son administration de la justice. Par moment la période macronienne ressemble à une pièce de Berthold Brecht.

Aucune autre thérapie ?

La méthode proposée par le professeur Raoult n'empêche nullement d'autres choix thérapeutiques. Aussi il faut nous demander pourquoi le pouvoir macronien a participé à ce déni de réalité. Quels autres moyens de santé publique a-t-il substitués à ce que proposait le professeur Raoult ? Sachant que la mise au ban de son traitement sans substitut efficace ne peut être sans conséquence, elle a immédiatement augmenté la létalité générale[69] ce que nous verrons plus tard.

---

69 Les cas de l'Italie et du Portugal en témoignent aussi.

Force est de constater qu'aucun autre traitement n'a été mis en avant. L'exécutif macronien s'est entêté à ne rien faire, à l'exception de confiner la population. Cette solution a conduit à la mort un grand nombre de personnes. Cet exécutif est en conséquence incompétent ou criminel, ou les deux, et devra rendre des comptes. Disposer du pouvoir dans une démocratie n'est pas une libéralité accordée par le peuple, mais une exigence.

Si « *The Lancet* » tient une sorte de sommet dans la désinformation programmée, combien de mensonges, de « fake news » ont alimenté une campagne visant à disqualifier le produit, le traitement et le professeur Raoult, tous les jours, toutes les heures, dans la quasi-totalité des médias. Les personnes âgées, vivant dans la peur d'être touchées par le virus et dont la perception du monde ne s'effectue qu'à travers la télévision peuvent-elles s'imaginer que celle-ci ne leur décrit qu'une partie de la réalité, pour ne pas dire qu'elle leur ment ? La lanterne magique, loin d'apporter la lumière, instille en priorité la peur et le mensonge pour les soumettre. Les médias « mainstream » et le journalisme s'effondrent avec la Macronie. Pourquoi tout cela ?

Alors beaucoup de Français, terrifiés dans un premier temps par les annonces de décès, vont comprendre que derrière le déballage quotidien il y a encore et principalement une histoire d'argent, de « pognon de dingue ». La corruption apparaît au cœur du système, et particulièrement au cœur du système de santé. Si l'IHU de Marseille a annoncé la couleur, organisé des tests, soigné une population inquiète et déclaré ses conflits d'intérêts, on ne sait toujours pas comment l'AP-HP soigne les malades franciliens et assume ses responsabilités. Comment sont rémunérés les démolisseurs de la méthode Raoult ? Les médias « mainstream » ne sont pas exigeants. On apprendra néanmoins par un journaliste très connu, Olivier Mazerolle, comment les hôpitaux à Paris accueillent et soignent les malades atteints du covid. Il rapporte ce que malade il a vécu et que nous avons déjà cité, ce que des praticiens de terrain dans l'est ont traduit par les quatre D, doliprane, domicile, dodo, décès… et ce qu'on est contraint de faire quand on souhaite ardemment bénéficier du médicament et du protocole Raoult.

INTERDIRE ET CONFINER, MESURES DE LA MACRONIE

Le président de la République en conviendra un an après. Le virus est maître du temps[70] confiera-t-il, concédant ainsi sa défaite avec la méthode mise en place, mais annonçant malgré tout un troisième confinement. Les confinements (et leurs déclinaisons en couvre-feux) ont précisément fait du virus le maître du temps. Or, à partir du moment où des praticiens réussissaient à soigner des malades gravement touchés, ne serait-ce que quelques-uns, c'est-à-dire dès le 17 mars 2020, date du premier jour du confinement, le virus n'était plus le maître du temps. Il avait au moins un concurrent qualifié, la chloroquine qui allait contester sa suprématie. La chloroquine n'était pas seule dans le combat. D'autres traitements, passé l'ahurissement d'une pandémie inattendue, suivaient comme celui mis au point par des médecins dans l'est de la France qui agissait aussi efficacement, mais dans une quasi-clandestinité[71]. L'efficacité d'un autre médicament, ce

70 Discours d'Emmanuel Macron du 15 mars 2021 à Montauban.

71 Docteur Erstein dans le documentaire

même mois, apparaissait en Seine-et-Marne par le hasard de soins contre la gale : l'ivermectine[72]. Il ne fit pas l'objet de la vindicte comme la chloroquine, mais du silence de la Santé officielle et des médias. La France passait encore à côté d'un médicament qui allait prouver un an plus tard en Inde sa pleine efficacité.

Aucun médicament n'eut les grâces du pouvoir macronien et des sbires du ministère de la Santé. Ils furent tous « tricards » comme il est dit dans le langage des voyous. La décision unique de l'exécutif fut de mettre en place un confinement du pays qui sera renouvelé à chaque « relance » apparente du virus. Ce fut la plus grande faute du pouvoir macronien, si faute seulement, il y a ?

Arrêter le temps dans l'attente du vaccin

Le confinement est une mesure moyenâgeuse. Les mécréants frappés par la colère divine étaient mis à l'écart du monde dans l'attente de leur mort. Leur temps alloué de vivre était passé. Aujourd'hui pas plus qu'hier, le confinement ne peut prétendre être une mesure sanitaire. C'est d'abord pour les personnes infectées une mesure qui ne leur permet pas de se faire connaître ni de se faire soigner. Lorsque cette mesure est étendue à toute une population sur la base d'une protection qui n'est rien d'autre qu'une présomption d'infection, elle est attentatoire à la liberté de circulation des personnes. Le confinement fut un internement à domicile agrémenté d'une sortie limitée et conditionnelle. En prison, cela s'appelle la promenade.

---

72 L'ivermectine est un antiparasitaire qui fut utilisé dans un Ehpad par le docteur Charlotte Bernigaud, dermatologue, qui constata la non-infection des pensionnaires en regard des autres Ehpad infectés.

En réalité, la mesure de confinement qui est présentée comme une mesure visant à freiner la circulation du virus est essentiellement une tentative de suspension du temps. N'était-ce pas ce que le président du conseil scientifique sous-entend lorsqu'il préconise en juin 2020 de « laisser les gens vivre », ce que le confinement ne leur a pas permis. La vie fut en effet suspendue.

Il fallait ralentir les flux d'entrée aux urgences ou en réa, les étaler dans le temps, comme les barrages construits sur les affluents pour tenter de réguler l'arrivée de l'inondation par le grand fleuve. La maladie risquait de n'être pas prise à temps. Le risque était grand d'une implosion du système hospitalier causée par un débordement des urgences.

Le confinement n'avait alors aucun but sanitaire, il était une mesure de protection des hôpitaux terriblement affaiblis par une politique de santé malthusienne. Était-il possible de sauver à la fois les malades et l'hôpital ? Il semble que non.

La tentative d'arrêt du temps s'est calée, volontairement ou non, sur le cycle de la maladie saisonnière pour les deux premiers confinements. La levée du confinement le 11 mai 2020 partait du constat d'un ralentissement de la circulation du virus et d'un repli de la mortalité qui était attribué au confinement, or des esprits éclairés connaissaient le mouvement de la maladie qui était en déclin depuis le 19 avril.

Ce temps arrêté qui conduit à attendre passivement le départ du danger viral est aussi porteur de l'arrivée inespérée d'un sauveur, en l'occurrence le médicament miraculeux. Seul le vaccin nous permettra d'envisager la levée des confinements, nous a-t-on répété.

Le confinement a surtout ralenti l'exercice des soins. Il n'a pas permis aux praticiens de « sauver des vies » comme l'indiquait le président du conseil scientifique. Les données sont cruelles pour les partisans du confinement, elle est la période qui a connu la plus forte mortalité. La période 4D comme la qualifient les médecins du Grand Est, ce qui aurait dû alerter les autorités responsables. L'exécutif a choisi le confinement au lieu de mettre en place un dispositif de soin exceptionnel, à commencer par le renforcement des structures d'accueil, par les hôpitaux. La pandémie étant une guerre, la similitude avec le désastre de 1940, relatée par Marc Bloch, est frappante. L'exécutif a choisi « l'ordre statique du bureau » qui consiste à ne faire que peu de choses, voire ne rien faire du tout. Pourtant, dès le moment où des praticiens avaient réussi à soigner des malades, il fallait accélérer le mouvement, comme pour la vraie guerre. En langage courant, il fallait mettre le paquet pour sauver des vies et prendre le virus de vitesse, sauf à décider de perdre la bataille.

Le confinement avait aussi le mérite de déplacer l'enjeu. La propagation de l'épidémie n'était pas de la seule responsabilité des pouvoirs, mais d'individus indisciplinés. Ils activaient la circulation du virus en ne respectant pas l'internement à domicile ni les autres mesures dites barrières. En contrevenant, ils mettaient en danger « les autres ». Ce discours sera tenu pendant toute la période des confinements. Il sera repris pour le vaccin et à propos de ceux qui ne souhaitent pas se vacciner. L'appareil d'État a pris la mauvaise habitude de faire porter ses responsabilités sur la population dont elle a la charge. Cette mauvaise habitude qui se manifeste par la punition collective est du domaine de la culture administrative française, son mal fondamental. Ce qui réussit, c'est bien connu, c'est grâce à elle ou au pouvoir qui la meut à cet instant, l'échec est la faute des administrés. Avec le Covid, la technocratie aux manettes n'a plus fait usage de retenue.

Emmanuel Macron dont la fonction première est d'assurer la cohésion nationale s'est laissé aller à décrier ses compatriotes chez lesquels les libertés ne font pas seulement l'objet d'un débat philosophique. Ils ont eu le droit à beaucoup de qualificatifs méprisants à défaut de traitement.

On est en droit de se demander, connaissant la suite, si le premier confinement ne s'inscrit pas dans une démarche gouvernementale d'attente d'un vaccin dont la date d'arrivée connue par quelques-unes des autorités françaises va s'avérer plus courte que celle officiellement annoncée précédemment. Des informations qualifiées de complotistes couraient à propos de la connaissance par des cercles initiés proches du Big Pharma de l'arrivée d'une épidémie bien avant que celle-ci ne se produise et de la production de moyens pour l'enrayer. Faire correspondre l'arrivée inattendue d'un vaccin en même temps que le départ de la pandémie aurait été étrange pour ne pas dire bizarre.

La condition de l'existence d'un vaccin tient à l'inexistence de traitement. L'AMM, l'autorisation de mise sur le marché, d'un vaccin ne peut être accordée que s'il n'existe pas de traitement contre la maladie en question. Cette AMM est généralement conditionnelle. Or, les traitements qui s'étaient montrés efficaces étaient dépréciés par les autorités. N'y avait-il pas là une volonté d'ouvrir la voie à un vaccin ? Dans cette hypothèse, le confinement, ne faisait-il pas partie d'une vaste mise en condition des populations au point qu'elles réclament un vaccin sans réserve ? Finalement, les prévisions de l'Imperial College de Londres furent le scénario qui s'est imposé au monde occidental. À charge pour les autorités des différents pays d'en faire l'adaptation aux conditions locales. Le moment est venu de s'interroger sur le rôle de l'Imperial College.

L'impérial collège de Londres

Le personnage clé de la diffusion de prévisions catastrophiques est le directeur du VIMC (Vaccine Impact Modelling Consortium) organisme domicilié à l'Imperial College de Londres. Il se nomme Neil Fergusson. Mathématicien modélisateur spécialisé dans les prévisions des épidémies, il s'est trompé sur quasiment toutes celles dont il s'est occupé : la vache folle, la grippe aviaire, le H5N1 et le H1N1. Pourtant ses prévisions concernant le covid, il annonçait un demi-million de morts au Royaume-Uni, ont modifié la politique du gouvernement britannique.

Pourquoi faire confiance à un personnage aussi tordu ? Quel est son pouvoir ? Quelles sont ses relations ?

Est-ce un hasard ?! Le VIMC est financé par la fondation Bill et Mélinda Gates et le GAVI (Global Alliance for Vaccine and Immunisation), lui-même financé par la fondation Gates, ainsi que la Banque Mondiale et des gouvernements. Le financement du VIMC par la fondation Gates a commencé en 2006. Quatre ans plus tard, la fondation Gates créait le GHLLDVC (Global Health Leader Lauch Decade of Vaccines Collaboration) avec l'OMS, l'UNICEF et le NIAID, l'institut américain des maladies infectieuses, que préside depuis 1984 Anthony Fauci. Le but mentionné était le suivant : « *Le plan d'action mondial pour les vaccins permettra une meilleure coordination entre les parties prenantes, gouvernements nationaux, organisations multilatérales, société civile, secteur privé et organisations philanthropiques, et identifiera les politiques, ressources et autres lacunes qui doivent être comblées pour réaliser le potentiel sauvetage des vies des vaccins* ». Le marché du vaccin, avant l'arrivée du Covid, était évalué à 60 milliards de dollars. Voilà à quoi allait s'attaquer en premier le « plan d'action mondial». Le plan était assorti de projet de numérisation des individus.

Les personnalités et organismes qui apparaissent avec la pandémie ne sont pas des électrons libres. Ils se connaissent tous et entretiennent des relations d'affaires. L'OMS ; les autorités de santé ; les agences, américaine, européenne et française, du médicament ; Bill Gates ; Anthony Fauci ; Jean-François Delfraissy ; Yazdan Yazdanpanah…

Le vaccin ne serait-il pas ce remède miracle auquel serait attribuée d'emblée une confiance sans limites tant il était attendu par tous ceux qui vivaient dans la crainte de mourir ? Un médicament, en usage depuis soixante-dix ans dans des volumes considérables, n'avait pas bénéficié de la même considération, il était ravalé au rang de champignon mortel. Ce qui n'avait pas été accordé au professeur Raoult, alors qu'il présentait des preuves évidentes, allait l'être à Pfizer-bioNTech, Moderna, AstraZeneca… Ces fabricants pourraient expérimenter, sur toute la population traitée, la validité de leur vaccin sans passer par les conditions qu'impose tout nouveau médicament. L'utilisation de la chimie et celles inhérentes à une innovation de nature biologique destinée à l'homme n'exigeraient aucune précaution. Les conséquences d'un tel choix sont, pour une grande part, inconnues. Ces fabricants annonçaient des vaccins efficaces à plus de 90 %. Quelque mois après les injections, ils s'avéraient qu'ils ne protégeaient pas complètement et qu'ils n'empêchaient pas la transmission du virus. En fait, des ersatz de vaccin vendus à des prix exorbitants !

L'exécutif qui se drape dans son « principe de précaution » lorsqu'il s'agit de choses somme toute banales, s'en exonère lorsqu'il s'agit de l'humain et de sa santé physique ou mentale. Il venait d'imposer au législateur le droit à l'enfant aux couples non prévu pour en mettre au monde, les couples composés de deux femmes. Il supprimait le père sans mettre en avant le « principe de précaution » ni s'interroger sur la psychologie de l'enfant qui en serait privé. Genre de produit superflu, le père disparaissait sans aucune influence pour l'enfant à naître, par contre l'utilisation du glyphosate déclenchait des croisades. Les associations de consommateurs si promptes à dégainer lorsqu'il s'agit de charger les étiquettes des marchandises courantes sont restées muettes à propos d'un médicament obligatoire aux conséquences inconnues. Leurs capacités de contrepouvoir sont finalement très limitées.

Le président reprend le scénario de l'Imperial College

Le deuxième confinement a tous les traits du premier. De ce point de vue, il n'a pas grand intérêt, seulement les termes de son exercice changent. La « deuxième vague » tant promise arrivait sous la forme de nouveaux virus, les variants générés par les transhumances estivales, et la mise en place de tests qui allaient conduire à l'augmentation automatique des cas positifs. La conjonction des deux va relancer l'utilité d'un nouveau confinement.

Déjà, tous les rassemblements de l'été, qu'ils soient festifs ou culturels sont annulés dans la perspective d'une nouvelle contagion. Le festival d'Avignon et les Vieilles Charrues de Carhaix sont supprimés. Le Puy du Fou se maintient grâce à la pugnacité de Philippe de Villers, son créateur. Les rares brocantes et les vide-greniers de l'été qui n'ont pas subi les foudres de l'interdit, ne seront que des défilés ininterrompus de gens masqués, bien qu'ils se tiennent en plein vent. Il faut bien consommer le stock de masques arrivé à la fin juin lorsqu'ils ne sont plus utiles. Le pays restera sous pression jusqu'au moment où une relance de la maladie se confirmera. Le gouvernement appelle à la responsabilité individuelle des Français. Autrement dit, il fait porter sur eux le poids de la diffusion du virus, alors qu'à aucun autre moment de son installation, il a fait appel à leur intelligence pour le combattre. L'épisode des masques inutiles, des équipements hospitaliers manquants, du nombre insuffisant de respirateurs... L'exécutif s'est bien gardé de « faire appel au peuple » pour pallier ses carences.

Aucun effort particulier n'avait concerné l'hôpital puisqu'il s'agissait de nouveau de sauver celui-ci en s'internant à domicile.

Le discours apocalyptique d'Emmanuel Macron

Le contenu du discours du président du 28 octobre est le fait marquant. Il restera comme un modèle de diffusion de la peur. Après avoir informé le pays qu'il serait de nouveau confiné dès le lendemain, le président précise : ne rien faire serait laisser le virus circuler. La circulation du virus aboutira, avant que « l'immunité collective » soit effective, à la mort de 400 000 personnes supplémentaires. Cette prophétie est issue du conseil scientifique, et plus exactement de l'étude et de la modélisation de deux de ses membres, Arnaud Fontanet et Simon Caucherez. En réalité, ces deux « brillants épidémiologistes » de l'Institut Pasteur nous ont revendu les prévisions de l'Imperial College of London.

Pour simplifier le « modèle » : les 30 000 morts de la première phase ont immunisé 5 % de la population, sachant qu'il en faut les deux tiers pour obtenir une immunité collective 30000 divisés par 5 et multiplié par 66, on arrive à 396 000 soit les 400000 du président. Celui qui refuse le confinement dans ces conditions est un suicidaire doublé d'un criminel. Arnaud Fontanet est le plus exigeant envers le protocole Raoult lorsqu'il signalait de façon absconse sur BFM que « *Malheureusement en l'absence de bras comparatif (essai randomisé avec groupe ne recevant pas de traitement), c'est extrêmement difficile de savoir si le traitement est efficace ou pas* ». Personne ne lui a fait remarquer que dans ces conditions, il serait préférable pour lui de se taire.

Le thème central des annonces gouvernementales se précise. La France se trouve face à un virus ragaillardi par des comportements inadaptés, les laisser perdurer c'est aller à la mort. Si les gens sont malades, c'est un peu de leur faute. Leur comportement engendre la « deuxième vague », demain la « troisième »... En réalité, il n'y a pas de vague, mais des nouveaux virus qui se forment avec les déplacements internationaux des personnes et des populations.

Les lits des hôpitaux sont le problème central

Étonnamment, alors qu'il a annoncé un retour en force de l'épidémie dès le mois de mai, l'exécutif n'a pris ni ne prend aucune disposition nouvelle pour y faire face. Le nombre de lits d'urgence et de réanimation n'est pas augmenté, mais plutôt diminué. Le 6 avril 2020, le directeur de l'ARS du Grand Est n'a-t-il pas précisé aux responsables des hôpitaux de sa région que la suppression des lits est toujours d'actualité ? Nous abordons là le scandale dont il faudra aussi faire la clarté, celui de la réduction des lits d'hôpitaux. Il semblerait que se confirme qu'un grand nombre de professionnels, profondément écœurés de ce qui s'y passe, ont quitté les métiers de l'hôpital public. Ce qui explique la diminution de l'offre globale de services hospitaliers. Des lits ont encore disparu. Les départs trouvent souvent leurs raisons dans les rémunérations, mais la direction des hôpitaux confiés aux administratifs n'est pas sans briser des vocations médicales.

Un peu plus de 5000 lits constituent le stock des places d'urgence et ce nombre ne peut être étendu. Emmanuel Macron, au temps fort de la pandémie, promettait de monter le dispositif à plus de 10000 lits. Pourquoi n'a-t-il rien changé? L'exécutif invoque l'impossibilité de former rapidement des personnels aussi pointus. Les lits et le matériel ne sont pas le problème, mais les soignants. Il manque des médecins, des infirmiers et des petites mains. Ces fonctions ne peuvent être occupées du jour au lendemain, on le comprend (le docteur Michaël Peyromaure, chef de service à l'hôpital Cochin, a néanmoins montré qu'une amélioration pouvait se faire), mais «à la guerre comme à la guerre», on mobilise, on réquisitionne toutes les compétences. Il nous faut retenir désormais que toute la vie du pays est conditionnée par le nombre de lits dans les hôpitaux et l'intention de l'exécutif est de les réduire encore. Étrangement, la France n'investit pas, mais s'endette année après année depuis quarante ans. Emmanuel Macron ne souhaite pas inverser la tendance.

Maintenir la pression qu'engendre la peur de mourir

La «deuxième vague» ne permet pas de faire pression sur l'opinion avec les décès journaliers sauf à rendre publics des nombres en diminution. Les autorités vont donc communiquer autrement.

Au printemps, l'accent était mis sur le nombre de personnes infectées, le nombre de personnes en réanimation et le nombre de morts durant la journée précédente, c'est-à-dire des données objectives publiées à partir de celles collectées dans les hôpitaux et les Ehpad. Certes, il y avait un doute en suspens. Mourrait-on du Covid ou avec le Covid?

À l'automne, l'accent sera mis en premier sur les tests, les malades seront ceux dont les tests seront positifs, ce qui signifie pour ceux-là l'éventualité de la mort, mais non son assurance. Il faut justifier le nouveau confinement qui va s'étendre du 29 octobre au 15 décembre. Les masques étant arrivés en quantité à partir de juin, l'obligation d'en porter un à toutes les occasions de contact est désormais la règle. Des médecins de plateaux télévisés vont se faire les propagandistes de cette nouvelle mode, préconisant le port du masque jusqu'au sein des domiciles. L'AP-HP fournit les plateaux de télévision en commentateur qui n'émettent aucune réserve concernant la politique du pouvoir macronien. Sont-ils invités à le faire avec à la clé une éventuelle promotion ? On peut l'imaginer dans la mesure où un des chefs de service le plus opposé à la pratique du pouvoir macronien, le professeur Christian Perronne, lui a fait l'objet d'une sanction.

Un déploiement sans précédent de lieux de tests est organisé. Certains jours de novembre, il est détecté jusqu'à 50 000 personnes infectées. À l'occasion apparaissent de nouveaux types de malades, les asymptomatiques. Ils ont, paraît-il, le virus dans leur corps, mais aucune manifestation de la maladie. Ils seraient contaminants donc dangereux. Plus tard, les médecins chinois publieront dans une étude générale sur le Covid portant sur un échantillon de plusieurs millions de cas que les personnes asymptotiques ne sont pas contagieuses. Il faut néanmoins se demander compte tenu des résultats catastrophiques de l'AP-HP en mars et avril 2020, si ce déchaînement à multiplier les cas n'a pas non plus pour objet d'améliorer le taux de létalité. Celui-ci étant un rapport entre les décès et les cas reconnus, la stabilité du numérateur et l'augmentation du dénominateur diminue automatiquement le taux ?

D'après un grand nombre de spécialistes, les tests PCR, les plus courants, sont facteurs d'erreur[73]. Les manipulations pour connaître si oui ou non la personne est infectée laissent encore une marge d'erreur. Une fois prélevé, le matériel de test fait l'objet d'un examen. Cet examen s'effectue en cycles. Il est considéré que jusqu'à 25 cycles les résultats sont significatifs, ils permettent de constater la charge virale et de valider le test. La personne est malade ou ne l'est pas. En France, il est courant d'aller jusqu'à 35-40 cycles. Du coup, le nombre de malades est multiplié alors que leur charge virale n'est composée que de débris de virus. On peut ainsi faire dire aux tests ce qui est souhaité. Le traitement du test est conforme à la stratégie de la peur déployée depuis le début de la pandémie. Il permet de réduire le taux de létalité, ce rapport entre les décès et le nombre de malades détectés. Du coup la France n'est plus la championne du monde de la létalité. Le taux chute de 18 % à 2 %.

Le regain du virus et la question des frontières

Le professeur Raoult donne une indication fondamentale pour expliquer le regain de la maladie en septembre. Le virus qui atteint le pays à cette date n'est plus celui de mars. Il a muté dans les zones qu'il a traversées et occupées. L'IHU de Marseille en a repéré très tôt plusieurs grâce au séquençage et au travail des marins-pompiers qui analysent les eaux usées. L'IHU a isolé un virus en provenance du Sénégal et d'autres en provenance du Maghreb. Ces virus avaient fait auparavant le voyage en sens inverse quand les ressortissants de ces pays l'ont exporté en quittant la France.

73 Le créateur du test PCR, l'épidémiologiste allemand Drosten fait l'objet de poursuites judiciaires dans son pays.

Marseille est un port par lequel transite une multitude de populations. Les épidémies appartiennent au génome de la ville. Ce socle de données est fondamental. Il doit être possible d'extrapoler pour comprendre le regain de septembre.

Il y a toutes les raisons de penser que le (ou les) virus en Île-de-France fonctionne de façon analogue. Il transite par Roissy, les grandes gares parisiennes ou plus haut les ports[74]. Il ne semble pas que les autorités se précipitent pour communiquer largement ce que contiennent nos eaux usées. Pourtant le regain du virus dans les eaux usées franciliennes est repéré lors de la semaine 27 (29 juin-5 juillet) précisément quand commence les mouvements migratoires des vacanciers pour atteindre le pic semaine 43 (13-25 octobre). Il suffit de se reporter à sa facture d'eau pour constater que quantité de prélèvements sont effectués pour le compte des ARS, agences régionales de santé, à fin d'analyse. Le prélèvement de la dîme pour y avoir trempé leurs pipettes ne sert-il donc que de prétexte à les financer ? Heureusement qu'il existe les pompiers pour effectuer et tracer des prélèvements[75].

Pourquoi aux frontières terrestres et aériennes n'a-t-on pas installé des contrôles et des quarantaines ? Des frontières surveillées auraient constitué un rempart effectif à la circulation du virus. Au nom de la sainte Europe, il n'y fut pas procédé à l'intérieur de l'Union. Si le nuage de Tchernobyl n'a pu être bloqué aux frontières, les individus, eux, peuvent l'être et faire l'objet d'un

---

74 Un virus « plus mortel » localisé en GB va entrainer la fermeture partielle de la frontière française le 16 décembre. Est-ce pour faire payer à la GB le Brexit ?

75 Il est question d'enlever aux pompiers l'étude des prélèvements pour confier ceux-ci aux ARS… dans un souci de transparence sans doute !!! Il faut empêcher ce transfert.

contrôle. Les liens entre la France et l'Afrique n'ont pas fait non plus l'objet de vérification des entrées.

Nous vivons des mouvements migratoires de grande fréquence et de grande dimension, comment ne pourraient-ils pas être des facteurs de transmissions de maladies ? Le retour de la tuberculose constatée il y a quelques années nous alertait. Plus près, l'Italie est le premier pays d'Europe touché par le coronavirus. Ses relations commerciales extérieures sont le levier de son industrie. Un grand nombre de ses entreprises échangent avec l'Asie, font fabriquer en Chine. Là se trouve vraisemblablement la source de sa contamination puisque c'est, dans son cœur industriel, la Lombardie[76] qu'elle s'est trouvée.

Le problème français est particulier, c'est d'abord un paradoxe. Il est de supprimer les frontières du pays et d'en établir conjointement à l'intérieur, de fabriquer en quelque sorte des micros frontières partout. Le summum est atteint lorsque la frontière est la porte de sa résidence pour accéder au domaine public. Il n'est pas nécessaire pour un étranger d'avoir des papiers en règle pour s'installer en France et bénéficier de prestations sociales, mais il en faut désormais pour sortir de chez soi. Les Français doivent s'interroger sur leur fonctionnement mental collectif. Seraient-ils devenus schizophrènes au point de refuser de voir ce qu'ils voient ? ou ne seraient-ils pas tout simplement lâches au point d'accorder tous les pouvoirs à une élite gâtée, en partie corrompue, qui de plus les méprisent ? Michel Maffesoli, sociologue et académicien, porte un jugement différent : « au-delà de l'apparente soumission, il y a toujours une ruse » répond-il lors d'un interview.

---

76 C'est à Codogno qui dispose d'une immense zone industrielle que fut repéré le premier malade italien.

La preuve est apportée par Marseille que le virus vient du manque de vigilance et de protection du territoire. Cette situation tient finalement à cette idéologie des droits de l'homme qui tend à assimiler la libre circulation des hommes étendue au monde entier, ou la liberté de s'installer partout à sa convenance, à un nouveau droit. La preuve est faite par la propagation d'un virus que l'homme-nomade est un risque puisqu'il oblige au confinement.

Le deuxième confinement prend fin le 15 décembre. La préparation des fêtes de Noël et du Nouvel An ne souffre pas d'attendre. La première vaccination en France aura lieu le 27 décembre.

Le motif du troisième confinement fut celui relatif aux conséquences de l'arrivée sur notre sol du variant britannique et du variant sud-africain. Or, au vu des résultats, soit ces deux variants n'y sont jamais parvenus soit leur puissance fut nettement surévaluée. Certains objecteront que c'est grâce au confinement que la force des variants fut neutralisée. Le conseil scientifique ne peut remettre en cause son fonds de commerce.

Le piège s'est refermé sur le pouvoir macronien : le maintien d'une stratégie de la peur pour garder la main et l'impasse que constitue le confinement et ses rééditions aux résultats de plus en plus discutables. La vaccination pourra-t-elle le sauver ? La dernière chance avant la sortie !

QUEL BILAN POUR LA MACRONIE ?

Les dispositions mises en œuvre par Emmanuel Macron pour faire face à la « situation d'urgence sanitaire » se résument finalement aux confinements. Les internements de la population à domicile furent des mesures violentes. S'agissait-il, sans le dire, d'attendre un traitement ou de préparer les conditions de l'arrivée du vaccin miracle ? Nous avons toutes les raisons de croire à la seconde hypothèse tant la population fut terrorisée par les annonces quotidiennes de mauvaises nouvelles. Pourquoi Emmanuel Macron n'a-t-il pas pris le parti de Didier Raoult qui proposait des solutions immédiates et opérationnelles ? Pourquoi s'est-il laissé enfermer dans le cadre préconisé par l'Imperial College de Londres promu par son conseil scientifique ?

LA PLACE DES CONFINEMENTS

La France « s'est distinguée par la longueur et la rigueur des restrictions qu'elle a imposées à sa population »[77]. Les confinements ont-ils eu une influence sur l'évolution de la pandémie ? Oui, mais

77 Charles Jaigu, Judith Waintraub *Fig-Mag* 21/5/21.

pas forcément celle indiquée par le conseil scientifique qui n'y a vu que des vies sauvées. D'après le Public Health Expertise, bureau d'études créé par Martin Blachier et Henri Leleu, le coût/avantage du confinement évalue entre mars 2020 et avril 2021 à 500 000 années de vie gagnées mais 1,2 million de vies perdues à cause du déclassement économique engendré et d'autres maladies moins bien soignées.[78]

Cependant, comment traduire ces centaines de milliers de vies gagnées en nombre de personnes réelles ? Que pouvons-nous retenir ? Le plus grand nombre de décès a eu lieu lors des confinements. Ils sont en eux-mêmes un choix dramatique. Furent-ils incontournables ou auraient-ils pu être évités ?

C'est le taux de létalité qui qualifie ou disqualifie un traitement dans une épidémie. Comment soigner des malades à qui il est interdit de quitter leur domicile ? Lors de la première pandémie qui connut la plus forte létalité, 50 % des entrants à l'hôpital sont morts dans les 3 jours suivants leur admission. On connaît, par divers témoignages dont celui d'Olivier Mazerolle le processus conduisant à ces chiffres. Lorsque se présentaient à l'hôpital les personnes avec les premiers symptômes, il leur était conseillé de retourner chez eux, de prendre du doliprane et de revenir à l'hôpital si leur état de santé s'aggravait. Les conditions dans lesquelles elles revenaient à l'hôpital ne leur laissaient pas beaucoup de chance de survivre. La moitié de ceux-ci décédait dans les trois jours suivant leur admission.

---

78 Covid l'heure des comptes *Fig-Mag* 21/5/21.

Les résultats des confinements

Un déconfinement partiel se fera le 11 mai, et le 4 juin aura lieu le déconfinement complet. Les décès se répartissent pour les deux tiers dans les hôpitaux et pour un tiers dans les Ehpad.

Les résidents en Ehpad seront isolés du monde extérieur et de leurs proches pendant toute la période. Dans leur grande majorité, ils seront privés des services de réanimation de l'hôpital pour cause de saturation. En fait, ils seront soumis à la sélection des temps de guerre. On constatera une consommation massive et anormale de Rivotril[79] dans les établissements pour personnes âgées en avril. Le Rivotril est un anxiolytique qui met les personnes affaiblies en sédation profonde, ce qui a fait dire qu'il facilite le trépas. « Je tiens à ma mort autant qu'à nulle chose au monde et je ne voudrais à aucun prix qu'elle me fût dérobée, escamotée ». Marcel Jouhandeau[80] aurait-il pu imaginer finir dans un Ehpad lors d'une pandémie ?

Les conditions de la distribution du Rivotril se feront par décret spécial des autorités de santé et hors AMM, ce qui, rappelons-le ne sera pas autorisé pour la chloroquine. Reconnaissons à la France[81] de ne pas avoir demandé à ses vieux en Ehpad, comme il fut fait au Royaume-Uni, de signer un document DNR (*Do Not Resuscitate*) dans lequel ils demandaient aux autorités de ne pas les réanimer.

---

79 Le Rivotril fera l'objet par décret d'une dérogation portant sur la modification du périmètre d'utilisation, de prescription et de dispensation entre le 29 mars et le 11 mai. Cette dérogation sera renouvelée le 16 octobre.

80 Marcel Jouhandeau, texte de 1973 cité par Patrick Buisson dans « La fin d'un monde ».

81 Le professeur Grimaldi a proposé une mesure analogue à l'anglaise pour nos hôpitaux, janvier 2022.

Nos anciens termineront ainsi leur vie loin de leurs proches et dans une grande solitude. Leurs obsèques seront bâclées sans que ne s'élève de contestation. Dans nos sociétés dites évoluées, la mort est une donnée statistique ou un accident. Lorsqu'elle survient avec une épidémie, elle en possède les deux. Aussi, la cérémonie qui marque le passage dans l'au-delà bénéficiera des rigueurs administratives et sera dispensée de toute humanité.

La situation à l'issue du premier confinement en juin 2020 se présente de la façon suivante : le bilan s'est établi à 28 833 décès. Le taux de mortalité est de 456 (nombre de décès par million d'habitants). La France occupe la sixième place mondiale pour son taux de mortalité[82]. Le taux de mortalité de la Suède qui n'a pris aucune mesure spéciale est supérieur à celui de la France, il est de 526. La moyenne mondiale est plus basse à 64. Peut-on en déduire que la France a bien fait de confiner?

Le taux de létalité est de 18,5 % (nombre de personnes décédées sur le nombre de malades détectés). La France est malheureusement championne du monde. Ce taux élevé provient de la létalité en Île-de-France qui est montée à plus de 40 % dans les services de l'AP-HP. Si pour le directeur de la Santé du ministère, Jérôme Salomon, le taux de létalité en réanimation était de 10 % au 17 avril, il semble d'après le journal *Le Monde* du 26 avril qu'il est mal informé. « *Nous nous dirigeons vers une mortalité qui sera très vraisemblablement entre 30 % et 40 %. C'est un chiffre énorme* », commente Matthieu Schmidt, médecin réanimateur à la Pitié-Salpêtrière, à Paris, et coordinateur du REVA[83]. « *Comment expliquer*

---

82 Les pays les plus touchés sont dans l'ordre : Belgique, Royaume-Uni, Espagne, Italie, Suède.

83 Réseau européen de Ventilation artificielle.

que les malades hospitalisés pour covid-19 sont morts 2,5 fois plus à Paris qu'à Toulouse ou qu'en outre-mer ? Pourquoi est-on mort deux fois plus dans les hôpitaux mosellans, ou de Meurthe-et-Moselle, que dans ceux du Var ou des Bouches-du-Rhône ?» dira un autre praticien.

Les résultats, en termes de décès, feront de l'Île-de-France le lieu le plus contributoire à la mortalité. La montée en flèche de la surmortalité se fera entre le 15 mars et la mi-avril. L'Île-de-France dépassera les 12 000 décès pour elle seule, soit plus de 40 % des décès et le Grand Est jusqu'à 5000, soit 15 % des décès. Inversement Marseille et Garches auront les meilleurs résultats[84]. L'AP-HP a donc connu un épisode tragique particulier, il faut qu'elle donne des explications, d'autant plus que ses chefs de service furent les plus virulents contre la pratique du professeur Raoult. Le tableau ci-dessous donne les chiffres pour la mi-mai 2020.

Lieu	Nombre de morts pour 1 million d'habitants
Paris	759 morts
Île-de-France	500 morts
Grand-Est	600 morts
France	419 morts
Provence-Alpes-Côte d'Azur	168 morts
Marseille	140 morts

Source : Santé publique France

Pour les hôpitaux publics de Marseille (IHU et HP-HM) sur 20 173 cas confirmés et traités depuis le début de la pandémie, on y compte 461 décès soit un taux de létalité de 2,29 % au premier décembre.

84 Article du *Figaro* du 22 juillet 2020, l'Île-de-France et le Grand Est fortement touchés par la surmortalité et « le point sur la situation du covid-19 » édité par le général Delawarde.

Au seul IHU, les chiffres bruts ne souffrent d'aucune ambiguïté sur 8 818 patients traités à l'hydroxychloroquine 46 sont décédés soit un taux de 0,52 %.

La France guérit 46 % de ses malades alors que l'Allemagne en guérit 91 %. L'Allemagne aura 4 fois moins de morts que la France[85] à cette date.

La situation à l'issue du deuxième confinement 19 décembre 2020 confirme les mauvais résultats. Le confinement est levé le 15 décembre. On compte un peu plus de 60 000 décès.

Le taux de mortalité est à ce jour de 922.

La Suède toujours sans mesure de contrainte déclare 789 décès par million d'habitants. Elle reconnaît ne pas avoir porté suffisamment d'efforts dans les établissements de personnes âgées.

La moyenne mondiale est à 215. La France reste à la 3e place européenne.

Le taux de létalité français est tombé à 2,47 %, pour un taux mondial à 2,21 % et européen à 2,31 %. La chute, vertigineuse par rapport à mai, s'explique essentiellement par les campagnes de dépistage massives qui accroissent les écarts entre les personnes déclarées contaminées et les personnes soignées. Peu de fiabilité des tests PCR et de leur analyse 46 % des Français ont été testés depuis le premier confinement et l'Allemagne 36 %.

La situation à l'issue du troisième confinement levé le 3 mai 2021 présente les résultats qui suivent… Le total des morts se monte à 106 000. Entre le 1er janvier et le 3 mai, l'accroissement est de 41 000.

---

85 Les chiffres sont repris dans les documents « Situation du Covid » publiés par le général Delawarde.

Le taux de mortalité est de 1622. Il est 4 fois supérieur à la moyenne mondiale qui s'établit à 420. La Suède déclare un taux de 1396.

Le taux de létalité français est de 1,85 %, ce qui ne veut plus dire grand-chose, car il résulte davantage du dépistage massif avec les tests PCR que des traitements proprement dits. La létalité européenne est de 2,28 % et mondiale de 2,08 %. 10 % de la population française est vacciné.

Force de la pandémie ou qui décède en 2020 ?

D'après l'OMS, une pandémie est une épidémie qui touche le monde. Elle se caractérise par une propagation rapide et une mortalité élevée. Dans l'imagerie populaire – voir *la Peste* – d'Albert Camus, nous enjambons des morts sur le trottoir. Nous partons de l'idée que, élevée signifie : nettement supérieure à la mortalité habituellement constatée dans la mesure où les modèles de référence sont des maladies qui ont tué des millions de personnes. Ce n'est pas à proprement parler le cas de la covid-19 pour ce qu'on en connaît à la fin de l'année 2020.

L'écart entre la mortalité de 2020 et celle de 2019 est, certes, non négligeable. Il est de + 9 %, mais comme le souligne le démographe Hervé Le Bras : « Nous sommes loin du choc démographique… tout compte fait, la hausse de la mortalité a tout de même été plus faible que le nombre de décès liés à la Covid 19 ».

Les décès Covid affectent la population à partir de 70 ans. Le contingent le plus important se forme au-delà de 75 ans. Les principales victimes du virus sont les personnes âgées, voire très âgées. Entre 65 et 84 ans, l'augmentation de la mortalité est supérieure à la moyenne de 30 %, au-delà de 84 ans, elle double. Les personnes décédées ont vu leur vie réduite de quelques semaines à quelques mois, ce qui augmente les données de mortalité[86] lors de la période considérée et se traduit par une baisse la période suivante. La constatation faite en mars avril se confirme à l'automne.

L'épidémie qui se développe à partir de la mi-mars 2020 et jusqu'à la fin avril est le produit d'un entrelacs de handicaps, disent les autorités. On peut aussi avant l'idée d'un mauvais choix stratégique. Néanmoins, accordons avec mansuétude les handicaps suivants d'inégale valeur : méconnaissance du phénomène et manque de moyens pour l'analyser et y remédier ; manque de moyens de protection des personnels et des populations et inadaptation des hôpitaux comme du système de santé ; mécontentement du personnel hospitalier dont une partie est en grève ; activités nocives et mercantiles des laboratoires pharmaceutiques internationaux ; élites paniquées et obnubilées par leur égo et leur parcours personnel ; élites incapables de s'inscrire dans un combat collectif ; inaptitude d'un chef suprême isolé, balloté entre son manque d'expérience et son projet politique décalé, encore secoué par un mouvement Gilets jaunes qui n'attend qu'à repartir.

86 Sur la période du 1er janvier au 30 avril, les décès se montent à 238 000 en 2020 ; à 219 000 en 2019 et 211 000 en 2018. Les décès dus au seul covid se montent au 30 avril à 24 000.

Récapitulatif : nombre total de morts en France métropolitaine

(INSEE-000436394) 29/7/2021

Année	2018	2019	2020	2021
1/1 au 30/04	218353	214415	234339 r	235300 r
1/5 au 31/08	183997	186113	187106 r	192500 p
1/9 au 31/12	194202	198880	233154 r	152600 p – D
TOTAL	596552	599408	654599 r	580400 – D

R pour révisé, P pour prévu et D pour décembre

Pour mémoire, en 2018 les morts sont 596500; en 2017 : 600000; en 2016 et 2015 : 594000. La France appartient aux pays les plus touchés.[87] Le nombre de morts supplémentaires en 2020 par rapport à 2019 se monte selon l'INSEE à 55191 alors que ceux que Santé publique France déclare morts du covid sont de 64078. Soit une mortalité globale covid en France métropolitaine proche de 0,01 %.

Dans le tableau ci-dessus, il manque les décès de décembre. D'ores et déjà on peut envisager un peu moins de décès en 2021 qu'en 2020. Les acharnés du « vaccin » ne manqueront pas de le faire savoir pour valider leur dispositif d'obligation vaccinale déguisée.

87 En mars 2021 son taux de la mortalité est de 1442 par million d'habitants; la moyenne mondiale est à 356.

L'écart constaté de 9 % entre 2020 et 2019 s'est constitué lors du temps fort de la pandémie, entre le 15 mars et le 30 avril. Il s'est monté à 26891 soit 26 % (129678 décès en 2020 contre 102787 en 2019). L'écart est dû principalement aux décès de l'Île-de-France qui double presque le nombre de ses morts (95 % de décès en plus) et au Grand Est qui les augmente de plus de la moitié (55 % de décès supplémentaires). Ces deux régions cumulent près de 17000 morts, soit l'équivalent de 65 % des décès Covid du pays. Dans l'une d'entre elles sévissent les plus opposés au protocole du professeur Raoult et dans l'autre, le conseil de l'ordre organise la chasse de ceux qui l'utilisent.

Le nombre total de décès entre le 1er septembre et le 31 décembre 2020 est supérieur de 17 % à la même période de 2019. Il diminue pour toutes les tranches d'âge en dessous de 50 ans et il progresse dans toutes les tranches d'âge au-dessus. Plus 18 % pour les 75-84 ans et plus de 20 % pour les 84 ans et après. Cependant, les décès constatés sont-ils dus aux Covid ou ont-ils d'autres causes ? Les décès sont-ils constatés avec le Covid ? La grippe saisonnière a encore disparu et les infarctus sont très rares[88].

La population âgée est issue du baby-boom des années quarante. Comme l'indiquent les études du général Delawarde sur la situation de la covid, il rappelle que « le nombre moyen de décès quotidiens en France est saisonnier. L'INSEE nous apprend qu'en moyenne, il décède 1 500 personnes par jour en été et 1 800 en

88 « C'était une des grandes surprises du début de l'épidémie, on a vu disparaître, c'est peut-être un grand mot, ou en tout cas forcément se réduire, les autres pathologies. En particulier les pathologies chroniques, mais aussi les pathologies aiguës, comme les infarctus, les accidents vasculaires cérébraux, les embolies pulmonaires » Jérôme Salomon, directeur de la santé le 20/4/20

hiver, toutes causes confondues. Il nous apprend que la moyenne hivernale du nombre de décès peut monter jusqu'à 2200 par jour comme en janvier 2017. Il nous apprend, enfin, que le nombre de décès, en France, augmente d'année en année parce qu'arrivent au grand âge — celui de la santé fragile — les générations du baby-boom». En 2020 au printemps, le plus grand nombre de décès journaliers eut lieu le 9 avril avec 2810 décès. En automne, c'est le 19 novembre avec 2281 décès. Dans le premier cas, on est hors norme, et non dans le second.

La décrue naturelle de la pandémie

La moyenne sur 7 jours au moment du pic de décès covid constatés confirme la décrue. À partir des mêmes sources (celles de la situation du Covid tenue par le général Dominique Delawarde). Au moment du pic du 8 avril 2020, la moyenne des décès Covid sur 7 jours est de 975 décès/jour, au moment du pic du 19 novembre 2020 la moyenne est de 667 décès/jour. Que faut-il penser du prolongement en 2021 de l'épidémie? Autour des pics suivants, celui du 2 février 2021, la moyenne est de 447 décès/jour[89], celui du 24 août la moyenne est de 112. La tendance marque bien une diminution.

Le virus ou les virus ont à l'évidence perdu en intensité. Ce que nous voyons aussi d'une autre façon.

Les décès covid du premier quadrimestre 2020 sont de 26 891 (arrondis à 27 000), se tenant entre le 20 mars et le 30 avril, soit 40 jours, la moyenne journalière est donc de 675 décès covid.

89 Rapport de situation planétaire Covid du 5 juin 2021 0 h GMT, général Delawarde. À cette date le taux de mortalité de la France se situe à 1680 morts par million d'habitants, la Suède en compte 1426 alors qu'elle n'a jamais confiné.

Au dernier quadrimestre 2020, les morts du Covid se montent à 38 000 (65 000 – 27 000). Les décès commencent à la mi-octobre et ont lieu sur toute la période, soit une moyenne journalière de 495 décès Covid.

Au premier quadrimestre 2021, les décès s'élèvent à 41 000 (106 000 – 65 000). Ils sont constatés sur toute la période soit 341 morts quotidiens en moyenne sur la période. Notons que la vaccination qui a commencé réellement en début d'année ne peut avoir eu d'influence sur ces chiffres.

Dans ce contexte pourtant peu favorable, les prévisions de l'Imperial College de Londres se sont avérées délirantes. Le nombre de décès était certes plus grand qu'habituellement, mais somme toute limité. L'âge avancé est le principal trait des morts Covid. Il est le plus souvent occulté. Bien que très rare, l'accent est mis lorsqu'une personne jeune décède. Il s'agit de signaler que personne n'est à l'abri de la pandémie. Cet argument a servi pour alimenter la peur aux populations dans un premier temps et pour pousser tout le monde à la vaccination dans un deuxième temps. De ce point de vue, l'exécutif français a su en jouer d'abondance.

Les plus fragiles, les personnes âgées, les gens atteints de pathologies furent finalement la justification des mesures choisies. Avaient-elles demandé aux plus jeunes et plus valides de se sacrifier pour elles. Jamais dans l'histoire de l'humanité, un cas semblable ne s'est produit. Il n'existe pas, à proprement parler, de conflit de générations sous cet angle. Si les plus jeunes ne sont pas là pour permettre aux vieux de vivre, il n'y aura personne d'autre pour le faire? La peur de la mort n'empêche pas la mort. Dans nos sociétés, la mort paraît incongrue, et particulièrement chez les soixante-huitards.

Un grand nombre de spécialistes ont souligné des répercussions sur la santé mentale des individus à prévoir dans l'avenir. Le confinement a eu un effet immédiat sur les violences au sein des familles. Une fragilisation plus grande des individus n'est pas une vue de l'esprit, les suicides ont fait un bond pendant les confinements, en particulier chez les enfants.

Cependant, pour la première fois, la tendance à la diminution observée précédemment est démentie en décembre2021/janvier2022. Le pic de mortalité dépasse le pic précédent. Au premier janvier 2022, on dénombre 183 décès. Après une campagne de vaccination quasiment obligatoire couvrant pratiquement 90 % de la population, un regain du virus est constaté. Nous avions déjà été alertés l'été dernier. Au 21 août 2020, la France comptait 14 décès/jour en moyenne sur 7 jours. Un an après, jour pour jour, après 47 millions de doses de vaccin injectées, la France compte 90 décès/jour en moyenne sur 7 jours.

Provient-il de la présence de non-vaccinés comme le prétend le pouvoir macronien ou ne vient-il pas du produit « vaccin » lui-même ou de ses performances lorsque surgit un variant ? C'est la question que nous allons aborder, mais au préalable…

OÙ EN EST L'ÉCONOMIE ?

La gestion du Covid par les confinements induit un bilan. L'économie du pays sort gravement meurtri de l'épisode. En 2020, officiellement, le produit national brut, le PIB, soit la valeur de tout ce qui est produit en une année sur le territoire, a diminué de 8,3 % soit environ 200 milliards de revenu national en moins.

L'endettement a cru et croîtra d'autant. En réalité, il croîtra du double puisqu'il ne disposera d'aucun équivalent physique. Le pays s'endette pour fonctionner et non pour investir.

La diminution des revenus du pays est l'autre conséquence immédiate de la baisse du PIB. Autrement dit, les revenus des Français sont réduits du même montant soit en chômage ou en perte de pouvoir d'achat.

Seule, et dans les conditions d'aujourd'hui, la croissance du PIB permet de réduire la pauvreté. Nous traiterons dans la troisième partie de la croissance, retenons ici les seuls aspects emplois. Il était couramment admis qu'il fallait que le taux de croissance du PIB d'une année sur l'autre excède 2,5 % pour que le pays ne perde pas d'emplois et atteigne 3 % pour qu'il en crée. Le recul de la croissance de 8,3 % est donc une catastrophe pour l'emploi. Le taux de chômage déjà très haut, le sera beaucoup plus. Le pouvoir macronien empêche la réalité économique d'apparaître en injectant de l'argent, des liquidités, dans les entreprises en perdition. Cette façon de procéder sera maintenue jusqu'à l'élection présidentielle. Nous savons déjà qu'une catastrophe se profile. La période de vérité des prix est attendue.

Rappelons que lors de la crise des subprimes en 2008 nous avons connu un évènement analogue. La croissance l'année suivante a plongé de 2,5 %, dans le même temps, le chômage est passé de 7,5 % à 10 %. C'est ce sacrifice de millions de salariés qui sera à porter aux décisions du pouvoir macronien. Est-ce de l'incompétence ou est-ce un choix délibéré de destruction du pays ? Est-ce trop tôt pour en traiter ? À l'examen de la gestion sanitaire de la covid-19, l'alternative émise au début de ce chapitre peut être prise au sérieux.

La Suède, un bon modèle ?

La mauvaise gestion de la maladie est ce qui vient immédiatement à l'esprit avec le recul du temps. Le pouvoir macronien a mal géré la crise sanitaire alors qu'il s'accordait des moyens exceptionnels dans des conditions anormales le 23 mars 2020. Effectuons le détour par un pays qui n'a pris aucune mesure sévère ou spécifique contre le virus.

La Suède est l'exemple le plus cité. Elle n'a pris aucune disposition particulière laissant libres de toute contrainte ses citoyens. Certes, sa démographie est différente de la nôtre. Cependant, les Suédois sont comme nous, des urbains. Ils occupent des lieux où s'est développée la pandémie. Leur regret, disent-ils, est de ne pas avoir été attentifs aux centres pour personnes âgées. L'économie a été peu affectée et concernant la mortalité, elle y est moindre. Au 1 janvier 2022[90], le taux de mortalité suédois est de 1498 pour 1 million d'habitants, le français est de 1889. L'Imperial College pronostiquait 90 000 morts en Suède sans mesure de confinement. Les décès sont de 15 271 pour deux années soit 16 % de ce qui était avancé. À l'inverse, la mortalité belge à la même date, prévue faible grâce au confinement, a battu des records, son taux est de 2427 décès par million d'habitants.

Suivant cet exemple, était-il judicieux de confiner ? Était-il judicieux d'inventer un état d'urgence sanitaire ?

Ne fallait-il pas laisser circuler le virus pour permettre la formation naturelle de cette immunité collective tant recherchée avec une pharmacie ruineuse et finalement inefficace ?

90 Dominique Delawarde : la situation sanitaire mondiale.

LE DÉNUEMENT ET L'INCOMPÉTENCE

Les interdits furent accompagnés d'un manque de directives de soin claires. N'était-ce pas un choix délibéré ? Derrière l'apparente organisation s'est développée une pagaille épouvantable et mortelle, au point que beaucoup se sont demandé « s'il y avait un pilote dans l'avion »[91]. Laissons encore à Marc Bloch le soin de l'exprimer : « cette guerre m'a appris beaucoup de choses. Celle-ci entre autres : qu'il y a des militaires de profession qui ne seront jamais des guerriers ; des civils, au contraire, qui, par nature, sont des guerriers. ». Il serait intéressant de connaître par exemple, ceux du service de la logistique au ministère de la Solidarité et de la Santé. Ces « riz-pain-sel » civils chargés de la commande publique des masques. Trois mois pour importer des masques que tout professionnel aurait fait venir en quelques jours. Existe-t-il plus nuls que ceux-là ? Ont-ils été choisis pour leur inefficacité patente ou leur a-t-on demandé d'être totalement inopérants pour que la stratégie de la peur fonctionne ?

Le manque de matériel nécessaire à la protection des populations et des soignants ; la persistance de ce manque ; les changements de discours et les mensonges récurrents à ce propos comme à beaucoup d'autres ; le comportement inadmissible de responsables médicaux vis-à-vis du protocole et du professeur Raoult par l'AP-HP ; les moyens de corruption des personnels de santé par les grands laboratoires ; l'incompréhensible manque de contrôle

91 Christian Perronne : *Y a-t-il une erreur qu'ils n'ont pas commise ?* page 117

de l'évolution de la maladie; la puissance publique à la pointe du combat contre la chloroquine; les recommandations d'une OMS corrompue; les confinements, couvre-feux et déconfinements incompréhensibles… Toutes ces erreurs, ces carences, tous ces dysfonctionnements sont apparus aux yeux de tous. Si une colère massive ne s'est pas davantage manifestée dans ce contexte, elle résulte de l'évidente passivité des partis politiques. Ceux de gauche, en particulier, et les syndicats ont refusé d'assumer leur mission d'opposition et de défenses des plus faibles. Toute la séquence est dans la tête de chacun et le restera longtemps, d'autant que ce comportement politique de l'opposition restera le même pendant toute la durée de la pandémie. Une page va se tourner pour les partis et syndicats traditionnels.

Ceux qui, par nature, se méfient de ce qui vient d'en haut voient la confirmation de ce qu'ils subodorent depuis le début : une sordide histoire d'argent. Certes, pour beaucoup encore n'est pas apparue clairement la complicité entre le pouvoir macronien et les grands laboratoires, la collusion entre ce pouvoir et la haute finance. Comment imaginer que ceux qui dirigent l'État puissent avoir d'autres centres d'intérêt que le bien-être de la population dont ils ont provisoirement la charge?

La riposte est venue du petit peuple

Beaucoup de nos concitoyens avaient compris quasi spontanément dès le début de la pandémie que les enjeux financiers du virus dépassaient les enjeux sanitaires. C'est le bon sens populaire en action. L'intervention du professeur Raoult avait donné corps à cette compréhension. De nouveaux convertis les ont rejoints aux différentes étapes de la pandémie. Le virus leur apparaissait finalement comme protégé par tous ceux opposés au professeur marseillais. La déconnexion des dirigeants avec le pays réel qui les conduisait à nier les évidences, à exagérer les menaces et à multiplier les sanctions, participait de la compréhension de ce qui se jouait.

Les réseaux sociaux ont favorisé la compréhension des enjeux, ils ont mis en évidence les mensonges des déclarations officielles et l'incohérence de l'action publique. Ils ont permis que s'étendent à d'autres catégories les interrogations légitimes des convertis de la première heure. D'autres éminences médicales et scientifiques ont pu y éclairer l'opinion. C'est la raison pour laquelle les médias « mainstream » les calomnient et s'efforcent de les éliminer du paysage de l'information. C'est la raison pour laquelle l'exécutif a pris des dispositions pour encadrer toujours plus la liberté d'expression. Ces dispositions ont aussi, plus ou moins, reçu la bénédiction de l'opposition institutionnelle. L'opposition a collaboré à la campagne de dénigrement des réseaux sociaux. Elle n'y a vu que des « fake news », des discussions de bistrot ou des expressions fascistes. Elle ne peut être sans imaginer ou savoir que sur ces mêmes réseaux opéraient des agents favorables au pouvoir macronien, des black blocs du virtuel qui disqualifiaient ce qui se disait sur internet ? N'y a-t-elle jamais participé elle-même ?

Dans une plus grande majorité du peuple français circule l'incompréhension de l'action de ses dirigeants. Le doute porte sur leur choix de rechercher des solutions pertinentes et la certitude, les choses ne pouvant rester en l'état, qu'il va falloir changer ceux qui sont aux commandes. Chaque jour murit l'idée que le changement de dirigeants ne pourra se concrétiser sans un changement radical de politique. C'est vraisemblablement ce qui effraie toute une partie de la classe politique installée qui perçoit son statut protégé en passe de s'effondrer.

L'exercice autoritaire des tenants de la Macronie

S'il n'a jamais été fait appel à l'intelligence du corps médical, il ne l'a pas été non plus des entreprises. Annoncées avec force de maternage, une succession de décisions bureaucratiques, autoritaires, incompréhensibles, voire folles, ont rythmé la vie du pays. Le président a déclaré le pays en guerre, mais qu'est-ce que signifie la guerre pour lui qui s'est comparé à Napoléon ?

Ce qui caractérise la guerre c'est le mouvement des armées. Plus l'exécution du mouvement est rapide, plus les résultats sont bons. La rapidité des mouvements ne peut se faire sans les initiatives des combattants sur le terrain. Ce sont eux qui enlèvent les batailles. La décision technocratique, administrative, concentrée et centralisée c'est d'abord la lenteur suivie de l'inertie. Elle n'indique pas ce qu'il faut faire, elle multiplie les interdits. C'est précisément ce qu'écrit Marc Bloch dans « l'étrange défaite » pour l'expliquer en partie : « C'est que, je crois, l'ordre statique du bureau est, à bien des égards, l'antithèse de l'ordre, actif et perpétuellement inventif, qu'exige le mouvement. L'un est affaire de routine et de dressage ; l'autre d'imagination concrète, de souplesse dans l'intelligence et, peut-être surtout, de caractère ». Certes, à n'en pas douter, il a manqué de caractère à tous ceux qui prétendent vouloir diriger le pays. On peut aussi imaginer que les mêmes à quatre-vingts ans d'écart ne sont pas sans arrière-pensées. N'ont-ils pas préféré le virus qui effraie et qui tue au Front populaire des Gilets jaunes. On ne peut, à l'examen des décisions et des interventions de certains chefs de service de l'AP-HP négliger une autre interprétation. Parlons net, il ne peut être évacué une énorme manipulation orchestrée par les multinationales du médicament et leurs collaborateurs, une préparation de l'opinion terrorisée par les annonces de la mort à accepter un vaccin sans réserve. Dans le moment qui nous préoccupe, il est encore tôt pour l'avancer. À toutes les époques, devant des faits et des actes difficilement compréhensibles on doit se demander à qui profite le crime !

Alors dans une tentative désespérée de faire oublier ses errements catastrophiques, l'exécutif macronien a tout misé sur le vaccin et la vaccination. C'est le sens de son intervention télévisée du 12 juillet 2021. Son acharnement à vouloir vacciner tous les Français est une manifestation de la dictature et un dernier cadeau à Big Pharma. S'attendait-il à cette puissante riposte venue de la rue contre le passe-sanitaire imposé à cette date ? D'ores et déjà, en annonçant le 12 juillet 2021 qu'une troisième injection s'avérera nécessaire, Emmanuel Macron sait qu'il a perdu la partie. Afin que le cauchemar cesse, il est temps qu'Emmanuel Macron disparaisse du paysage politique.

Avant d'aborder la phase finale de la gestion macronienne désastreuse de la pandémie. Rappelons les faits qui nous ont apparu incohérents.

LES ZONES OÙ SE MEUT LE COMPLOT

Il est de bon ton de brocarder l'adversaire. Les qualificatifs de populiste et de complotiste sont les plus utilisés. C'est Martin Hirsch qui s'indigne de l'opposition au confinement qu'il qualifie de « populisme sanitaire » ou Karine Lacombe qui associe la simple critique de ces sornettes à du « complotisme ». Ce sont les mêmes mots qui sont repris par le pouvoir macronien. Finalement, l'obstination de cette élite à caricaturer les opposants à sa doxa ne renforce-t-elle pas le doute de ceux-ci sur les capacités de celle-là ?

Au fond, cette tendance permanente à disqualifier l'opposant n'est-elle pas l'expression d'une grande faiblesse ? N'est-elle pas comme une tentative ultime de noyer sous un flot de critiques la vérité qui se tient dans les résultats concrets. Imaginons celui se voyant ainsi accablé, qui, au lieu de se disculper et se perdre dans une démonstration qui lui nuira, admette « oui, je suis populiste » ou « oui, je sais qu'il existe des complots »[92]. Que reste-t-il à celui qui veut prendre l'ascendant avec ces qualificatifs négativement

92 Emmanuel Macron a mis en place une commission anti « complotisme ». Le Delfraissy de cette commission-là est Gérald Bronner et le Fontanet se nomme Rudy Reichstadt. Que proposent-ils d'autre que des mesures liberticides ?

connotés ? Quelques réflexions concernant des moments forts de la pandémie qu'on ne peut attribuer à des manifestations spontanées.

L'ORIGINE DU VIRUS

La première des zones d'ombre tient au virus, à sa naissance et à sa propagation. Est-il naturel ou relève-t-il d'une création humaine ? Le professeur Montagnier, prix Nobel de médecine, considère que le virus est une fabrication humaine, une chimère. Un autre professeur de renom, en pharmacie cette fois, confirme le propos du professeur Montagnier, il s'agit du professeur Jean-Bernard Fourtillan. Il va plus loin en affirmant : le virus a été inventé par l'Institut Pasteur, et il a fait l'objet d'un brevet. Ce virus a été transféré, à l'insu des dirigeants chinois, dans le laboratoire P4 de Wuhan construit par la France. Le traitement médiatique des deux professeurs et l'arrestation avec internement pour le seul second laissent à penser qu'on veut les faire taire et corrélativement qu'on nous cache quelque chose. La publication en mai 2021 des courriers électroniques du professeur américain Anthony Fauci donne une autre vision sur le sujet. On y apprend que les USA financent dans le laboratoire de Wuhan des études dites de « gain de fonction ». Titre énigmatique qui masque des études sur la transmission de virus à l'homme. Études que les USA s'interdisent de produire chez eux. Dans le laboratoire de Wuhan, il y a des scientifiques chinois, français et américains qui étudient des virus transmissibles à l'homme, mais par un étrange hasard, le virus de la covid-19 est né à côté sur un marché où se vendent des pangolins contaminés par des pipistrelles.

LE DISCRÉDIT DU PROTOCOLE ET DE L'IHU DE MARSEILLE

La deuxième zone d'ombre est l'entêtement des autorités politiques, administratives et sanitaires, à discréditer le protocole de soins du professeur Raoult et à nuire à sa personne. Professeur considéré dans le monde comme un des plus grands spécialistes de la question, qui se trouve être le patron de l'outil français le plus performant consacré aux maladies infectieuses, l'Institut Hospitalo-Universitaire de Marseille. La première conséquence de ce discrédit a abouti à augmenter le taux de la létalité française[93].

On pourrait réduire le cheminement de l'entrée dans l'épidémie de la façon suivante : « Nous sommes en guerre », dit le président ; « j'ai une solution pour sauver des vies », dit le professeur Raoult ; « il n'a pas fait les études randomisées réglementaires et il est mégalo », répondent en cœur les employés de Big Pharma ; « OK conclut l'autorité on va interdire le médicament et la solution du professeur Raoult ». Telle est réduite l'histoire qui fut contée aux Français terrorisés par le virus. Une autorité se voulant compétente aurait dû faire appel à lui parce qu'il disposait de plus de références.

L'ÉLIMINATION DE LA CHLOROQUINE ET AUTRES

La troisième zone d'ombre concerne la chloroquine jugulée par trois décrets.

93 Le professeur Raoult évalue le nombre de morts qui auraient pu être sauvés à 25 %.

Le premier décret[94] signé par Agnès Buzyn, ministre de la Santé, paraît le 13 janvier 2020. Qu'y avait-il d'urgent à ce moment-là pour disqualifier un médicament vieux de 70 ans et vendu à des milliards d'unités ?

Le deuxième décret, publié le 26 mars 2020, est l'œuvre du nouveau ministre de la Santé, Olivier Véran, médecin de profession et par ailleurs ancien député socialiste, tendance Mussolini, devenu macronien. Ce décret interdit aux médecins de ville d'ordonner de la chloroquine à leurs patients.

D'après les spécialistes, c'est un acte rare dans l'histoire de la médecine qu'un ministre interfère dans la relation entre le patient et le praticien.

Troisième décret que nous avons précédemment commenté, publié le 27 mai. Olivier Véran, toujours à la manœuvre, se sert de l'étude bidon du « *The Lancet* » pour interdire définitivement la chloroquine. Il n'est pas sans savoir que « *The Lancet* » et Big Pharma ont les mêmes propriétaires.

Les tests, dits randomisés, furent arrêtés en cours de route afin d'éviter la promotion de la chloroquine. Des interrogations subsistent concernant la façon dont fut utilisé le médicament pour le déconsidérer qui devrait conduire à des enquêtes judiciaires. Ordonner la chloroquine à des malades sévères et augmenter la dose du traitement ne peuvent être considérées seulement comme des erreurs venant d'expérimentateurs médicaux.

---

94 Nous traitons en détail dans la deuxième partie le cheminement pour interdire la chloroquine.

LA PROMOTION DU REMDESIVIR

L'autorisation de la mise sur le marché du Remdesivir est la quatrième zone d'ombre. Le Remdesivir doit son « succès » au lobbying de ses agents, qu'ils soient privés ou publics. Le premier des lobbyistes est Anthony Fauci. Le patron de l'agence américaine pour les maladies infectieuses a permis son autorisation aux USA le 2 mai 2020. Cette autorisation s'est étendue à l'Union européenne le 25 juin et à la France dans la foulée. L'Union européenne achètera 500 000 traitements quelques jours avant que l'OMS déclare le médicament inefficace.

Au reste, alors qu'il a été mis l'accent sur des dégâts postérieurs à la prise de chloroquine, il n'a jamais été fait mention de cette éventualité avec la prise du Remdesivir. Il est reconnu plusieurs mois après son AMM qu'il est facteur de troubles graves. Quel rôle tient ce médicament dans le défilement qui va de l'apparition du virus à l'arrivée des vaccins. Sert-il seulement de contrefeu à la chloroquine ou est-il engagé dans un programme dont le but est de montrer qu'il n'existe aucun traitement au Covid ?

L'INEFFICACITÉ DU CONFINEMENT

La cinquième zone d'ombre tient au confinement. Devant la commission d'enquête du Sénat, le président du conseil scientifique, Jean François Delfraissy, a indiqué sa satisfaction quant au confinement. « *Il a permis de sauver des vies* », affirma-t-il. Cette appréciation est-elle correcte ?

Le jugement porté par la professeur Raoult à l'énoncé de la mesure fut sans appel : les mesures de quarantaine n'ont jamais marché. D'autres éminents spécialistes ont par la suite partagé son opinion. Les mesures à mettre en place sont : détecter les malades, les isoler et les soigner. Ce triptyque ne fut pas du goût du pouvoir qui confinait. Il voulait empêcher la circulation du virus pour protéger les hôpitaux de l'afflux de malades qu'avaient connu l'Italie et l'Espagne. Des images de malades dans les coursives des hôpitaux auraient remis les pieds sur terre à ceux qui croyaient encore que la France disposait du meilleur système de santé au monde. Certes, le délabrement de l'hôpital et sa conduite par une bureaucratie malthusienne étaient une réalité lorsque l'épidémie démarrait. La preuve : les services d'urgence étaient en grève depuis un an. Les dépenses dues au confinement n'auraient-elles pas été plus utiles et surtout moins élevées si elles n'avaient pas servi à réévaluer l'hôpital ? Or, Emmanuel Macron s'est acharné à poursuivre la politique de démantèlement de l'hôpital public au-delà de ce qui est convenable dans une épidémie comparée à une guerre.

Le choix du professeur Raoult impliquait une réévaluation de l'hôpital que tous les pouvoirs depuis 1983 s'obstinent à saccager. L'expérience des confinements montre que ce sont les périodes de confinement qui ont causé le plus de dégâts, ce sont les personnes isolées traitées au doliprane qui ont fait les frais du manque de lits dans les hôpitaux. À l'inefficacité du confinement mesure sanitaire, il faut ajouter la mise en sommeil de l'économie et les conséquences de cet arrêt sur l'emploi, le pouvoir d'achat et… la santé mentale de nos compatriotes. Quelle véritable évaluation peut-on tirer du confinement ?

LE NOMBRE DE LITS D'URGENCE RYTHME LA VIE DU PAYS

La sixième zone concerne les places aux urgences et en réanimation. Si la « deuxième vague » n'existe pas pour ce type de maladie, l'exécutif a insisté tout l'été 2020 qu'il fallait quand même s'en prémunir. Or lorsqu'à l'automne, un grand nombre de gens sont touchés par un nouveau virus, un constat s'impose l'hôpital est encore moins prêt que lors du premier choc. Des lits ont encore disparu. Emmanuel Macron, au temps fort de la pandémie, promettait de monter le dispositif à plus de 10000 lits. Quantité de chiffres sont donnés d'où il ressort que le stock de places d'urgence en métropole se situe aux alentours de 5000 lits. Ce stock ne peut être augmenté. Idem pour les services de réanimation. Pourquoi ? L'exécutif invoque l'impossibilité de former rapidement des personnels aussi pointus. Les lits et le matériel ne sont pas le problème, mais les soignants. Il manque des médecins, des infirmiers et des petites mains. Ces fonctions ne peuvent être occupées du jour au lendemain. Tel est le discours par l'exécutif lorsque la fameuse « deuxième vague » devient active. La suite logique de ce discours viendra un peu plus tard. Il nous faut retenir désormais que la santé du pays est conditionnée à son nombre de lits dans les hôpitaux qui ne sera plus augmenté. L'argument est le même en ce qui concerne la sécurité. Les emprisonnements de délinquants et criminels sont déterminés par le nombre de places de prison qui n'augmentera pas. La question qui émane de ces deux situations : quel est le rôle de l'État dans la République française ?

LES MORTS ET L'ASSISTANCE PUBLIQUE - HÔPITAUX DE PARIS

La prise en charge des malades par l'Assistance Publique — Hôpitaux de Paris mérite une information judiciaire. Lors de la première pandémie, sur son territoire d'exercice la mortalité constatée fut quasiment doublée (+ 90 % de décès supplémentaires) et la létalité, le rapport entre les décès et les personnes malades s'est situé autour de 40 %. L'IHU de Marseille a eu 46 morts pour 8818 patients traités soit un taux de létalité de 0,52 %. On est en droit de se demander pourquoi l'exécutif macronien a laissé la direction de l'AP-HP en place avec des résultats aussi catastrophiques ?

Les principaux détracteurs du professeur Raoult sont des cadres de l'AP-HP. Karin Lacombe s'est vue promue. Elle a participé à la conférence de presse du Premier ministre, Édouard Philippe. Elle sera décorée plus tard de la Légion d'honneur. Dans le même temps, le professeur Perronne sera démis de ses fonctions de chef de service de l'hôpital de Garches pour avoir soutenu Didier Raoult. Y a-t-il eu un système de promotion au sein de l'AP-HP pour les détracteurs de la méthode du professeur Raoult ?

Enfin, l'AP-HP enverra à Marseille François Crémieux, adjoint de Martin Hirsch, pour prendre la direction de l'Assistance Publique — Hôpitaux de Marseille. On a bien compris qu'il s'agissait d'une opération pour se débarrasser du professeur Raoult. Était-ce justifié au vu des résultats de l'AP-HP ?

LE COURRIEL DE JEAN-FRANÇOIS DELFRAISSY A ANTHONY FAUCI

La publication en juin 2021 d'un mail de Jean-François Delfraissy adressé à l'américain Antony Fauci le 25 mars 2020 donne un éclairage particulier à la gestion de l'épidémie par un de ses pivots, le président du conseil scientifique. Cette information n'a pas eu la place qu'elle aurait dû avoir dans les médias nationaux, mais comment s'en étonner, elle est capitale et implique une information judiciaire. Le texte in extenso est le suivant :

Bonjour,

J'ai repris du service depuis que la crise sanitaire mondiale COVID-19 a frappé la France, il y a quelques semaines. Je dirige maintenant le Conseil scientifique du COVID-19, composé de 10 personnes, au service du Président français, Emmanuel Macron. Le Conseil a été créé le 10 mars et nous avons été fortement impliqués dans des activités de conseil en relation avec le Président, notamment sur sa décision de mettre en place le confinement généralisé, parce que nous n'avions pas de meilleur choix.

Tout d'abord, nous disposons d'un nombre limité de tests, ce qui nous empêche de mettre en place une stratégie de type coréen dans les prochains jours. Cependant, à la fin du confinement (dans les six semaines à venir), nous serons en mesure de généraliser l'utilisation des tests et de développer des applications de type coréen, ainsi qu'une stratégie de test et de traitement, si nous disposons de médicaments à ce moment-là. Avant cela, nous allons passer par une phase difficile dans les semaines qui suivent, car nous n'aurons pas assez de lits dans nos unités de soins dans certaines régions de France…

Deuxièmement, sur le plan thérapeutique, Yazdan Yazdanpanah a pris ma place et dirige désormais REACTing. Demain matin va débuter un essai médical franco-européen, sous le contrôle de l'OMS, avec 5 objets d'étude (placebo/kalatra/kalatra+interféron bêta/produit de Gilead/hydroxychloroquine seule ou en combinaison pour la semaine prochaine). Comme vous le savez peut-être, nous faisons actuellement face à un buzz médiatique depuis l'annonce faite par le Dr Raoult sur l'efficacité de l'hydroxychloroquine. Ses données ne sont pas particulièrement convaincantes. Nous pouvons distinguer un léger signal positif, mais il doit être confirmé par un essai randomisé de bonne facture. Nous avons également commencé une étude sur le modèle de cellules de singes avec l'hydroxychloroquine, et nous devrions avoir les résultats à la fin de la semaine prochaine. Une cohorte de patients COVID+ sévères a également été créée et certains seront traités par hydroxychloroquine : nous analyserons ces résultats avec toute la conscience nécessaire. Il sera également possible de faire un essai de prévention pour les professionnels de la santé et les personnes âgées avec l'hydroxychloroquine.

J'ai une énorme pression politique pour libérer l'accès à l'hydroxychloroquine pour tout le monde, mais je résiste actuellement. Quelle est la situation aux États-Unis, surtout après l'annonce de Trump ? Quelle est la position des NIH ? Qu'est-ce qui va être mis en place ? Merci pour votre réponse. J'ai mis Yazdan Yazdanpanah en copie de cet email.

Cordialement. » [95]

Le texte se suffit à lui-même. Il éclaire le comportement du professeur Delfraissy. Pourquoi le président du conseil scientifique français se sent-il obligé de rendre des comptes au directeur d'une agence américaine de santé ? Pourquoi lui indique-t-il sa feuille de route ? Jean-François Delfraissy a répondu jusqu'à présent que Fauci est un ami de trente ans avec lequel il a l'habitude de dialoguer.

Anthony Fauci est un personnage trouble. Au printemps 2021, il est accusé par une commission d'enquête du Sénat d'avoir menti au Congrès sur l'épidémie, sur la chloroquine, sur ses relations avec Wuhan. Enfin, Jean François Delfraissy informe Anthony Fauci de son remplacement au sein de REACTing[96] par Yazdanpanah. REACTing est le maître d'œuvre de l'essai Discovery.

Jean-François Delfraissy, Yazdan Yazdanpanah, Anthony Fauci, Bill Gates, Neil Fergusson, le conseil scientifique français, REACTing, L'INSERM, la Santé européenne, l'OMS, le Big Pharma, le GAVI, les GAFAM, l'Imperial College of London, BlackRock… arriverons-nous à connaître les relations exactes entre ces personnages et organismes ?

---

95 Texte traduit pris sur Internet.

96 REACTing est un conglomérat qui fédère des équipes de recherche pour combattre les crises sanitaires. Il est chargé d'évaluer les molécules. On y trouve l'INSERM et un autre organisme AVIESAN. C'est un groupe puissant.

Retenons d'abord que tout ce monde s'est avéré incapable de juguler une pandémie développée par un virus somme toute banal et peu létal et qu'il fut le vecteur de l'autorisation de mise sur le marché d'une série de médicaments qui n'ont pas subi toutes les phases de validation.

ET LA PRÉVENTION ?

Pourquoi les pouvoirs publics n'ont-ils jamais aidé à la promotion de la prévention ? Des médecins ont fait connaître que la prise de vitamines C, D avec le zinc renforce la capacité immunitaire des individus. D'après ces spécialistes, le renforcement de la capacité immunitaire par les vitamines n'éviterait pas le Covid, mais en atténue la gravité. C'est-à-dire qu'ils ont le même effet que le vaccin tant vanté. Cette information est connue depuis le début de la pandémie. Pourquoi le grand public n'a-t-il pas été informé[97] ?

La protection sanitaire de la population est une fonction régalienne que l'État partage avec des partenaires publics et privés. L'État en assume sa part en fixant les conditions de sa mise en œuvre avec ses moyens, la loi et ses déclinaisons, décrets, arrêtés, circulaires, avec l'administration chargée d'assurer la réglementation et le budget qu'implique cette fonction. C'est ce qu'on appelle communément la politique de santé. En France, la puis-

97 Éric Caumes, chef de service à La Salpêtrière, le 3 novembre 2021 fait référence à une étude espagnole « il y a des sources d'espoir, la vitamine D par exemple… » Dans le film « Hold up » sorti en novembre 2020, ce conseil était déjà donné. Le film fut taxé de complotisme.

sance publique dispose de moyens physiques lourds supplémentaires avec ses hôpitaux et ses centres de recherche disposant de personnels sous statut. À ce dispositif physique correspond un dispositif financier : l'assurance maladie qui forme le pivot de ce qu'on nomme l'État social. Les hôpitaux ont les missions de soins des personnes gravement atteintes et de la recherche sur les maladies en association avec les instituts. Ce dispositif a permis à la France de disposer du meilleur système de santé du monde. Ce dispositif est à la fois l'avant-garde des traitements contre les maladies connues et inconnues et le système de défense contre les épidémies. Il doit être en mesure de faire face à des crises sanitaires majeures en mobilisant des moyens humains et matériels adéquats.

Or l'hôpital public est malmené depuis les années quatre-vingt et déstabilisé depuis la fin des années quatre-vingt-dix. La bureaucratie dominante et les mesures visant à faire de l'hôpital une entreprise comme les autres l'ont endetté au-delà du raisonnable et mis en péril. En général, une entreprise n'est pas conduite par son intendance, par son administration, or, le choix a été fait de placer la destinée des hôpitaux publics sous la dépendance des agences de santé. Les ARS ont installé une chape de plomb bureaucratique, paperassière et dépensière sur la santé. Elles n'ont eu de cesse de supprimer des lits, des services et des hôpitaux au nom d'une rentabilité illusoire. En pleine pandémie, le directeur régional de santé du Grand Est, Christophe Lannelongue, ne disait-il pas qu'il n'y avait pas de raison « d'interrompre les suppressions de postes et de lits au CHRU (Centre hospitalier régional de Nancy) ». Il est légitime de supposer que les autres agences ont poursuivi plus discrètement la suppression des lits.

Aussi lorsqu'au début de la crise, les médias se demandaient si l'hôpital allait tenir, ils savaient que les coupes budgétaires l'avaient fortement abîmé. Le discours de guerre accompagnait les images des premiers malades agonisants. Plus tard une autre dramaturgie fut mise en place, une sorte de shows up à grande échelle. Des trains, des avions, des hélicoptères servaient à la gestion des malades et les déplaçaient au gré des disponibilités de places dans les hôpitaux de province et jusqu'à l'étranger. Des dépenses extravagantes étaient engagées alors que les hôpitaux privés réquisitionnés à proximité de ces remue-ménages restaient vides. La stratégie de la peur était au cœur du dispositif. Au printemps 2020, l'hospitalisation privée a mis à disposition 2000 lits d'urgence, qui n'ont jamais été occupés. La France disposait donc d'une capacité d'accueil qui fut volontairement négligée.

Il fut admis que l'hôpital public tenait au prix d'un héroïsme de ses personnels. Tous les soirs, ceux-ci étaient salués par de longs applaudissements des Français à leur fenêtre ou balcon. Les interventions concernant les malades non-covid tombaient dans une sorte de trou noir. Ils étaient invisibles parce qu'ils n'existaient plus. Il n'y avait plus d'accidents de voiture ce qui était compréhensible au vu des interdits de circuler (la baisse fut de 63 %), mais il n'y avait plus d'infarctus, de cancers, d'accidents vasculaires cérébraux… la grippe saisonnière disparaissait aussi, ce qui l'était moins. L'hôpital tenait, mais il ne fallait pas être trop regardant. Les Français avaient trouvé leurs soignants héroïques, ils l'étaient et ils devaient être récompensés. Il fut organisé un « Ségur de la santé »[98]. Des milliards furent promis à l'hôpital et

98 Ségur, c'est le nom de la rue où se trouve le ministère de la Santé pour rappeler sans doute le « Grenelle » de 1968 ou le « Matignon » de 1936, lieu des

aux personnels au front pendant la « guerre ». Attendons de voir la période de paix, lorsque le président l'aura décidée. La carrière que le secteur public hospitalier offre au personnel soignant ne semble pas déclencher de recrutements, mais des démissions qui se multiplient. En septembre 2021, il a été procédé à la fermeture de 5758 lits à cause du manque d'effectifs. Des mises à pied liées à l'obligation de vaccination se comptent par milliers.

---

négociations et de mémoire.

LA VACCINATION, FIN DE LA PANDÉMIE ?

L'arrivée d'un médicament qualifié de vaccin aux derniers jours de l'année 2020 sonne comme la fin de la pandémie. L'espoir d'un retour à la vie normale se profile. Il était convenu dans le scénario de l'Imperial College de Londres qu'il serait l'unique et véritable remède à la pandémie. Il était enfin là ! La peur toujours présente dans une grande partie des populations occidentales conduit celle-ci à accepter le produit sans réserve ainsi que l'indique la position des partis politiques censés représenter l'opinion. Aucun n'émet de réserves sur la qualité et l'efficacité du produit. Leur reproche essentiel porte sur l'insuffisance des quantités produites et sur les délais pour se faire vacciner à la manière des Dupond et Dupont dans *Tintin*. Pitoyable ! L'union sacrée est encore et toujours à l'œuvre.

L'innovation que constitue un vaccin à ARN messager ne semble pas troubler non plus la communauté scientifique et médicale, en tout cas celle qui squatte les plateaux des chaînes de télévision en continu. Pourtant certaines voix, et non des moindres, ont émis quelques réserves quant à l'innocuité de ce médicament dans la mesure où il n'a pas franchi les étapes du dispositif habituel de validation. Rappelons que le principe de précaution qui fut adopté au sommet sur l'environnement de Rio en 1992 est invoqué à toute occasion pour les produits phytosanitaires. Vacciner jusqu'aux enfants et aux femmes enceintes avec un produit inutile pour eux et expérimental pour tous n'a pas choqué les autorités, ni les partis politiques, ni les médecins de plateaux télé.

Les produits anti covid proposés au grand public sont encore en phase d'essai. Jusqu'à ces jours, les imposer au public n'était pas autorisé. Vacciner en période d'épidémie n'était pas conseillé. On comprend la portée de cette disposition avec le variant Omicron. La peur a balayé toute retenue. La circonspection naturelle s'est effacée devant une innovation jamais pratiquée sur l'homme, mais qui va le sauver comme le proclament les médias qui ont repris la communication de Big Pharma.

Malgré tout ce battage, une grande partie de la communauté nationale n'a pas trouvé de raisons suffisantes pour se faire vacciner. Les moins de 70 ans, sans comorbidité ou ne se sentant pas particulièrement en danger, ne se sont pas empressés de rallier les vaccinodromes. Peut-être ne l'auraient-ils même jamais envisagé si le pouvoir macronien ne les y avait pas contraints. Ils mettaient, à leur façon, en balance pour eux-mêmes le bénéfice-risque. Ils considéraient souhaitable d'attendre, si nécessaire, la validation que donne le recul du temps. D'autres combattaient le principe de la généralisation de ce qui était présenté comme un vaccin. Principe qui risquait de s'étendre jusqu'aux tout petits si la raison ne reprenait pas le dessus. D'autres enfin considéraient que la décision de se vacciner tenait essentiellement de leur liberté.

L'opacité des achats de l'Union européenne

Pour tous ceux-là et pour beaucoup d'autres encore, toute cette histoire du Covid sonnait faux. Le président de la République, le Premier ministre et le ministre de la Santé avaient beaucoup parlé durant la pandémie. Ils avaient « un peu raconté tout et son contraire » (d'où l'intérêt d'une parole sobre pour le premier des Français). Pouvaient-ils encore être crédibles ? D'autres nouvelles parvenaient au grand public qui ne valorisait pas ce qui se mettait en place.

L'Union européenne, dont la nocivité en matière sociale est patente, tentait de se refaire une virginité. Elle voulait être plus présente demain sur les questions de santé. Comme toujours, elle avançait ses pions. Elle insistait sur son poids démographique qui donnait à sa capacité d'achat une puissance de négociation incomparable auprès des fabricants. Peut-être tenait-elle à faire oublier sa commande précédente de Remdesivir ? Elle se voyait néanmoins ridiculisée par la petite Belgique qui, seule, bénéficiait de meilleures conditions tarifaires de Big Pharma. Soulignons tout de suite que quelques mois plus tard, Pfizer et Moderna augmenteront leurs prix unilatéralement et la Commission européenne acquiescera sans broncher. Certes la position de monopole conforte les prix, mais n'est-ce que cela ! Il est peut-être un peu tôt pour parler de corruption.

Puis d'autres questions de parlementaires européens ont surgi. Toutes sont restées sans réponse. L'opacité a dominé et persisté dans tous les actes concernant les acquisitions de vaccins (conditions d'achat, livraison, quantité, prix...). Une concession fut accordée aux parlementaires exigeants. Elle leur permettait de prendre connaissance des termes de l'achat des vaccins. Cependant les documents qu'on leur transmettait étaient caviardés. La commission n'informait pas les élus chargés de la contrôler, mais se permettait d'humilier ceux qui se risquaient à insister. Il n'est pas possible de concevoir un avenir à de telles pratiques, pas plus qu'aux institutions qui les utilisent. Elles sont à bannir définitivement. Ce bannissement devra être inclus dans un pack révolutionnaire.

Tout peut être imaginé lorsqu'il s'agit de montant d'achats se calculant en milliards d'euros. Tout peut être imaginé lorsqu'on apprend que le mari de la présidente de la Commission européenne, madame Van Der Layen, est un ponte du Big Pharma. La commission opère dans le secret. Par ce simple constat, la Commission européenne n'a plus de légitimité. Il est encore trop tôt pour parler de corruption.

Finalement les parlementaires européens ont pris connaissance du contenu des contrats entre Big Pharma et la Commission européenne grâce à des journalistes italiens qui ont réussi à récupérer et à diffuser les documents[99]. Circulant essentiellement par internet, les informations contenues furent accueillies par un public qui sut largement les retransmettre. La rumeur engendrée fut comme d'habitude qualifiée de complotiste. Pourtant l'histoire connaissait un moment de bonheur : en quatre mois de vaccination, neuf nouveaux milliardaires étaient nés, six mois plus tard, ils seront quarante et un. Il était toujours trop tôt pour parler de corruption.

Parmi les informations qui filtraient, une de celles-ci stupéfia les élus et le public. Les producteurs de vaccin s'exonéraient de leur responsabilité de fabricant. Ils transféraient leur responsabilité à l'acheteur. La Commission européenne a exonéré les fabri-

99 Cette information est confiée à André Bercoff sur Sud Radio par Michèle Rivasi, députée EELV au parlement européen

cants de leur responsabilité civile et pénale qu'elle a vraisemblablement, à son tour, transmis aux acheteurs nationaux. Qui prendra en charge les contentieux et les indemnités consécutives qui ne manquent pas déjà ? Sont-ce les impôts de demain. Une nouvelle illustration qui montre que les profits sont privés tandis que les pertes sont collectives, et nationalisées. Tels sont les principes du fonctionnement économique de nos sociétés développées. Cela donne une idée de ce qui préside au sein de la Commission européenne quant à son rôle de défense des consommateurs[100]. Il fut pourtant, on s'en souvient, un argument majeur de l'intégration. Le grand marché de 400 millions de consommateurs allait être protégé par une Commission européenne sourcilleuse de la qualité des produits. Consécutivement, cela indiquait qu'un doute subsistait chez les fabricants de « vaccin » quant à l'innocuité et l'efficacité de leur produit. Si le consommateur européen se trouvait floué, qu'en était-il du citoyen européen possiblement victime du Covid ? Celui-là auquel fut promise l'immunité contre le virus allait apprendre qu'il n'en était rien. Finalement, on lui avait aussi menti sur la nature du produit.

Le « vaccin » est-il un « vaccin » ?

La protection des vaccinés constituait l'axe majeur de la promotion des fabricants. Lors de la présentation de leur produit, Pfizer, AstraZeneca et Moderna mettaient en avant leur performance. Ils rivalisaient avec leur taux de protection qui dépassait 90 %. Les choses allaient se compliquer avec l'avancée de la vaccination. On apprenait l'existence d'effets délétères avec le produit d'AstraZene-

---

100 La patronne de l'agence européenne du médicament a fait sa carrière chez Big Pharma. Elle y a fait du lobbying.

ca. Certes il restait homologué, les commandes ayant été passées, mais le gouvernement français préférait finalement offrir ses stocks et les livraisons qui allaient suivre aux pays en voie de développement. C'est une forme de solidarité un peu spéciale qui est un trait de l'Inspection générale des finances. La solidarité revue par la Macronie ! Le grand lessivier « Johnson et Johnson » pris d'une passion subite pour la santé voyait son « vaccin » admis sur le territoire en avril, mais ses circonvenues au Danemark en juillet réduisaient son utilisation et les ambitions de son producteur. « Johnson et Johnson » était venu dans la pharmacie en reprenant en 2006 une partie des activités de Pfizer qui commençait à vaciller.

En réalité, seuls Pfizer[101] et Moderna ont fourni les centres de « vaccinations » qui ont fleuri comme des champignons sur l'ensemble du territoire. Une information avait circulé que des flacons de Pfizer ne contenaient que du sérum physiologique. La compagnie avait répondu qu'une erreur de conditionnement en était la cause[102]. Circulez, il n'y a rien à voir. Il faut savoir que Pfizer est une des entreprises les plus condamnées au monde. Depuis l'an 2000, le montant de ses condamnations se monterait à 5 milliards US $. Sa santé économique n'est pas bonne. Son chiffre d'affaires décline depuis 2006, il est passé de 17 à 12 milliards US $ quand apparaît le coronavirus. L'entreprise passe un accord avec l'entreprise allemande BioNtech qui a mis au point un vaccin ARN qu'elle va distribuer. En avril 2021, soit quatre mois après sa mise en service, le chiffre d'affaires de la firme dépasse les 25 milliards.

101 En fin 2021 sur les 100 millions d'injections Pfizer en compte 80 millions et Moderna 11 millions

102 Lorsqu'il fût trouvé de la viande de cheval dans des sachets de bœuf haché surgelés. La planète du consumérisme et du judiciaire était sur les dents !!!

Des critiques avaient abîmé le Moderna, mais elles aussi étaient rapidement ignorées. Il fallait conserver au moins deux fournisseurs, un semblant de diversité. Les effets délétères de la vaccination passaient, eux aussi, à la trappe.

Quelques semaines après les premières injections, il était constaté que les pays ayant procédé à des opérations massives étaient confrontés à un regain du virus qui affectait aussi bien les personnes « vaccinées » que celles qui ne l'étaient pas. Devant ce constat, le discours était contraint de changer. Le « vaccin » ne protégeait pas totalement, mais il empêchait les formes graves de la maladie. Bien que personne ne put vérifier le bien-fondé de cette affirmation, elle indiquait, au moins, que le « vaccin » servait à quelque chose. Ceux qui avaient suivi l'histoire du virus avaient appris que la prise de vitamine D et de zinc offrait des garanties analogues. Néanmoins des gens vaccinés mourraient. Ce qui contredisait l'affirmation selon laquelle le vaccin évite les formes graves. Existe-t-il des formes plus graves que la mort ? Quelle en était la véritable cause ? Les morts en Israël étaient plus nombreux avec la vaccination générale que l'année précédente sans celle-ci. L'Islande rencontrait les mêmes problèmes… Il était constaté aussi que le produit injecté n'empêchait pas non plus la transmission. Pour simplifier, le public médusé constatait : le « vaccin » ne correspond pas à la définition du vaccin. Ceux qui s'aventuraient à le clamer étaient de nouveau taxés de complotisme. Un autre sujet circulait sous le manteau : ce « vaccin » n'était-il pas un accélérateur de la diffusion du virus ?

Le pouvoir macronien s'est piégé lui-même

L'entêtement de l'exécutif à vacciner ne faiblissait pas pour autant. Pouvait-il seulement l'envisager ? À première vue, Emmanuel Macron restait constant dans son comportement, affirmé dès le début de son quinquennat, de ne tenir aucun compte de voix différentes. Plus profondément, il ne pouvait remettre en cause sa stratégie sans se remettre en cause lui-même. Le choix exclusif du vaccin, suivant le scénario de l'Imperial College qu'il avait suivi, l'empêchait de disposer d'une autre issue. Il s'était piégé tout seul, et le piège se refermait sur lui alors que l'élection présidentielle approchait. Seul le facteur temps, encore, pourrait le sauver de la défaite électorale, mais il fallait que le bluff du « vaccin » tienne jusqu'au jour du vote. En conséquence, il lui fallait faire porter tout le poids de sa fonction sur le bien-fondé de la vaccination. Il lui fallait trouver un bouc émissaire sur lequel faire peser la responsabilité des ratés de la vaccination, d'autant que de nouvelles injections de « vaccin » allaient s'avérer nécessaires pour les anciens vaccinés. Nous étions bien dans le en même temps macronien.

Néanmoins il existait une inconnue sur laquelle il était difficile de peser : la nocivité et la létalité du variant dominant. Le Delta, ou variant anglais, était annoncé. Il semblait nocif, mais il ne le serait véritablement que lors de la saison froide. En mettant tout en place pour le 15 septembre, Emmanuel Macron pourrait se vanter d'avoir fait un bon choix.

Remarquons que les décisions politiques concernant la pandémie l'ont été en tenant compte du cycle viral. Prenons l'exemple du premier confinement ; les autorités savaient assez tôt que le pic se tiendrait dans la première quinzaine d'avril. En conséquence la fin du cycle pourra advenir vers le début mai. En faisant courir le confinement sur la période, le pouvoir montrait l'utilité de la mesure et son efficacité. Toutes les mesures politiques se sont tenues de telle façon que l'exécutif puisse arguer avoir pris la bonne mesure. En même temps il annonçait avancer dans le brouillard et laissait entendre qu'Emmanuel Macron effectuait des paris qui s'avéraient gagnants. L'exemple suédois a montré qu'en ne prenant aucune mesure, il atteignait des résultats analogues voire meilleurs. En effet, le gouvernement suédois a laissé le virus circuler, or, son cycle de vie est le même que celui qui opère dans les pays qui ont pris des mesures de contraintes des populations.

L'éventualité d'une multiplication des injections n'avait jamais été annoncée. Seulement, une seule dose n'était pas suffisante. Dans l'esprit des Français, la vaccination est un acte médical qui est fait une fois pour toutes. D'ailleurs n'est-ce pas de cette façon qu'il fût vendu aux populations par Big Pharma ! Certes, il peut être envisagé des rappels, mais relativement éloignés. La vaccination contre la grippe se fait tous les ans, mais elle n'est pas obligatoire et concerne surtout les personnes âgées fragiles. Dans le cas présent, les détenteurs d'une première dose devaient quelques mois après, subir une seconde injection, plus exactement une deuxième. La troisième, quatrième et les suivantes pouvaient désormais s'envisager.

De la promotion vaccinale à son obligation

Bien que « vacciné », il est possible de mourir, il est possible de transmettre le virus. Le dossier à l'épreuve du réel est pour le moins discutable. La crédibilité en cette « vaccination » est anéantie. Déjà que reposant principalement sur les opposants originels au professeur Raoult, la promotion vaccinale n'a jamais suscité d'enthousiasme excessif, la succession des mauvaises nouvelles risquait-elle de l'emporter ? C'est à partir de ce constat et pendant les congés peu propices aux mobilisations qu'Emmanuel Macron décidait de frapper un grand coup. Le 12 juillet 2021, il rendait, avec un tour de passe-passe, la vaccination obligatoire.

L'obligation vaccinale ayant peu de légitimité dans le cas présent elle serait, dans tous les cas, illégale. Les vaccins sont dans une phase expérimentale, on ne peut en contraindre les individus. L'Autorisation de Mise sur le Marché est temporaire, elle peut tomber dès qu'un traitement existe[103]. Le tour de passe-passe s'appelle le passe-sanitaire, ce que d'aucuns ont baptisé d'ausweis pour la vie sociale. Il faut que ceux ne disposant pas de ce laissez-passer n'aient plus d'existence sociale. Une sorte d'interdiction à la vie collective est organisée pour frapper ces individus rétifs par celui qui a la charge d'être le président de tous les Français. C'est un cas unique dans l'histoire de la cinquième république. Le président de tous les Français bannit une importante partie de la population.

L'obligation vaccinale, par passe sanitaire interposé, repose sur la certitude des chiffres. « On peut discuter de tout sauf des chiffres » nous dit la campagne de promotion vaccinale de l'exécutif, surtout quand les chiffres sont tronqués. L'étude Epi-Phare produite par le ministère de la Santé visant à prouver l'efficacité à plus de 95 % des vaccins et à montrer la présence quasi exclusive des non-vaccinés dans les hospitalisés en réanimation a subi un désaveu cinglant par un décodeur de l'économie[104]. La possibilité que huit personnes en réanimation sur 10 soient non vaccinées

103 Nous avons déjà indiqué la raison de la campagne contre la chloroquine, il s'agissait d'ouvrir la voie au vaccin.

104 Chaîne YouTube « Décoder l'éco » du 6 août 2021 reprenant les chiffres de décès « oubliés par la DREES (direction de la statistique de ministère de la Santé).

est improbable, car les données publiées de pays comparables au nôtre ne le montrent aucunement. Ces chiffres sont répétés à l'infini alors que la vaccination s'est étendue.

L'intervention du président avait été préparée par des saillies des médias. BFM Télé, RMC et le service public étaient comme d'habitude montés en ligne. Emmanuel Lechypre, journaliste de BFM se distinguait : « *les non-vaccinés sont des dangers publics pour la société, il faut en faire des parias* ». Jean-Paul Hamon du syndicat de médecins y allait à son tour : « *Je pense qu'il faut sortir la boîte à claques pour qu'ils se vaccinent* ». La pensée de gauche avec Thomas Porcher, économiste, tenait à être présente : « *rendre la vie impossible à ceux qui ne veulent pas se faire soigner* ». Emmanuelle Ducros, journaliste : « *Si les soignants ne veulent pas se faire vacciner, ils n'ont rien à faire dans les lieux de soins* ». Les habituels de la pensée unique et des plateaux télé, comme Nicolas Bouzou, le docteur Marty ou Michel Grossiord, voulaient eux aussi participer de l'empêchement de vivre pour ceux ne voulant pas se soumettre. Une inversion accusatoire à grande échelle se mettait en place. Ce n'était plus le doute sur l'effectivité du « vaccin » qui prévalait, mais la certitude que la pandémie était alimentée par des individus qui ne jouaient pas le jeu et mettaient en danger l'hôpital.

Le président de la République allait les désigner. Le Covid rendait-il fou comme disaient certains ou l'exécutif réduit à Emmanuel Macron perdait une nouvelle fois son sang-froid ?

Les citoyens ordinaires, somme toute raisonnables, utilisant pour eux-mêmes la balance bénéfice-risque, sorte de principe de précaution individuel, sont aussi qualifiés d'irresponsables. Ils refusent de protéger « les autres ». Le crime des crimes dans un pays où l'impunité est accordée de fait à une multitude de délits et d'actes de barbarie. Ce qui, pour tout esprit à peu près équilibré, paraît aller de soi ne l'est pas pour les dirigeants du pays et sa cohorte d'aboyeurs. Les non-vaccinés sont des dangers pour les vaccinés. Ainsi l'immunité contre la maladie que confère un vaccin, ce qui le définit dans son essence, ne s'applique pas à celui conçu contre le Covid. Il n'est qu'une sorte de sous-vaccin, un subvaccin (comme il existe des subprimes) qui ne réduirait que le niveau de gravité du Covid. Les pays ayant procédé à une vaccination massive constatent que les résultats attendus ne sont pas à l'arrivée. L'Islande, Israël, Singapore… font face à une multiplication des cas alors que le taux de vaccination est élevé. Le nombre de décès en 2021 est supérieur à ceux de 2020 malgré la vaccination (ou à cause d'elle ?). La mortalité est le rapport entre le nombre de décès et la population totale[105]. L'épidémie a donc été plus mortelle en 2021. Dans son « Rapport mensuel de situation Covid planétaire du 30 octobre 2021 0 h GMT » déjà cité, le général Delawarde souligne qu'entre 2020 et 2021 « *il y a bien eu une légère baisse de la létalité*[106] *(nombre de décès sur le nombre de cas), mais on est très loin du miracle vaccinal attendu et il n'est pas raisonnable d'attribuer aux seuls vaccins la très légère baisse de la létalité Covid au niveau planétaire, d'autant que les effets secondaires post vaccinaux sont volontairement ignorés par les politiques et les médias…* »

Obligation vaccinale déguisée, mais efficacité relative de deux doses. Ne faut-il pas procéder à la troisième injection ? L'entêtement n'a pas de limite, le piège qui se déroule non plus. Le

105 Rapport mensuel de situation Covid planétaire du 30 octobre 2021.

106 Le taux de létalité en 2020 est de 2,17 % et en 2021 de 1,91 % soit une diminution de 12 %.

12 juillet, Emmanuel Macron annonçait une troisième campagne de vaccination.

S'il est convenu que l'immunité conférée par deux doses est toute relative,[107] encore faut-il que les prises répétées du produit ne soient pas un facteur de risque supplémentaire pour des gens bien portants. Or, il semble que ça ne soit pas toujours le cas. N'est-ce pas la raison qui fut invoquée pour mettre de côté le produit d'AstraZeneca, mais qui affecte moins bruyamment celui de Moderna ou de Pfizer. S'il s'avérait que ces deux-là étaient aussi facteur de trouble, la « vaccination » n'aurait plus lieu d'être.

Des effets indésirables aux décès

Des informations en provenance de l'étranger montrent l'existence d'effets indésirables à la vaccination. Des décès de gens bien portants et récemment vaccinés sont recensés aux USA, au Japon, en Norvège… partout dans le monde. Par contre, ces phénomènes restent inconnus sur notre territoire. Les informations sont d'autant plus cachées au grand public que l'exécutif a contraint les Français à la vaccination. Un blackout est mis en place concernant la publication d'effets secondaires dramatiques de la vaccination. La remontée de témoignages n'est pas facilitée pour le moins. La correspondance entre un vaccin et des décès est toujours difficile à établir. La sclérose en plaques et le vaccin contre l'hépatite en constituent un exemple. Lorsque la chaîne d'information en continu Cnews a offert ses micros aux gens souffrant après vaccination ou aux familles ayant connu un décès, leur standard fut pris d'assaut.

107 N'était-ce pas finalement le but de l'allocution : annoncer une troisième injection ?

Il n'empêche qu'avec une vaccination à grande échelle, la multiplication de maladies ou de décès étranges peut conduire à s'interroger sur une présomption de leur origine. L'exécutif n'échappera pas à sa responsabilité pénale.

La stratégie de la vaccination contre le Covid qui devait permettre de vivre comme avant s'avère donc un échec. La France et les Français âgés et fragiles en sont toujours les victimes en se croyant immunisés. Le pouvoir, qui a décidé d'outrepasser les droits que lui confère son statut, en est responsable. Son rôle n'est pas de décider de la méthode de soins, mais de mettre les moyens à sa disposition pour protéger et soigner la population. Son action est précisément d'organiser le système de santé et de donner à l'hôpital public les moyens de fonctionner en cas de pandémie.

D'une injection du produit, il a fallu passer à deux injections. En septembre 2021, la troisième injection, annoncée par Emmanuel Macron le 12 juillet, a commencé, elle sera obligatoire le 15 décembre. Des informations filtrent désormais affirmant que la protection du vaccin n'excède pas deux mois. Il peut être envisagé des vaccinations à répétition. La multiplication des vaccinations n'est-elle pas une contrainte supplémentaire pour les Français ? N'est-elle pas un risque supplémentaire d'accidents collatéraux ? Mais le temps est à l'œuvre, l'élection présidentielle approche.

Du passeport sanitaire au passeport vaccinal

Faisant fi de la légalité, le Premier ministre annonce le 22 décembre, au moment où les familles préparent Noël, la transformation du passe-sanitaire mis en place en septembre en passe-vaccinal. Emmanuel Macron n'est pas monté en ligne cette fois.

Comme l'indique le ministre de la Santé : « le passe-vaccinal, c'est une forme déguisée de vaccination obligatoire ». L'aveu est de taille. Il fait fi des progrès des libertés et des droits des individus. Il accorde au produit « vaccin » dont les « faiblesses » sont connues et la dangerosité non encore évaluée, le statut d'obligation.

Le passe vaccinal est-il seulement mis en place pour contraindre les irréductibles ou ne l'est-il pas surtout pour avertir l'opinion de la nécessité de subir des injections régulières et rapprochées ? Sommes-nous là seulement dans le sanitaire ou n'avons-nous pas la confirmation de la dérive dictatoriale de la présidence du pays ?

En présentant plus tard la loi à la représentation nationale, le ministre Véran modérait son propos sur l'obligation. « L'objectif de ce texte de loi n'est pas de contraindre les libertés individuelles et collectives des Français, l'objectif de ce texte de loi c'est de sauver des vies, c'est de protéger nos hôpitaux, de soulager la charge de travail de nos soignants. »[108]

Le texte qui instaure le passe-vaccinal se fixe donc 3 objectifs, mais sont-ils compatibles ?

Soulager la charge de travail des soignants et protéger les hôpitaux de la venue de malades, n'est-ce pas contradictoire avec la mission de sauver des vies ? Comment peut-on mettre sur le même plan un objectif et des moyens sans aboutir à privilégier les moyens ! dans ces conditions qui définira les moyens ? Les ARS ? L'inspection générale des finances ? la dictature administrative ?

Les difficultés rencontrées au sein des Assemblées ont empêché la réalisation du timing de l'Élysée qui prévoyait un vote rapide de

108 Olivier Véran, ministre des Solidarités et de la Santé le 3 janvier 2021.

la loi du passe-vaccinal. La publication dans laquelle le président déclare qu'il souhaite « emmerder » les non-vaccinés devait tomber à l'issue du vote. Or celui-ci étant retardé par l'absence des députés de la majorité[109], l'information arrive en plein débat, ce qui rajoute à la confusion. Le garant de l'unité de la nation, le président décide ainsi de faire d'une partie de la population attachée à ses droits des parias, des irresponsables qu'il qualifie : « Un irresponsable n'est plus un citoyen ». Ce sont des propos de putschiste. Leurs violences sont à la mesure des difficultés de l'exécutif. Les difficultés sont de plusieurs ordres.

Et en 2022 les Athéniens s'atteignirent…

Le nombre des Français vaccinés est bien moindre que celui annoncé et leur nombre décroit avec les obligations de rappel. La variant Delta laisse la place au variant Omicron plus contagieux, mais moins létal. La promulgation du passe vaccinal arrive en fin de pandémie[110]. La loi du passe vaccinal n'est plus en même temps, mais à contre temps du mouvement général. Omicron, n'est-il pas le virus qui va immuniser, voire vacciner, le plus grand nombre au coût sans concurrent, car gratuit ?

Janvier 2022 marque le moment où les Athéniens s'atteignirent comme on dit populairement. Ayant concentré tous les pouvoirs d'une façon inouïe, Emmanuel Macron pourra-t-il se servir du virus jusqu'au jour du scrutin présidentiel ? Rien n'est moins sûr,

---

109 La « République En Marche » a beaucoup de mal à mobiliser ses élus, comme le remarque la présidente de séance madame Annie Genevard. Nous ajouterons même en temps de guerre.

110 Nos voisins retirent les mesures pour contrer la pandémie. L'OMS en prévoit la fin en 2022.

ses opposants ont quelques semaines pour démontrer l'échec de sa gestion de la pandémie et les nuisances qu'elle a engendrées. L'exécutif a beaucoup menti durant la période. Il a aussi triché, c'est-à-dire qu'il a enfreint les règles admises tout en faisant croire les respecter. Ne perdons pas de vue, ce qu'il faudra approfondir. Emmanuel Macron a endetté le pays de façon déraisonnable avec le fameux « quoiqu'il en coûte ». Il faut aussi mesurer qu'il a transféré des sommes considérables à l'étranger pour acquérir des « vaccins » pour le moins contestables, si ce n'est inutile. On ne peut qu'être d'accord avec le jugement sévère de l'historien et philosophe Marcel Gauchet : le quinquennat d'Emmanuel Macron est un échec.

CHAPITRE DEUXIÈME :

LA FRANCE D'EMMANUEL MACRON

L'enthousiasme qui semble avoir porté Emmanuel Macron au poste suprême ne relève pas de sa seule séduction. Pour ce qui fut l'acte final, le deuxième tour de la présidentielle, il rencontrait une concurrente fragile et incohérente, partagée qu'elle était entre le désir fugace d'être au sommet et les obligations qu'elle entrevoyait devoir s'imposer si d'aventure elle y accédait. Emmanuel macron ne s'embarrassait pas de ces contraintes. Il se savait soutenu par les puissants et sûr de lui. Quels que fussent ses dérapages de campagne, aucun média ne s'avisait de lui en faire le reproche voire de les signaler. C'était loin d'être le cas pour Marine Le Pen qui voyait toutes ses prises de position décortiquées, déformées, tordues. Le choix de sortie de l'euro et de l'Union européenne structurait le programme du front national. La façon dont il fut présenté sonnait faux dans les propos de la dirigeante du front qui peinait même à en expliquer l'utilité. Il fut facile pour le candidat Macron d'en montrer l'incohérence, s'il n'avait pas le sens politique aiguisé, au moins avait-il un fort background économique.

Les Français ne connaissent rien d'Emmanuel Macron à l'exception de l'image que vont produire de lui les grands médias aux ordres de leurs propriétaires, tous issus de ce qu'il est convenu de nommer le grand capital. Les Français, plutôt aisés, diplômés, vivant dans les centres urbains, perçoivent en Emmanuel celui qui peut rompre avec ces alternances qui n'en sont pas et qui n'aboutissent qu'à la stagnation. Macron veut le pouvoir, il est prêt à supporter beaucoup de choses pour y accéder et il le veut dans le but de préserver leurs intérêts et transformer le pays selon leurs vœux. Enfin, c'est ce qui est raconté et qui convient à leurs attentes. Chacun met toujours de lui-même quand il est séduit. C'est la formule du général de Gaulle, « je vous ai compris » qui en est l'archétype.

La débauche des médias pour ce candidat fut sans comparaison à ce jour. Il faut se rendre aux USA, où Hillary Clinton bénéficiait du soutien de la totalité des médias « mainstream » pour trouver un équivalent. Ce qui n'excuse pas pour autant cette partie du corps électoral qui s'est prononcée pour un candidat dont elle ne connaît rien, mais qui les invite « à penser printemps ». Cependant, un doute subsiste quant à sa position de premier tour. Il est rare qu'un candidat nouveau et quasiment inconnu puisse sortir premier d'une compétition électorale, et surtout de la première de toutes les compétitions. L'élection américaine de 2020 montre qu'il peut être organisé une fraude à grande échelle avec des sondages répétés rendant évident en quelque sorte le résultat sorti des urnes.

La situation à la veille de l'élection présidentielle est nettement favorable à la droite. Il ne fait aucun doute pour beaucoup de nos compatriotes que sortiront des urnes au premier tour François Fillon et Marine Le Pen. Le quinquennat de François Hollande fut si minable qu'il plombait une gauche déjà déglinguée pour longtemps. Ce qu'attendent les électeurs s'inscrit dans les thèmes habituels de la droite : la réduction de la place de l'État et la diminution de l'endettement public; l'amélioration de la sécurité avec une justice plus sévère et principalement le renforcement de l'intégration européenne. Le Front national est plus dirigiste, plus étatiste et plus social. Il fonde son programme sur la sortie de l'euro et de l'Union européenne si celle-ci persiste dans sa négation des nations. Il compte limiter voire supprimer l'immigration et prendre des dispositions pour réduire la délinquance, alimentée en partie par l'immigration.

Le deuxième tour verrait une victoire de François Fillon sur lequel s'effectuerait ensuite une forte pression pour qu'il tienne compte de certaines mesures préconisées par le front national. Si la droite classique est l'élément dominant, le front national est l'élément dynamique. La gauche, en tant que courant « idéologique », ne compte plus réellement depuis le passage de François Mitterrand. Les premiers pas de Jacques Chirac l'avaient ravivée électoralement grâce à la fatuité d'Alain Juppé ; le quinquennat de Nicolas Sarkozy avait ranimé une opposition dans laquelle une gauche ectoplasmique faisait semblant de compter, mais le cœur n'y était plus. La soumission à la finance était manifeste. L'abandon puis les trahisons successives des ouvriers, des employés, des artisans et des petits patrons, de tout ce qui constitue les forces d'un peuple par ceux censés les représenter étaient consommés.

François Hollande a fait la part belle aux minorités, comme jacques Chirac, avec lequel il a beaucoup de ressemblance, sans oublier Nicolas Sarkozy. C'est un trait commun de l'action des pro-européens. Le corps national n'est plus approché comme un ensemble cohérent. Le candidat s'adresse à des groupes identifiés d'un ensemble assez hétéroclite auxquels il répond favorablement. La satisfaction des revendications des communautés homosexuelles au mariage en est l'exemple et le moment d'ailleurs ou le quinquennat de François Hollande bascule. L'évidente dissemblance voire l'opposition entre les groupes de nature différente s'efface au point de retrouver ensuite une certaine harmonie dans le refus de l'extrême droite et une vision idyllique de la construction européenne, source de paix éternelle. C'est le morcellement du corps national engagé depuis longtemps dont l'immigration est la forme visible et la zone de fracture. Les immigrés s'imposent en partie parce que le grand patronat a besoin de sources exploitables à bas coût. La bourgeoisie, bohème ou non, mais aussi les services sociaux par l'intermédiaire de leur délégation aux associations recherchent des domestiques pas trop chers. Au plan idéologique, l'immigration relève de différents courants de l'humanisme et de la sauvegarde de populations en danger, jusqu'aux besoins de financement des retraites. À aucun moment, la gauche, si prompte à dénoncer le colonialisme, n'a abordé la perte pour les pays pauvres de leur jeune force vive. François Hollande a encore liquidé le peu de crédit auprès du monde du travail (ou du chômage). Il ne pourra pas se représenter pour un deuxième round.

L'opération Emmanuel Macron a bouleversé ce qui s'avérait inéluctable. Le marketing politique avait été convoqué préalablement. Il avait évalué le président dont la majorité des Français attendait la venue. Emmanuel Macron en possédait beaucoup de traits. Il pouvait être présenté comme un homme nouveau. Ce n'était pas tout à fait vrai. Il traînait ses guêtres depuis longtemps dans les couloirs de la gauche caviar et dans les allées du pouvoir financier. Sa dernière fonction, après secrétaire général adjoint de l'Élysée sous François Hollande, fut celle de ministre de l'Économie et des Finances au sein d'un gouvernement socialiste conduit par Manuel Valls. Il n'y a pas fait d'étincelles, c'est le moins que l'on puisse dire. Son comportement et ses commentaires lui avaient valu quelques mouvements d'opinion chez les salariés dont les entreprises fermaient. Il s'était fait remarquer pour les « bretons illettrés » et les « nordistes alcooliques ». Ses prestations ne méritaient pas les éloges qui étaient déversés sur son compte. Sur un toboggan, le régime de François Hollande glissait vers une impopularité irréversible. Ses promoteurs ont dû considérer que le moment était venu qu'il se démarque de ce qui l'avait fait connaître du public. Emmanuel Macron démissionnait pour manifester son opposition avec ce qui se pratiquait avant de se lancer dans la campagne de l'élection présidentielle.

Emmanuel Macron dans l'arène

À peine avait-il fait acte de candidature qu'il recueillait des soutiens de tous les côtés de l'échiquier politique. Il représentait pour la première fois la fusion d'une droite se déportant vers le centre et d'une gauche n'en faisant pas moins un mouvement symétrique. Il était à la fois la droite et la gauche, la troisième force de la quatrième république, avec l'européisme comme support ou le bloc central de Valéry Giscard d'Estaing sous la cinquième. Son parti, avant qu'il n'en constitue un semblant, était celui qui dominait l'Union européenne depuis qu'elle avait rompu avec l'Europe des nations. Parti à la tête duquel auraient pu se trouver en alternance Jacques Delors et VGE pour y proposer les mêmes choix. Deux lauréats du prix international Charlemagne comme lui-même le sera. Emmanuel Macron était un digne fils de la soumission française à l'Allemagne et un partisan forcené d'une fédération européenne destructrice des nations.

Ses soutiens n'étaient pas seulement politiques[111]. Beaucoup venaient du monde des affaires et de la finance[112]. Ce qui explique souvent les ralliements politiques. Ceux qui prenaient le parti de l'afficher, tenaient à préciser leur participation en tant que représentants de la haute bourgeoisie mondialisée, comme la première fortune de France ou le président du MEDEF en exercice et son prédécesseur. La haute fonction publique, plus discrète, encore que, terminait le ban. Elle avait fait l'école avec le candidat, quoi de plus naturel que de rejoindre celui qui le lui laissait percevoir qu'elle tiendrait désormais toutes les commandes.

Le programme du candidat avait peu de consistance et peu d'importance. Bien qu'il ne fut pas partisan d'en proposer un, il en fallait un dans le décor. Il rassemblait tout ce qui traînait en magasin depuis des lustres d'où émergeaient deux nouveautés, des classes à effectif réduit en banlieue et la suppression de la taxe d'habitation. Mais, ce qui comptait avant tout était en quelque sorte que cet élément exceptionnel fasse don de lui-même à la France. Élève brillant, il avait réussi tout ce qu'il entreprenait, jusqu'à séduire sa prof de lettres à 15 ou 16 ans. C'est tout dire. Il avait fréquenté les grandes écoles, les philosophes, il avait été l'assistant de Paul Ricœur. Il avait été gérant-associé à la direction d'une grande banque. Il avait un point de vue éclairé à peu près sur tout. En

111 Jean Arthuis, François Bayrou, Christophe Castaner, Jean Pierre Chevènement, Daniel Cohn-Bendit, Gérard Collomb, Bertrand Delanoë, Jean-Paul Delevoye, Richard Ferrand, Nicolas Hulot, Bernard Kouchner, Corinne Lepage, Bernard Poignant, Barbara Pompili, François de Rugy. Dans un deuxième temps arriveront : Patrick Braouzec, Bruno Lemaire, Édouard Philippe.

112 Jacques Attali, Bernard Arnault, Pierre Bergé, Thierry Breton, Vincent Bolloré, Patrick Drahi, Pierre Gattaz, Alain Minc, Bernard Mourad, Xavier Niel, Laurence Parisot, David de Rothschild, Serge Weinberg.

gros, il était apte à tenir le poste. Il avait un autre avantage sur ses concurrents qu'il ne faut pas sous-estimer, beaucoup de Françaises et de Français de base, bien que ne comprenant à peu près rien de ce qu'il racontait, le trouvaient séduisant et gentil. Son épouse, beaucoup plus âgée que lui, en faisait une espèce d'amoureux à la Peynet. Tout bien pesé, la présentation de ce qu'il comptait faire avait peu d'importance pour faire les couvertures de « Gala » ou « Voici ».

L'élection présidentielle ne se fait pas sur ce que le gagnant va réaliser concrètement. « Les promesses n'engagent que ceux qui les écoutent », ainsi s'exprimait le modèle de Jacques Chirac et de François Hollande, Henri Queuille. Beaucoup établissent encore un programme de réalisations, certes, mais le discrédit de la classe politique est tel que le choix ne porte pas sur l'éventualité des réalisations promises, mais plus fortement sur une suite d'élimination des candidats en lice. Sélection/Élimination du premier tour et élimination directe au second tour. Le corps électoral ne choisit pas le président, il élimine ceux et celui dont il ne veut pas.

Il fallait donc qu'Emmanuel Macron tourne en tête à l'issue du premier tour pour être incontesté et incontestable. Les dispositions visant à détruire le candidat des républicains constituaient la pièce maîtresse du dispositif du complot ou du coup d'état.

La démolition de François Fillon

Un procès est alors monté contre François Fillon au motif qu'il aurait fait bénéficier à ses proches de rémunérations d'assistant auxquelles son statut de député fait droit. Le député n'a aucune obligation en ce qui concerne le choix de son (ou de ses) assistant ni de ce qu'il lui (ou leurs) demande. Beaucoup de parlementaires connaissent une situation analogue. La création de postes d'assistant est une des formes que prend le financement des partis politiques. Il sert d'abord à financer les permanents des partis. Une campagne va être lancée par le « Canard enchaîné » contre l'épouse de François Fillon qui serait rémunérée pour un travail d'assistant parlementaire inexistant. Dès le lendemain de la parution du journal, « la justice se saisit de l'affaire ». En réalité, il s'agit d'un organe de cette administration, le parquet national financier dont le rôle est de traquer la criminalité financière. Cette affaire, à la vérité n'en est pas une, et, circonstance aggravante, ne peut être examinée par la « justice » compte tenu de la séparation des pouvoirs. La justice est une administration, c'est-à-dire un organisme où opèrent des fonctionnaires payés par les contribuables, et dépendant du gouvernement qui nomme sa haute hiérarchie. L'exécutif prend le contrôle du corps législatif. Le régime bascule sans émouvoir grand monde au pays de Montesquieu.

Le parquet financier est un organe récent, créé par François Hollande, pour lutter contre la corruption. Son origine se situe dans le comportement délictuel (ou criminel suivant les pays) de son ministre chargé du budget et de la fraude fiscale, Jérôme Cahuzac. Il s'est fait épingler à frauder lui-même le fisc dont il coiffe l'activité. Il possède un compte rémunéré dans une banque suisse alors que l'évasion fiscale, qu'il combat, est devenue un quasi-crime. Le pouvoir socialiste est contraint de prendre des mesures pour éloigner le galeux. Il est exclu du parti et démissionné du gouvernement. Pour prouver sa probité et ne « plus revoir jamais ça », François Hollande pousse à la création du parquet national financier. Parquet qu'il va remplir d'hommes, et surtout de femmes, à lui, pour rétablir l'équilibre et trouver des malfaisants chez les adversaires. Pour mémoire, lorsque le même parti socialiste fut pris la main dans le sac de son financement par un pacte de corruption entre ses élus et les entreprises, il a mis en place le financement public des partis politiques. Avec ce sens du théâtre dont il use pour jouer la vierge effarouchée dans un monde de brutes, le parti socialiste a réussi à faire admettre le financement des partis politiques par l'impôt pour moraliser la vie politique. Les partis peuvent ainsi s'adonner à leur sport favori à savoir la recherche de nouveaux sponsors, tout en conservant les anciens, dans le vivier que constitue la démesurée commande publique. L'autre avantage du système est d'empêcher la création de nouveaux partis qui viendraient concurrencer ceux-là mêmes qui bénéficient de la manne publique et de la rente qui va avec. Néanmoins, le dispositif n'a pas empêché la création de la République En Marche qui a bénéficié de conditions dont aucun parti, à ce jour, n'a pu se prévaloir et de moyens financiers hors norme. Comment s'étonner de la généralisation de la corruption et de la disparition du militant sincère et bénévole du paysage politique ! Le revers de la médaille est survenu assez rapidement. L'argent a tué les partis politiques. L'argent public les a mis sous la tutelle du pouvoir. Constatons-le ici, nous développerons le sujet plus loin.

Nous sommes dans ce qui est devenu « l'affaire Fillon » comme celle de Seznec ou de Dominici. Une affaire qui va faire les titres de la presse écrite et le sujet de tous les débats audiovisuels de la campagne électorale présidentielle. On apprendra aussi que Pénélope Fillon est rémunérée dans une publication où ne se retrouve aucune trace de sa présence. Il sera procédé à une perquisition dans le bureau de François Fillon à l'Assemblée nationale, ce qui est impossible sans l'autorisation de son président, le sieur Claude

Bartolone[113], éminence socialiste. Les « complotistes » ont ici du grain à moudre.

L'administration de la justice s'est immiscée dans l'élection du président de la République. François Fillon en sera handicapé et ne pourra faire campagne. Le complot, mûrement préparé et feuilletonné, a fonctionné, il est éliminé. La présidente du parquet financier lors de l'affaire, madame Éliane Houlette[114], signalera, une fois en retraite, avoir été l'objet de pression de la part du parquet général, son supérieur hiérarchique. Craint-elle d'être rattrapée dans le futur pour une opération qui s'apparente à un coup d'État, à laquelle elle a collaboré ? Suite à ces propos, le président s'est senti obligé de solliciter le Conseil Supérieur de la Magistrature. Celui-ci a considéré que « Les prérogatives respectives du parquet national financier et du parquet général près la cour d'appel de Paris ont été respectées ». Alors l'affaire est close, au moins en apparence. Le Conseil a tenu néanmoins à signaler que « les échanges au sein même de l'autorité judiciaire, entre le PNF et le parquet général près la cour d'appel de Paris, ont pu être marqués par une certaine tension, dans un contexte politico-médiatique hors normes », avant de poursuivre sur la possibilité « d'une double réforme de structure : une rationalisation des remontées d'informations entre les parquets et le ministère de la Justice, et une évolution du statut du ministère public ». Autrement dit, tout fonctionne pour le mieux mais réformer double-

113 Dupont-Moretti, ministre de la Justice est convoqué par la cour de justice de la république pour des soupçons de conflit d'intérêts. Deux parlementaires refusent de participer. Ils invoquent un « contrepouvoir illégitime » et une atteinte à l'exécutif. La séparation des pouvoirs les préoccupe !!

114 *Paris Match* du 17 sept 2020.

ment ne serait pas superflu. En conclusion, l'affaire Fillon est close provisoirement, jusqu'à son procès, mais il faudra bien qu'un jour la clarté soit faite sur cette affaire. Attendons-nous à ce que la clarté ne concerne pas seulement les conditions d'accès au pouvoir. L'administration de la justice sera affectée ce qui contraindra à sa réforme en profondeur de plus en plus nécessaire.

LA PRÉSIDENCE D'EMMANUEL MACRON

Comme prévu et organisé, Emmanuel Macron virera en tête au premier tour. L'élimination de Marine Le Pen au second ne sera qu'une formalité. Les Républicains, la France Insoumise, le Parti socialiste, le Parti communiste appelleront à se ranger derrière le banquier pour faire barrage à la « bête immonde ».

Lorsqu'il accède à la présidence, Emmanuel Macron prend les rênes d'un pays abimé dans tous les domaines. Au moins 10 % de la population survit d'expédients (chômage de longue durée, aides sociales, petits boulots, trafics, délinquance...) et ses perspectives d'en sortir sont quasi nulles, sauf de renverser la table. Ce que ce nouveau président s'est engagé à faire.

LE DÉCLASSEMENT DE LA FRANCE

Il y a un demi-siècle environ, que la France dégringole, année après année. Son déclin a commencé à la fin des années soixante. Comme dans beaucoup de pays développés, un fort mécontentement étudiant, travaillé par les idéologies marxistes et libertaires, agite les universités. À la différence des autres pays, ce mécontentement coïncide avec celui des ouvriers qui vont le transformer en un mouvement revendicatif et radical de grande ampleur, affectant par la grève, les usines et le pays pendant le mois de mai 1968. Les retombées de ce mouvement sont à l'origine d'une crise politique qui s'achèvera, momentanément, un an plus tard, par le départ du général de Gaulle de la Présidence de la République. Celui-ci, dans un souci de clore la séquence des évènements de l'année précédente, a proposé de modifier les institutions afin de faire en sorte que la société, le pays réel y soit mieux représenté. Le Non l'emporte au référendum. Le général de Gaulle abandonne le pouvoir. L'État qu'il a rétabli dans ses fonctions régaliennes pendant ses mandats dispose aussi de finances solides.

De l'extérieur se succéderont des mauvaises nouvelles. En 1971, les États-Unis décident d'imposer leur monnaie au monde[115] en l'exonérant de sa convertibilité en or. Deux ans après, les pays producteurs de pétrole récupèrent la propriété de leur ressource naturelle ce qui conduit à une hausse généralisée des prix des matières premières. Les économies développées, en particulier l'économie française qui repose sur l'énergie issue des produits pétroliers subit le choc. Les licenciements collectifs massifs vont faire leur apparition. Afin d'en amortir le mécontentement va être modifiée l'indemnisation du chômage, qui ne cessera de croître malgré l'arrivée au pouvoir, en 1981, de la gauche, porteuse d'un régime censé le juguler.

L'effet d'inertie opérant et s'étalant sur plusieurs années laisse croire que le pays avance. Les illusions s'effacent dès la fin des

115 Le système monétaire repose depuis 1945 sur l'or et le dollar. Le dollar n'étant plus convertible en or, les USA disposent de la richesse du monde. Les USA ont engendré avec les guerres tant de dollars dans le monde qu'il est impossible pour eux de les échanger contre de l'or. En 1971, le système monétaire consacre la suprématie du dollar.

années soixante-dix, quand font leur apparition les déficits budgétaires qui, à partir de 1981, deviendront chroniques, et engageront l'inévitable spirale de l'accroissement de la pression fiscale et de l'endettement public avec la diminution corrélative de la croissance économique.

Lentement, mais sûrement, malgré quelquefois des rebonds inattendus, souvent créés artificiellement par des mesures spécifiques, le chômage augmente tandis que la tendance de l'économie française est à la décroissance.

Constatant son impossibilité ou son incapacité à peser sur son devenir, en 1992, le régime mitterrandien, en place, confiera les rênes du pays, et en accord avec celui-ci, à un organisme technocratique et mondialiste, la Commission européenne.

La tendance observée précédemment ne marquera pas pour autant le pas. Le chômage continuera sa progression tandis que la croissance s'affaissera régulièrement. Constatant l'échec de la solution technomondialiste, le pays décidera de reprendre son destin en main en 2005 en refusant par référendum la constitution d'une fédération européenne déclarée.

Le nouveau régime piloté par Nicolas Sarkozy ne tiendra pas compte de la décision populaire. Il reprendra, sous le nom de traité de Lisbonne, la constitution rejetée. Reprenant la voie précédente, il obtiendra, à ne pas douter, des résultats identiques au passé : un stock de chômage incompressible et un taux de croissance proche de zéro, sauf qu'un évènement inattendu va amplifier le phénomène.

La crise des « subprimes » importée des USA, fait décrocher la croissance à moins 2,3 % l'année suivante. L'incidence sur l'emploi est immédiate, du deuxième trimestre 2008 à la fin de l'année 2009, le taux de chômage en France, au sens du BIT[116], passe de 7,5 % à 10 % de la population active.

Les présidences Sarkozy et Hollande ne remettront plus en cause les tendances.

Le président au pied du mur

Augmenter le pouvoir d'achat et créer des emplois sont les priorités des Français appelés à choisir à travers un candidat-président leur avenir. Accessoirement, la diminution des impôts et des taxes pourrait être le signal qui redonnerait un peu d'espoir, par là même un peu de bonheur, aux habitants d'un pays fatigué des trahisons de ses dirigeants successifs. Telles sont aussi les demandes, plus ou moins explicites, réitérées à chaque renouvellement présidentiel par les Français toujours déçus. Le candidat Macron à la présidence de la république en est conscient, il a titré « révolution » le livre dans lequel il fait part de sa candidature et de ses ambitions. Le titre correspond en effet à l'état d'esprit général, car c'est quelque chose qui tient de la grande remise à plat qui est attendue.

Examiné du point de vue de ses responsabilités, le questionnement de celui qui conduit l'État doit être le suivant : quelles sont les causes qui empêchent de créer plus de richesse à partager ? Comment m'y attaquer et subsidiairement, comment renouer avec la croissance ? L'évocation du chômage est immédiate. La France se dispense de la force de travail de plus d'une dizaine de millions de personnes[117].

---

116 Bureau International du Travail.

117 Imaginons la moitié : 5 millions de personnes vont retrouver du travail

Cette masse inactive pèse sur les rémunérations des millions d'autres qui tout en travaillant n'arrivent plus à joindre les deux bouts. Qu'est ce qui empêche de procurer des emplois aux millions de chômeurs doit mobiliser les décideurs ? Paradoxalement, des centaines de milliers d'individus, originaires principalement d'Afrique, peuvent rentrer légalement ou illégalement sur notre territoire pour se présenter sur un marché du travail à l'évidence saturé. Comment peut-on accepter une situation où des millions d'individus viennent sans obstacle concurrencer les millions qui peinent déjà à trouver un emploi ? À cela s'ajoute la distribution de prestations difficilement accessibles aux résidents, soumis pour certains à des impôts et taxes de plus en plus lourds ?

Le pays s'installe-t-il dans une anomie apparente ou dans une contradiction insoluble ? Qui a intérêt à le mettre dans une situation sans issue à part souhaiter le faire disparaître des nations qui comptent ?

Voilà ébauchées les questions qui s'imposent au pays lors de l'arrivée d'Emmanuel Macron au pouvoir.

Comme sa première mesure, en tout cas celle retenue par l'opinion, fut la suppression de l'impôt sur les grandes fortunes et la hausse de la CSG sur tous les revenus, la révolution macronienne prenait un mauvais départ. La deuxième modifiait le droit du travail pour faciliter les licenciements. De quelle révolution pouvait-il s'agir ? Ceux qui avaient suivi et supporté Emmanuel Macron sans arrière-pensées, étaient-ils une fois encore victimes de la même esbroufe qui les avait conduits à choisir Nicolas Sarkozy puis François Hollande ?

---

et être payées au SMIC. En un an, plus de 70 milliards de revenus seront distribués, près de 40 milliards partiront dans les caisses sociales (sécu, retraites, allocations familiales, chômage) la pression sociale et fiscale pourra diminuer.

Qu'est-ce qui nous empêchait de changer de direction et de faire la révolution promise ? Les grandes fortunes n'avaient pas la même interprétation de la révolution que tout un chacun, or c'est de cette interprétation-là qu'Emmanuel Macron s'est inspiré.

De la fraternité à l'assistanat

La pratique française est d'accorder, au nom de la fraternité, de la solidarité, des aides aux personnes en difficulté afin de leur assurer une vie digne. Ces aides, autrefois distribuées par les bonnes œuvres de personnes ou d'associations, ont mérité devenir l'apanage de l'État moderne. Ainsi les aides sont entrées dans le carcan administratif. De ponctuelles, elles sont devenues durables et constitutives d'une politique de redistribution des revenus. Avec le temps, elles se sont affinées et diversifiées afin de combler tous les manques qui participent de la définition de la pauvreté. Aide au logement, au transport, au congé, aux soins, à l'alimentation, aide aux demandeurs d'asile, politique de la ville… L'État-providence est le terme qui recouvre ce transfert de ressources vers ceux ne disposant pas de rémunérations déclarées. Il est de l'ordre du don et non pas du droit, à savoir le droit que possède la personne ayant contribué à la richesse du pays.

Ce dispositif aboutit à maintenir hors de l'eau un grand nombre d'individus touchés par les accidents de la vie. Il concourt surtout à maintenir sous dépendance des populations, des quartiers, des villes. Il constitue aussi un formidable appel à l'immigration.

On a vu s'instaurer un parasitisme chronique dans lequel a sombré beaucoup d'usagers ayant adapté leur mode de vie à leur nouvelle situation. L'écart, en termes de revenu, entre le smicard et l'érémiste, ne bénéficie pas au travailleur. La durabilité des aides mises ainsi en place a favorisé l'accoutumance à l'oisiveté[118], en particulier dans les populations chez lesquelles le travail ne constitue pas une exigence. Le taux d'inactivité des générations issues de familles immigrées est le plus élevé. L'assistance aux difficultés s'est transformée en assistanat. Les guichets distributeurs se sont multipliés. Paradoxalement, l'État social, celui issu de la libération avec la création de la sécurité sociale, est en voie de dilution pour ce qui concerne ses missions : « Depuis 1975 environ, notre système social a ainsi été complété par adjonctions successives de prestations pour remédier à différents types de problèmes ». La dilution des missions s'accompagne d'une dilution de la distribution : « Ces trente dernières années, l'administration du social a connu un développement exponentiel du nombre de ses fonctionnaires, que n'a pas tempéré le transfert d'un certain nombre de compétences aux collectivités territoriales »[119]. Ce qui revient à se demander à quoi correspond désormais l'État social et qui fait quoi dans cette débauche de dispositifs.

Les secours se sont étendus à ceux ne disposant que de faibles rémunérations, il a permis aux entreprises, comme celles du nettoyage, de rémunérer ses salariés en dessous du SMIC, en les utilisant à leur convenance, c'est-à-dire corvéable à merci, mais non taillable. La collectivité assure la prise en charge. La fraternité ou la solidarité s'est retournée contre ceux qui l'ont exagérément promu. La fraternité à sens unique est un jeu de dupes. La mise en place d'un revenu universel comme le réclament certains leaders politiques ne serait qu'une forme plus élaborée de l'assistanat.

---

118 Beaucoup de « politiques », considèrent que les assistés ne retravailleront plus jamais et qu'il faudra leur assurer la subsistance éternelle. Considérons que la nécessité fait loi et que le travail distingue l'homme de la bête.

119 Hélène Strohl « l'État social ne fonctionne plus »

La faible évolution, la stagnation voire la baisse des rémunérations engendrées par l'affaissement ou la diminution de la croissance conduit l'État à corriger des inégalités toujours renouvelées avec une partie de ses ressources pompées sur les forces vives. Autrement dit, l'augmentation de la rémunération des salariés que pourrait laisser entrevoir la faible croissance de l'économie est captée par l'assistanat. Les moins riches financent les plus pauvres. Quelles sont ces ressources dont dispose l'État pour perpétuer le système ? Ils disposent des prélèvements obligatoires, impôts, taxes, cotisations qu'il fait évoluer suivant ses besoins. Or ceux-ci ont atteint un pic depuis belle lurette. De notre point de vue, le taux actuel des prélèvements obligatoires se situant à plus de 46 % du PIB, le produit intérieur brut, la marge de manœuvre visant à en accroître encore la pression est nulle. La zone d'explosion du mécontentement est à son maximum. Elle explique le « dégagisme » constaté à chaque élection présidentielle depuis 2007, le mouvement Gilets jaunes de 2018, et la montée constante de l'abstention aux élections.

Autrement dit, il ne reste plus, une fois encore au président, le personnage temporaire, de choisir de reporter sur ses successeurs ses difficultés en endettant le pays, créant en retour un déclin de la croissance et un accroissement du chômage. Recourir à l'emprunt quand des difficultés extraordinaires surviennent n'est pas en soi un mal. Mais être contraint d'emprunter, alors que la dette a atteint des hauteurs troposphériques oblige les Français à s'interroger sur cet accord tacite qu'ils ont accordé à leurs dirigeants successifs de vivre continuellement au-dessus de leurs moyens. Ils ne peuvent se contenter, ou se rassurer, des vociférations de Jean-Luc Mélenchon proclamer qu'on ne remboursera pas les créances, alors qu'il est lui-même un ardent pourvoyeur d'endettement par son soutien à l'immigration. « Qui paie ses dettes s'enrichit » dit le dicton, il serait peut-être temps de mettre en œuvre le principe. Jean-Luc Mélenchon apporte là encore un soutien à Emmanuel Macron, immigrationniste de conviction. Constatons en effet qu'Emmanuel Macron n'a rien modifié concernant l'immigration ni l'assistanat qui l'attire et l'accompagne.

L'écologie accompagne le déclin du pays

Le déclin de la France, commencé il y a cinquante ans, a fait naître un nouveau courant de pensée et d'action, l'écologisme qui en partage le destin. La croissance économique nulle ou négative fonde son discours et son originalité. Les écologistes l'appellent de leurs vœux tandis qu'elle se déroule devant leurs yeux. Ils participent du mouvement de déclin qu'ils accompagnent d'un discours essentiellement idéologique. Ils s'en réjouissent au nom d'une vision urbaine et fantasmée de la nature qui conduit à toutes les aberrations assorties d'une conception négative du progrès matériel et de l'amélioration des conditions d'existence des vivants.

Les promoteurs du mouvement sont européens, plutôt européistes. En 1969, le club de Rome a fait paraître un document au titre évocateur « Halte à la croissance » dont les conclusions sont reprises dans le rapport du vice-président hollandais de la commission, Sicco Mansholt et partagées avec la totalité de la Commission européenne de l'époque. Ce rapport participera de la feuille de route de l'Union qui fera la part belle à l'écologie dans la mesure où elle produira quantité de directives visant à pousser les industries vers l'Asie et à diminuer la pression des revendications ouvrières. Processus auquel les grandes compagnies internationales à la recherche de nouveaux lieux de production moins chers ne se sont pas opposées.

L'écologie se veut l'étude du vivant et des relations entre ses éléments rapportés à son milieu ou son environnement. Cette idéologie étend à l'homme, en tant qu'humanité, les règles qui s'imposent à la nature, le renouvellement à l'identique. La passion des écologistes pour le renouvellement à l'identique est si forte qu'ils vont jusqu'à manifester des volontés de supprimer les traces du passage de l'homme sur la terre. Or si l'homme est un produit de la nature, il s'en détache dès l'instant où il la transforme en travaillant pour survivre dans un mouvement qui n'aura pas de cesse de se modifier et de s'amplifier. « Le travail, indépendamment de toute forme de société, est la condition indispensable de l'homme, une nécessité éternelle, le médiateur de la circulation matérielle entre la nature et l'homme »[120]. À première vue, l'homme dispose d'un autre logiciel que l'abeille qui répète depuis la nuit des temps le même geste, il bouscule « l'ordre naturel ». Le logiciel de l'homme s'analyse dans les sciences sociales. La synthèse de celles-là trouve sa finalité dans l'action, dans ce que, depuis le dix-neuvième siècle, on nomme l'économie politique à laquelle s'ajoute le Droit. L'objet de l'économie politique est la recherche des lois qui régissent la production et l'échange, la création de richesses et leurs partages. Le Droit traite des conditions dans lesquelles ces fonctions doivent s'effectuer sans trop de désordre. L'économie politique et le Droit reproduisent le dispositif de séparation des groupes humains dans leur participation respective à la création, à la conservation et à l'échange de richesses, ce qu'ils en retirent, et de l'organisation qui en découle pour l'ensemble social et national. Ces groupes sont les classes sociales qui expriment leur différence et s'affrontent en créant des partis politiques dont

120 Karl Marx : *Le Capital.*

la mission est de parvenir au pouvoir. Il est surprenant de constater que les partis politiques de gauche, nés des revendications ouvrières pour un meilleur partage de plus grandes richesses créées, affublent désormais leur projet politique du terme écologique. L'effondrement de leur influence chez les producteurs, compte tenu de ce choix, n'est, par contre, pas surprenant.

Pour les travailleurs, principalement manuels, la croissance n'est pas neutre. Ils vont souffrir au premier chef des mauvaises performances de l'économie française. La diminution du chiffre d'affaires est le signe d'un établissement qui périclite. Il vend moins de marchandises, il fabrique moins de produits, il distribue en conséquence moins de salaires, moins de revenus. Il n'a plus besoin du même effectif salarié, il peut se séparer d'une partie de celui-ci soit de la totalité en disparaissant. L'économie d'un pays tient de la réussite ou des échecs de ses entreprises. Quand la somme des résultats de toutes ses entreprises diminue, sa croissance fléchit, le pays périclite. Les salaires et les emplois sont la conséquence première et immédiate de ce mouvement. Il est rare qu'une entreprise qui plonge augmente les salaires et l'effectif, dans le cas d'un pays la contrainte est identique. Les prestations sociales vont être profondément affectées. Ce bref rappel est nécessaire parce que, semble-t-il, il est oublié par beaucoup de ceux qui fréquentent les sphères du pouvoir qui n'ont de cesse de multiplier les difficultés des entreprises. La différence entre une entreprise et l'ensemble des entreprises d'une nation tient de leur développement inégal ou différencié. Elles ne progressent ni ne chutent toutes en même temps. Heureusement. Chaque activité a ses cycles. La mission de l'état moderne est de faire en sorte que la différence entre celles qui meurent et celles qui naissent soit favorable aux secondes afin d'amortir la chute des premières. Notre président, schumpetérien au moins dans les mots, connaît théoriquement le phénomène. L'écart traduit la croissance ou la récession.

Que veut dire croissance ?

Croissance de quoi ? Chacun comprend plus ou moins clairement qu'il existe des différences notables entre un fabricant de meubles et un cabinet comptable, entre une entreprise industrielle et une société de services aux entreprises. La première a besoin de la seconde pour connaître ses résultats et éventuellement les améliorer mais au premier chef elle doit satisfaire aux obligations de la législation. Pour vivre, l'homme doit satisfaire des besoins qui sont d'ordre matériel, ce que le régime macronien qualifie d'essentiel (en oubliant les productions de l'imprimerie). Le bilan et le compte de résultats validés correspondent à une exigence organisationnelle collective et étatique. La seconde entreprise n'existe donc que par les exigences demandées à la première de la part des autorités. Accroître les exigences administratives, introduire des procédures complexes de fonctionnements comme le veut la pratique gouvernementale depuis des lustres handicape l'entreprise productive et augmente ses coûts. La seconde, tributaire de la première pour exister, voit donc son rôle s'amplifier. Il y a donc une différence, une priorité. C'est l'entreprise productive qui donne le ton de la richesse, mais celui-ci peut être fortement modifié par la réglementation.

Il y a essentiellement deux types d'entreprises productives, l'entreprise industrielle et l'entreprise agricole. La richesse d'un pays repose sur ces deux jambes foncièrement. À ceux qui doutent qu'ils méditent sur l'histoire récente de la Chine. En devenant, l'atelier du monde, elle est en passe de devenir la première puissance de la planète. Lorsque Mao Tsé Toung prend le pouvoir, en 1949, la Chine est un pays agricole et arriéré, un pays pauvre. En 70 dix ans, elle s'est considérablement enrichie, elle est même devenue une puissance financière incontournable au plan international, au point de détenir une partie de la dette de son concurrent principal, les USA et de quelques autres. Si le doute subsiste encore, prenons le cas contraire : la France. « En 1975, la France figurait au cinquième rang mondial pour le niveau de vie par habitant, aujourd'hui elle est au vingt-sixième rang »[121]. Quand la France était plus riche, quand l'endettement de l'État était quasi nul, la France produisait tout. La part de l'industrie dans le produit national brut était supérieure à 20 %, en 2010 cette part est tombée à 12 %, en 2019, il y a fort à penser que cette part est passée sous la barre des 10 %. Quant à l'agriculture, qui était la plus forte d'Europe, elle a été détrônée par l'Allemande. La première faute française est d'avoir écouté les sirènes qui prônaient la suppression des usines, et d'avoir laissé détruire son industrie[122], la seconde est d'avoir multiplié les contraintes sur les producteurs en général et sur l'agriculteur en pressurant les prix de ses produits. Comment s'étonner que le paysan soit méprisé et qu'ouvrier soit devenu un gros mot[123]. L'Union européenne a été l'instrument de ce projet destructeur[124], grâce à elle nos usines sont transférées dans les territoires de l'Est, qu'ils soient européens ou

121 Jacques de Larosière : *40 ans d'égarements économiques.*

122 Le patron de la Compagnie Générale d'Électricité, Serge Tchuruk considérait que son groupe n'avait plus besoin d'usines. Ses deux principales filiales, Alcatel et le nucléaire Alsthom appartiennent maintenant à des puissances étrangères.

123 Pierre Mauroy, ancien Premier ministre, à propos du virage à gauche de Lionel Jospin.

124 L'agriculture a connu un sort identique.

asiatiques. L'exécutif n'a pas seulement laissé les usines s'en aller, il a participé à leur départ, en finançant les déménagements. La France donne plusieurs milliards d'euros net par an à l'Union depuis des lustres sans retour. Margaret Thatcher exigeait, elle, « my money back ». Il existe une énorme responsabilité quant à la destruction de l'économie française par ceux qui ont conduit le pays depuis cinquante ans. Emmanuel Macron ralentira-t-il le mouvement ? Son passage au ministère de l'Économie et des Finances n'a pas montré d'inversions de tendance, le souvenir de Whirlpool partant en Pologne est encore dans les mémoires. Facteur aggravant, il a laissé les États-Unis acquérir des activités vitales. Nos sous-marins nucléaires lance-engins dépendent de General Electric USA.

L'industrie pourvoyeuse d'emplois est sacrifiée

La destruction de nos capacités industrielles qui a pour effet de multiplier les chômeurs active aussi la dimension écologique du discours. Si celle-ci restait avant tout du domaine de la contestation de la croissance, du refus du « productivisme » c'est-à-dire de l'industrie locale, le contexte politique et l'évolution de la crise ont donné aux ambitions écologistes de nouvelles possibilités leur permettant de peser de façon systématique sur les grands investissements et l'avenir du pays. Après 2008, le réchauffement climatique devient l'argument majeur et synthétique de la décroissance économique à laquelle, nous, et l'Occident en général, sommes soumis. L'Occident pour ses dirigeants semble avoir atteint un apogée de développement. Il faut tout arrêter avant que la terre ne connaisse un réchauffement délétère pour l'homme. Celui-ci doit cesser toute activité engendrant des gaz carboniques. La thèse du réchauffement climatique permet de justifier tous les abandons de transformation de la nature jusqu'à même envisager d'y songer. « L'aérien ne doit plus faire partie des rêves d'enfants aujourd'hui » formule le nouveau maire écologiste de Poitiers. Le rêve d'Icare au rancart au moment où Thomas Pesquet, notre spationaute, se prépare à rejoindre la station orbitale. Que dire d'un tel décalage entre les réalités du progrès scientifique et technique liées à la compétition de la conquête spatiale et les affabulations autour du climat. Si l'Occident qui a dirigé le monde jusqu'à présent refuse de poursuivre sa mission, le choix retenu par Emmanuel Macron, d'autres nations sont prêtes à prendre le relais, c'est ce que la Chine, et plus généralement l'Asie, nous signale tous les jours.

Le nucléaire est l'ennemi

La pression de l'idéologie écologiste ne se manifeste pas seulement contre l'automobile, l'aérien ou le spatial, elle se concentre avant tout contre la mère du développement, l'énergie, et la production d'électricité, plus précisément celle d'origine nucléaire.

L'électricité est à la base de la croissance. De 1945 à 1975, les besoins électriques doublaient tous les 10 ans. Si avec la crise qui commence à cette date, les besoins vont se réduire, ils restent néanmoins conséquents. L'uranium va prendre la place du pétrole et du charbon et apporter à l'industrie un support essentiel à son développement à des conditions de prix sans concurrence. L'énergie nucléaire est la condition d'une croissance économe. C'est la raison essentielle de l'acharnement écologiste contre le nucléaire qu'ils présentent comme le mal absolu et qualifient les problèmes que rencontre une nouvelle technologie en difficultés infranchissables.

La France qui a dû s'équiper avec la filière américaine en 1975 l'a largement et rapidement francisée compte tenu de l'expérience acquise par le CEA[125]. En quelques années, elle s'est équipée de plus d'une cinquantaine de réacteurs. Elle envisageait de sérieux développements avec la surgénération que l'écologiste Dominique Voynet, devenue ministre du gouvernement Jospin, tuera à l'aube de sa mise en service, en fermant le prototype industriel de Creys-Malville[126]. Des difficultés de toutes sortes seront imposées à EDF, Électricité de France, qui maintiendra ses réacteurs en état de marche. Lors du renouvellement, il s'avérera que les réacteurs peuvent fonctionner bien au-delà des 25 ans prévus à l'origine, et au-delà des 40 ans de leur expérience industrielle. Une plus grande diminution des coûts de production est à attendre alors que les écologistes piaffent d'installer à grande échelle leurs éoliennes coûteuses reposant sur la corruption. C'est dans ce contexte que se décide la réduction de la part du nucléaire dans la production électrique. La destruction programmée de réacteurs en état de marche est qualifiée de transition écologique pour en faire accepter le principe. Le socialiste François Hollande[127] en est le maître d'œuvre. Emmanuel Macron en sera le maître d'ouvrage. Il initie sa fonction avec la fermeture de la centrale de Fessenheim[128], qui fera, de plus, plaisir à Angela Merkel et aux verts

125 Le Commissariat à l'énergie atomique est créé en 1945 et présidé par un éminent scientifique Frédéric Joliot-Curie. Le CEA a développé une filière atomique qui s'avère moins performante que la filière américaine.

126 Créer des difficultés pour la surgénération est une constante. Le programme pour remplacer Phénix est abandonné par Emmanuel Macron

127 La conférence sur le climat en 2015, dite 21 COP, sera son œuvre maîtresse (la conséquence résidera dans son impossibilité à se présenter pour un second mandat).

128 La centrale fût construite à Fessenheim suite à la fermeture des Mines

allemands[129]. Emmanuel Macron se positionne en partisan de la décroissance. L'augmentation du pouvoir d'achat n'est pas d'actualité, pas plus que la réduction du chômage. Ce choix est en effet explosif. Le prix du courant électrique permettait à nos entreprises industrielles de survivre compensant un peu le poids que faisait peser sur elle l'État[130]. L'allure que prend désormais les prix de l'électricité à cause de l'éolien va renchérir tous les produits et diminuer encore notre compétitivité internationale déjà faible.

LE RÉVEIL POPULAIRE : LES GILETS JAUNES

Un an et demi après sa prise de fonction, le 17 novembre 2018, a lieu la première manifestation des Gilets jaunes à Paris et l'occupation des ronds-points routiers sur tout le territoire. Clémentine Autain de la France Insoumise, annonce qu'elle ne participera pas à cette manifestation des Gilets jaunes, « Ma préoccupation, dit-elle, est de rassembler toutes celles et ceux, dans et en dehors de cette manifestation, qui ont comme priorité de lutter contre le réchauffement climatique ». Le message des Gilets jaunes n'est pas entièrement reçu ce jour-là, il y a un rappel le samedi suivant. Un mouvement d'une puissance extraordinaire se lève contre Emmanuel Macron. Dès lors, son quinquennat va se transformer en che-

de Potasse d'Alsace pour cause de pollution du Rhin. Les mines alsaciennes furent les seules concernées alors que la pollution provenait dans des proportions identiques de son concurrent allemand BASF qui lui put ainsi continuer à polluer ainsi que les industriels situés à Bâle en Suisse.

129 La centrale de Fessenheim est trop vieille et devrait être fermée le plus vite possible » ministère de l'environnement allemand 4/3/2016 cité par Eric Stemmelen dans « Opération Macron ».

130 Voir Louis Gallois « Pacte pour la compétitivité de l'industrie française »

min de croix. Afin d'apaiser la colère, le gouvernement accordera aux catégories concernées par le mouvement un peu plus de 10 milliards. Jamais le mouvement syndical classique n'a obtenu une telle manne pour les salariés qu'il est censé défendre. Cependant, les Gilets jaunes ne souhaitent pas des aides, mais que diminuent les charges et les taxes sur leur travail, que l'État cesse d'accroître leurs difficultés. Ils veulent aussi du qualitatif. Les Gilets jaunes ont une nationalité unique qu'ils entendent préserver. Le drapeau « Bleu, blanc et rouge » est présent dans toutes leurs démonstrations. C'est ce qui vaut au mouvement d'être traité de fasciste par la France insoumise[131]. « Souverainisme, protectionnisme, préservation des services publics, refus des inégalités, régulations des flux migratoires, frontières : ces thématiques dessinent un commun, celui des classes populaires dans le monde, quelles que soient leurs origines » [132]

Emmanuel Macron qui a eu peur lors des premiers samedis de manifestation parisienne, pourra dès ce moment, engager une répression féroce. « Le plus grave danger, disait Machiavel, est lorsque le souverain a peur de perdre ». L'argument est vérifié. Emmanuel Macron aura en quelque sorte l'aval de la France Insoumise qui s'indignera peu devant la férocité de la répression. Il y aura 10 000 gardes à vue, 3100 condamnations dont 400 à de la prison ferme[133]. Un nouveau lance-grenade, le LBD, sera utilisé en tir tendu. Des visages seront visés, 140 personnes seront grave-

---

131 Michel Onfray : Mélenchon a « *quand même été à insulter trois ou quatre semaines les gilets jaunes, qui étaient des fachos, etc., etc., Coquerel aussi.* » Interview par Natacha Polony. Les déclarations de Clémentine Autain sont sans équivoque.

132 Christophe Guilluy : *No society, la fin de la classe moyenne occidentale.*

133 *Le Monde*, 8 novembre 2019.

ment blessées dont 14 éborgnés. La Cour européenne des droits de l'homme» se sentira obligée de signaler les abus de la police. Amnesty International condamnera la France. Le pays des « droits de l'homme » censé distribuer des satisfécits au monde, épinglé de cette façon, fait un peu désordre.

Les gens qui seront abimés auront été sélectionnés au préalable de telle façon qu'ils ressemblent le plus possible aux citoyens sans histoire. Il faut que ce qui leur arrive dissuade leurs semblables de toute participation aux rassemblements dans la capitale. Les techniques du maintien de l'ordre furent l'organisation de nasses pour coincer les manifestants et réprimer durement. C'est un classique de la brutalité des forces de l'ordre. Il faut remonter aux années Giscard d'Estaing pour connaître un tel déchaînement où les manifestations des sidérurgistes et des viticulteurs eurent à connaître ces méthodes.

Puis, il sera fait appel aux blacksblocs, groupements aux origines troubles dans lesquels se comptent antifas, gauchistes, manipulateurs, provocateurs, quelquefois des policiers en mission dont le but est de déconsidérer le mouvement revendicatif en cours, d'entrainer les manifestants sincères à la violence et favoriser la répression. L'épisode marquant se tiendra sous l'Arc de Triomphe, l'édifice sera tagué et abimé, la boutique sera saccagée. Il sera attribué aux Gilets jaunes. Alors qu'il fut, à l'évidence, une opération montée de toute pièce [134]pour discréditer le mouvement.

Le mouvement Gilets jaunes représente toutes les catégories sociales que la mondialisation, acceptée et mise en pratique par les gouvernants successifs, a appauvries et déclassées. C'est envi-

---

134 Les similitudes avec l'intrusion au Capitole à l'issue du discours du Président Trump sont frappantes.

ron les deux tiers du peuple français à l'exception des catégories vivant de la banque et de la finance, des grandes entreprises internationales, et de l'état. C'est-à-dire la grande bourgeoisie et ses proches, staff des grandes compagnies industrielles, bancaires et financières, haute fonction publique, journalistes sélectionnés, et par cercles concentriques, les populations protégées durablement par des statuts ou temporairement qui gravitent autour. C'est un monde qui peut se projeter dans le futur à plus ou moins long terme selon sa classification. Le monde Gilets jaunes est celui de la précarité et du combat quotidien pour vivre ou survivre. Le géographe, Christophe Guilluy[135], a défini ce monde par le concept de France périphérique. Cette France-là qui habitait traditionnellement la banlieue en a été chassée par l'immigration. Elle vit dans des zones extra-urbaines. Cette France s'est éloignée des centres où se trouve l'emploi. L'outil de travail de ce monde-là est la voiture pour exercer son activité ou se rendre sur son lieu de travail. Le véhicule est l'outil de travail le plus taxé. Ce monde-là, on le trouve dans les embouteillages des rocades dès six heures du matin. Samedi après samedi, les Gilets jaunes se regrouperont à Paris pour rappeler leur existence malgré la féroce répression, peut-être auraient-ils dû rester sur leur rond-point pour marquer le territoire et disperser une répression qui n'aurait pu suivre ?

La pandémie du coronavirus viendra suspendre des manifestations résiduelles. Lorsque le contexte sanitaire s'éclaircira, les Gilets jaunes verront leurs forces démultipliées avec l'arrivée de tous ceux dont l'entreprise aura subi la gestion catastrophique du pouvoir macronien. Ce pouvoir est effrayé par ce moment qui verra une convergence effective des luttes, c'est la raison pour laquelle, il

135 *La France périphérique* ; *le crépuscule de la France d'en haut* ; *No society.*

lui faut tenir jusqu'à la future élection présidentielle avec un virus auquel on accorde une puissance démesurée déclenchant la peur ce qui facilite les mises en confinement et les durées de ceux-ci.

Le cadre du régime macronien

Le régime macronien s'exerce dans un système qui le dépasse mais lui assure sa pérennité : le système du capitalisme évolué et global. Un système dans lequel les grandes entreprises, ou le grand capital poursuivent leur développement international avec la bienveillance des organismes institutionnels internationaux. Les états se plient avec plus ou moins de diligence pour satisfaire leurs demandes et leurs injonctions.

Les banques ont accompagné l'essor des entreprises industrielles en finançant leurs implantations à l'étranger pour conquérir des marchés ou acquérir des activités. En quelque sorte, l'économie réelle, la base économique, une partie de celle-ci, et l'économie de la finance ont fusionné pour s'épauler l'une et l'autre et étendre leur action au monde entier. Ce mouvement est accompagné en France par les services de l'État. Au capitalisme évolué et global se superpose un capitalisme de connivence. Sphères disposant autrefois d'un personnel spécifique, les sphères, économique, administrative et politique, sont dorénavant occupées par un personnel issu d'un même corps, l'énarchie avec à son sommet l'inspection générale des finances. Le capitalisme qui connaissait des à-coups pendant la période du communisme de l'URSS a pris un essor inouï à la disparition de celle-ci en 1991. Une grande partie de la structure économique et financière, propriété de la nation depuis la libération ou depuis 1981, a été dénationalisée. Les institutions politiques nationales ont dû s'adapter confiant les attributs de leur souveraineté à des superstructures internationales. Ces superstructures ont mis en place, et en accord avec elles, des mécanismes afin d'accompagner juridiquement, financièrement et fiscalement les multinationales dans leur quête insatiable de profit. Je produis ici, je vends là et j'envoie les profits ailleurs. Les impôts ? Quels impôts !

La dimension des pans de souveraineté concédés tiendra compte de la puissance effective de chacun des participants. Il va de soi que les USA marqueront les superstructures internationales de leur puissance globale. Cette domination ne sera nullement contestée dans la mesure où les États-Unis seront le premier marché pour les exportateurs et les premiers financeurs en besoin de capitaux, grâce, en partie, à leurs fonds de pension et aux fonds spéculatifs qu'ils soutiennent.

Comment s'étonner que les USA veuillent étendre à toute la planète les règles et les décisions de leur système judiciaire[136] ? Comment s'étonner qu'ils imposent au monde les intérêts de leurs grandes compagnies. Hier les compagnies pétrolières, aujourd'hui les GAFAM (Google, Apple, Facebook, Amazone, Microsoft). GAFAM pour lesquels n'est plus invoquée, et encore moins appliquée leur loi antitrust, et pourtant ! Les profits ont continué de grimper malgré le Covid ou grâce à lui.

Cependant, le système fait montre de fragilités. Essentiellement parce qu'un grand dragon est arrivé à maturité. La Chine est devenue une sorte d'usine du monde. Désormais, toutes les marchandises que l'humanité a créées peuvent s'y produire à des conditions économiques sans concurrence. Depuis deux décen-

136 Une amende de 7 milliards sanctionnera la banque française BNP Paribas. Le nucléaire d'Alstom passera sous la coupe de General Electric. Les USA ont mis au point un système d'extraterritorialité de leur droit.

nies, les Chinois ne se contentent plus d'imiter, ils innovent et ils inventent. La Chine produit plus d'ingénieurs que tout l'Occident réuni. La configuration mondiale a donc bien changé, elle a connu des étapes de plus ou moins grande intensité.

Le régime macronien : fin d'un processus mondial

Un processus institutionnel mondial qui s'étale sur près de quatre-vingts années a connu plusieurs temps forts. L'origine en 1945, le lendemain de la Seconde Guerre mondiale, voit la création des grands organismes internationaux sous la conduite des USA mais avec l'accord tacite de l'autre vainqueur, l'URSS. 1991 est une date majeure, l'URSS et le système socialiste mondial sombrent. Les grands organismes internationaux se transforment en instruments de domination mondiale des USA grâce auxquels ils affermissent et étendent leur domination. « … les crises jumelles de l'autoritarisme et du socialisme n'ont laissé en lice qu'un seul combattant comme idéologie potentiellement universelle : la démocratie libérale, doctrine de la liberté individuelle et de la souveraineté populaire. »[137] Ce prononcé de Francis Fukuyama, plus ou moins porte-parole du néoconservatisme américain, accorde de fait au modèle idéologique de la démocratie libérale, que sont les USA, un projet historique qu'ils ne peuvent envisager. La démocratie libérale est avant tout le produit d'un rapport de forces relativement stable mais limité dans le temps. Derrière l'apparente démocratie se tient une extraordinaire puissance financière qui la phagocyte. La démocratie grecque a donné naissance à l'Empire romain. On s'en apercevra rapidement.

---

137 Francis Fukuyama : « Le dernier homme et la fin de l'histoire » est publié en 1992.

L'Union européenne n'échappe pas à la tendance mondiale. Elle suit un processus propre dans le cadre des enjeux mondiaux. Elle s'affiche à sa naissance indépendante des deux grands l'URSS et les USA, mais proche de ces derniers. Elle commence avec le commerce, l'institution d'un marché commun à 6 pays de l'Europe de l'Ouest supprimant pour leurs produits les frontières entre eux, jusqu'à progresser vers l'institution d'un sous-système mondial avec un approfondissement des compétences des superstructures de pilotage et son extension à plus d'une vingtaine d'autres pays. Tout ce qui fonde l'obligation d'un État pour tout peuple constitué lui est progressivement transféré. Le traité de Maastricht en 1992 constate le changement de la configuration du monde l'année précédente. La suppression de tous les obstacles domestiques à un grand territoire est actée. Bientôt, la monnaie unique remplacera la monnaie commune et les monnaies locales. L'immigration devient une compétence commune, finalement, elle sera utilisée pour atténuer les différences entre les peuples et donc un facteur européen de cohésion communautaire. Le processus européen s'est inscrit dans le processus global étatsunien de par l'histoire et la communauté d'intérêts.

L'acmé de la domination de cette communauté d'intérêts se situe entre 1995 qui voit la création de l'Organisation mondiale du Commerce et 2001 lorsque la Chine y adhère. Les ennuis commencent lorsque le puissant s'imagine le rester indéfiniment[138]. Le rappel à l'ordre arrive brutalement.

---

138 Le livre de Francis Fukuyama décrit finalement le sommet du processus de domination étatsunien et l'ivresse que confère l'assurance d'avoir gagné la bataille, mettant définitivement à genou l'ennemi, en l'occurrence le socialisme.

2008, nouvelle rupture. Le modèle de la démocratie libérale est touché violemment par une crise boursière et financière. L'économie casino qui s'impose lorsque le système capitaliste mondial pense avoir détruit tous ses concurrents explose un jeudi de septembre. La démocratie libérale a montré ses limites, au sein même de celles-ci des forces mine son fonctionnement. La révélation d'une dette immense et irrécouvrable va affecter toute la planète. Les millions d'accédants à la propriété aux USA ne peuvent rembourser leurs emprunts. Les dettes contractées pour acquérir leur maison ont été transformées par leurs prêteurs en produits subprimes ou produits financiers à haut risque. Ce procédé se nomme la titrisation. La titrisation fabrique des produits financiers pour les banques et les épargnants du monde entier. Ces produits n'ont rien de commun avec les produits financiers classiques, c'est-à-dire des actions et des obligations savamment assemblées et dosées afin de donner aux clients une bonne raison de les acquérir, ils sont des produits dérivés. Ils s'achètent et se vendent dans une perspective d'augmentation de leur valeur. Ils sont purement spéculatifs. D'après la BRI, la banque des règlements internationaux, le montant des produits dérivés dans le monde approche le million de milliards de dollars. En 2008, les possesseurs de subprimes se sont retrouvés avec des créances irrécouvrables. Le système bancaire mondial était en proie d'imploser. George Bush annonce un premier plan de relance de 150 milliards de dollars. Le jour même, « la Société Générale découvre soudain une fraude miraculeuse commise par l'un de ses traders qu'elle va dénoncer avec fracas pour masquer d'autres opérations illégales »[139].

139 Eloïse Benhammou, « Kleptocratie française ».

Les États vont sauver leur système bancaire afin d'éviter que tout ne s'effondre. Certains y ont laissé quelques plumes. La quatrième banque mondiale, la banque américaine Lehman Brother[140], est déclarée en faillite. Elle n'était pas la seule dans cette situation. En France où les banques ont l'interdiction de déposer le bilan, on peut imaginer que plusieurs de celle-ci étaient dans une situation analogue. Le système jure qu'on ne l'y prendra plus et puis « business as usual » reprend, car il ne connaît pas d'autre mode de fonctionnement.

En 2015, soit 25 ans après son naufrage avec l'Union soviétique, la Russie revient dans la compétition politique mondiale avec une puissance militaire renouvelée et un souci d'indépendance exacerbé. Elle exprime son renouveau de puissance en soutenant la Syrie en voie de déstabilisation. Elle bloque le projet étasunien insensé de remodeler l'ensemble du proche orient. La Chine domine le commerce international, elle accroît sa place dans l'économie mondiale en annonçant un programme d'investissements colossaux dans le projet d'une route de la soie. Elle se protège de toute incursion qu'elle ne contrôle pas. L'Occident montre des signes alarmants d'essoufflements. Les USA comprennent que leur politique de gendarme du monde les conduit à un état de guerre permanent qui se fait au détriment de leur économie et de l'équipement de leur territoire. Le retour au réel revient avec l'élection de Donald Trump. C'est l'Amérique dont il faut s'occuper en premier. Le dollar, expression de leur domination, est contesté. L'axe du monde s'est déplacé en Asie. La Russie qui verrouille le Nord eurasien balance vers une coopération

140 Lehman Brother n'a pas eu de chance, c'est l'ancien président de la banque concurrente, Goldman Sachs, qui tenait le ministère des finances américain.

avec la Chine. L'Union européenne a commencé à se déliter. Le Royaume-Uni entreprend d'en sortir. Il comprend que l'Union, de par sa lourdeur, n'est plus dans la tonalité du monde qui évolue rapidement. Les pays de l'Est manifestent de leur souveraineté sur les problèmes migratoires, l'Europe du Sud croule sous l'endettement. Les peuples comprennent que la mondialisation n'est pas synonyme de progrès. La nation et son indépendance sont finalement des valeurs à préserver, un dernier refuge lorsque tout s'effondre. L'homme a tout à perdre en abandonnant ce qui fonde son originalité, son identité nationale en fait partie.

Pourtant le nouveau régime qu'Emmanuel Macron met en place à partir de son intronisation, est une reprise en l'accentuant de ce qui précède. Le Nouveau Monde qu'il prétend incarner n'est que le très ancien. Il est celui qui existait avant l'apparition au pouvoir des Poutine, Xi Jinping, Trump, Bolsonaro… et quelques autres. Emmanuel Macron souhaite aller encore plus loin que la constitution européenne refusée par le peuple français en 2005. Il souhaite dissoudre la France dans un assemblage européen dominé par l'Allemagne. Les capacités et les ambitions de l'Allemagne sont d'une autre nature que l'ambition macronienne pour la France. L'Allemagne se sert de l'Union européenne pour accroître sa puissance, c'est un moyen. L'Allemagne, sans le dire, est à l'unisson de la Russie, de la Chine, des USA, du Brésil et de quelques autres pays. Avant toute décision, Angela Merkel se demande si l'automobile et la machine-outil allemande en seront les bénéficiaires. Le projet d'Emmanuel Macron englué dans son assemblage européen sur quels intérêts français repose-t-il ? Il ne peut prendre que la forme de la soumission au puissant maître allemand, qu'il présente comme un but ultime, un idéal[141], à défaut d'offrir d'autres ambitions à ses compatriotes. Le général de Gaulle l'aurait qualifié de membre du parti de l'étranger. Le régime d'Emmanuel Macron ne peut que se trouver en décalage. Un mouvement de retour des nations comme principal objet de la politique s'accentue dans le monde. Mouvement auquel son principal partenaire n'a jamais dérogé malgré les apparences. Emmanuel Macron à contre-courant se doit d'accentuer encore les traits existant chez ses prédécesseurs pour faire illusion, ce qu'Angela Merkel rechigne avec un certain agacement. Emmanuel Macron est typique du fonctionnaire français qui fréquente les institutions internationales, ce sont les seuls à ne jamais défendre leur patrie.

Il ne fait plus aucun doute que la puissance française autre que militaire est faible. Le pays est dans une impasse. Si Emmanuel Macron n'en porte pas l'entière responsabilité, il faut bien mesurer qu'il ne souhaite pas rétablir une puissance autonome. Il n'a pas été choisi pour cela, il en est l'antithèse dans la mesure où pour en sortir, il faut reprendre les attributs de la souveraineté. Or ceux qui l'ont mis au poste suprême ne veulent dépendre d'aucune autorité nationale. Toute autorité nationale mettrait des bâtons dans les roues de leurs choix stratégiques mondiaux. Les mêmes causes produisant les mêmes effets. La pression sur le peuple français reste sur un sommet. Seulement dix-sept mois après sa prise de fonction, il se trouve face au soulèvement populaire que l'on a décrit précédemment. Ce qui nous amène à nous interroger sur le régime qu'Emmanuel Macron a mis en place.

---

141 « On peut sauter sur sa chaise en criant comme un cabri l'Europe, l'Europe… mais, ça n'aboutit à rien » Charles de Gaulle.

Les traits du régime macronien

Le régime macronien exacerbe ce que les prédécesseurs ont favorisé, mais la crainte d'un, ou de soulèvements populaires le mettant directement en cause, n'est plus virtuelle. Quels sont les traits principaux de ce régime ?

La nation est une entité dépassée dont l'histoire ne peut qu'inspirer le dégoût, sentiment exprimé à maintes reprises pour celui dont la tâche prioritaire est de mettre en avant l'histoire glorieuse du pays. L'idée sous-jacente se trouve chez François Mitterrand : « le nationalisme, c'est la guerre » et chez Jacques Chirac : « la France a commis l'irréparable ». Les déclarations renouvelées d'Emmanuel Macron ne tiennent pas du dérapage. Ils visent à faire de la nation française un être immoral pour faciliter la dilution du peuple français dans un peuple européen supérieur. Le peuple européen, sans racine pour être sans tâche, sans spiritualité définie parce que multiconfessionnel, et ouvert aux migrants, est l'avenir du peuple français en voie de métissage. La destinée qu'Emmanuel Macron nous prédit est notre disparition consentie. Ses prédécesseurs ont, il est vrai, fait une grande part du travail qu'il se plait à peaufiner, mais jamais ils n'ont ou n'auraient osé franchir le pas. On peut ajouter que le mariage homosexuel, la procréation médicalement assistée qui supprime le père, la gestation pour autrui qui supprime la mère, le genre et le transhumanisme sont les avatars de ce monde sans histoire et sans avenir.

La financiarisation et la mondialisation de l'économie sont accélérées suivant les désirs la haute finance mondialisée qui a mis Emmanuel Macron en place. Les ressources publiques sont mises à disposition des multinationales par l'endettement de l'État auprès des banques, par les aides sectorielles de toutes sortes ; par le soutien aux concentrations des capitaux, fusions, acquisitions, délocalisations quelle qu'en soit l'origine ou la destination ; par l'insécurité grandissante des conditions de production, des entreprises, des branches et des secteurs français de l'économie réelle pour faciliter leur disparition et la mobilité et la rentabilité des capitaux.

Le président centralise et concentre le pouvoir qui s'est décliné en gouvernance du pays pour le compte de l'autorité européenne supérieure. Cette gouvernance induit une reconfiguration de l'organisation et des missions des autorités publiques comprenant une modification des statuts des personnels chargés de les conduire. L'État français en tant qu'État-nation n'a plus de fondement. La distinction entre les fonctions régaliennes et les autres n'est plus nécessaire. Le seul critère opératoire c'est l'argent public, le « pognon de dingue », qui est centralisé et réparti ; l'extension des prérogatives des organismes non élus ; le regroupement imposé et obligatoire des communes dans des intercommunalités, des agglomérations ou des métropoles avec néanmoins maintien temporaire des structures locales et du mille-feuille administratif. Les conséquences se mesurent dans l'alourdissement des impôts et taxes et l'accroissement des déficits et de l'endettement.

Le phénomène de dictature administrative est accentué encore par la multiplication des normes et des règles. L'administration, dont la fonction est d'organiser la vie sociale, n'arrivant plus à suivre la profusion des productions réglementaires et normatives impose ses obligations à la population. Le fonctionnement normal du pays se trouve inversé au point que Thierry Breton, ancien ministre de l'économie et des finances devenu commissaire européen en arrive à considérer que ce qui n'est pas interdit n'est pas consécutivement autorisé[142].

L'autoritarisme constaté se trouve renforcé avec un glissement vers un totalitarisme. La neutralisation voire la suppression des contrepouvoirs ; la multiplication des instruments de contrôle de la population et des structures de contraintes de la vie sociale ; la censure sur les réseaux sociaux et les organes d'expression collective ; les atteintes aux libertés fondamentales ; liberté d'expression bafouée ; répression féroce des manifestations ; emprisonnements d'opposants ; non-respect du suffrage universel. Utilisation de la pandémie comme accélérateur de la limitation des libertés publiques. La pandémie a apporté un lot supplémentaire de contraintes par exemple pour tous les exploitants accueillant du public. Devrons-nous présenter un passe-sanitaire pour nous rendre à l'hôpital se faire soigner ou au commissariat pour aller déposer plainte ?

À l'insécurité qui règne dans beaucoup de nos grandes villes, s'ajoute une insécurité juridique permanente. « A-t-on le droit de… » devient la formule la plus employée par les Français.

La souveraineté nationale transférée à la fédération européenne. La fédération est un conglomérat d'États guidé par le plus puissant de ceux-ci et dont les dispositions s'imposent à tous[143]. Lorsque toutes les délibérations tiendront du vote majoritaire, la boucle sera bouclée.

---

142 Thierry Breton à propos de la régulation des réseaux sociaux par les plateformes : « … on ne peut plus fonctionner avec l'idée que ce qui n'est pas interdit est autorisé ».

143 Les actes de la fédération s'imposent à tous à la différence de la confédération qui elle prévoit d'une part la nullification d'un acte sur son territoire et d'autre part la possible sécession. La covid a permis le passage du secteur de la santé au niveau européen avec la priorité à la vaccination.

L'Union européenne est une fédération allemande

D'essence technocratique à tendance naturellement autoritaire, la Fédération de l'Europe constitue désormais l'horizon de la France selon les vœux les plus chers de son président. La correspondance entre les décisions de Bruxelles et la vie sur le territoire est complète. Emmanuel Macron est en cohérence avec l'autorité supérieure de l'Union qui s'est substituée à l'État français dont il améliore à toute occasion l'adaptation. La crise du covid lui permet d'engager de nouveaux paliers d'intégration. Cette migration de ce qu'on nomme la République française vers un monde somme toute inconnu, mais dont on voit grandement les effets, est un pari assumé mais risqué.

Nous avons été témoins de l'arrogance de l'Union[144] lorsque les Britanniques ont exprimé la volonté de la quitter. Arrogance de l'Union qui fut portée par un commissaire français, Michel Barnier[145], qui plus est de sensibilité gaulliste ! Il ressort que le peuple britannique fut insulté. Il fut soumis à quantité de contraintes pour l'empêcher de retrouver la liberté de disposer de lui-même. Est-ce la volonté des peuples européens de construire une union-prison ? En réalité, les Britanniques sont les précurseurs d'un délitement irrémédiable. Les nations qui apportent à l'Union plus que ce qu'elles en retirent raisonnent comme la Grande-Bretagne. Les nations qui ont rejoint l'Union pour sortir définitivement de

---

144 Jacques Attali avait tenu à marquer que les conditions de l'entrée dans l'Union avaient été établies, mais aucune sortie n'a jamais été envisagée. Une prison sans issue, ont fait remarquer quantité d'observateurs.

145 Le général de Gaulle a toujours refusé l'entrée dans l'Union de la Grande-Bretagne compte tenu de sa « préférence pour le grand large » autrement dit son association avec les USA.

la pression de la Russie n'ont pas non plus adhéré pour se retrouver sous une autre domination, elles n'ont pas adhéré pour retrouver de nouvelles limites à leur souveraineté[146]. Les dispositions qu'elles ont prises pour ne pas être envahies par une immigration massive doivent-elles faire l'objet de sanctions ? À quelle occasion, les peuples européens ont-ils manifesté leur volonté de diluer leur identité ? L'union veut nous faire croire qu'elle résulte de la volonté des pays qui la composent de se rapprocher au point de se fondre dans un ensemble constitutif d'un peuple européen, prémice d'un peuple global. À aucun moment, depuis le rejet de la constitution en 2005, les peuples de l'Union européenne, en tout cas celui affirmé par le Français et le Hollandais, n'ont accordé à celle-ci quitus pour se dissoudre de quelque façon. De quelle volonté populaire l'Union européenne peut-elle se prévaloir ? Toutes ces questions essentielles ressortent de l'existence des nations[147].

« Rien n'est plus précieux que l'indépendance » disait un dirigeant[148] du Tiers-monde que la gauche mondiale a loué en son temps.

Dernier sujet de discorde, survenu en juin 2021 : après que la décision de la Hongrie fut prise de protéger les enfants de la

---

146 La doctrine de la souveraineté limitée ne prévalait pas seulement au sein du Comecon, équivalent russe de l'Union, elle constituait la base des relations des Républiques socialistes avec l'Union soviétique.

147 Un conflit nait entre la commission et la cour constitutionnelle allemande. Celle-ci réaffirme que le siège du pouvoir démocratique se trouve dans les peuples des États membres et dans les parlements nationaux qui les représentent. Le Conseil Constitutionnel français ferait bien de s'en inspirer et le partager avec le président de la République.

148 Hô Chi Minh leader et vainqueur de la guerre du Vietnam contre les USA.

pornographie et de la pédophilie ainsi que de la propagande homosexuelle et de genre, 17 dirigeants de l'Union se sont engagés « à poursuivre le combat contre les discriminations à l'égard des LGBTQIA (personnes lesbiennes, gays, bisexuelles, trans, queers, intersexes et asexuelles), après l'adoption d'un projet de loi controversé en Hongrie assimilant homosexualité, pornographie et pédophilie ». Emmanuel Macron a tenu à en rajouter : « Ces valeurs de l'Europe… elles reposent sur le respect de la dignité de chacun et donc la lutte contre les discriminations. Aucune faiblesse à l'égard de celles et ceux qui mettent en danger l'État de droit ». Autrement dit l'État de droit est en danger lorsque celui qui en tient les rênes décide de protéger les enfants de la pornographie et de la pédophilie ainsi que de la propagande homosexuelle et de genre. Comment un chef d'État peut-il proclamer que la protection de l'enfance ne fait pas partie des valeurs de l'Europe. La raison ne vient-elle pas du fait que la plupart des dirigeants européens n'ont pas d'enfant ?

Emmanuel Macron se veut l'élément moteur de ce qu'il qualifie de « souveraineté européenne » supportée par un « peuple européen ». Ce destin, qu'il veut imposer à la France et qui caractérise son régime, ne peut que s'achever dans la déclaration d'une fédération européenne allemande aboutie ou dans l'éclatement pur et simple de l'Union.

La parité avec l'Allemagne est une fiction des politiciens français de longue date. La réunification allemande et la création de l'euro ont encore distendu les liens entre les deux pays aux intérêts opposés. Il s'agit de faire croire que la France se concerte avec l'Allemagne, ou l'inverse, et que tout ce qui se décide dans l'Union provient et procède d'une entente franco-allemande solide. C'est une « grande illusion », la France devra en sortir. La France est asphyxiée par la monnaie allemande. Qu'est-ce d'autre l'euro qu'un mark déguisé[149], qu'une monnaie servant la puissance économique allemande[150] ? Les exportations allemandes pèsent sur l'Union qui demande à la France d'en assurer l'équilibre en important.

L'Allemagne rejoue dans l'Union européenne, le rôle tenu par la Prusse lors de l'unité allemande. À l'instar des princes, ducs, ministres-présidents, parlements qui acceptèrent le pilotage et la domination de la Prusse dans le nouvel empire allemand, Emmanuel Macron livre la France à la fédération européenne que domine et pilote l'Allemagne. Il reste des détails à aborder. La France ? N'est-ce un Land de trop grande dimension ? Ne devrait-il pas être découpé pour éviter les replis et les regains de nationalisme de ce peuple belliqueux ? Que signifie la fusion des deux départements, celui du Haut-Rhin avec celui du Bas-Rhin, dans une collectivité d'Alsace qualifiée d'européenne sinon une sorte de prémisse au démantèlement du territoire national ? Inversement, comment peut-on accepter ce « machin » dans une république dite indivisible ? Que demanderont d'autres départements, savamment découpés lors de la révolution pour éviter des velléités sécessionnistes ? Que feront les Pyrénées-Atlantiques et les Hautes-Pyrénées avec les provinces basques d'Espagne. Demain la zone nord sera-t-elle associée à un land wallon ? Nantes et la Bretagne iront-elles chercher leurs ancêtres celtes du Pays de Galles ou d'Irlande ? La Franche-Comté réveillera la Lotharingie.

149 La valeur de l'euro est de 2 deutsche marks.

150 L'euro a fait perdre à la France plus de 3300 milliards d'euros depuis sa création selon de CEP, Centrum fur Europaische Politik de Freiburg, Allemagne. La dette française est à 2400 milliards avant la pandémie.

La fusion des deux départements alsaciens avait été refusée par les électeurs. Pourquoi une zone franco-allemande est-elle créée avec la seule complicité d'élus corrompus ? Nous avons déjà vécu quelque chose de ressemblant qui nous a valu des millions de morts et la destruction matérielle de l'Europe. N'est-il pas temps d'arrêter cette extension mortifère ! De grâce !

Pourtant, c'est à cette tâche de redéfinitions des contours du territoire que s'emploie l'administration d'Emmanuel Macron. À quel moment le peuple français a-t-il accordé mandat pour faire d'une partie de son territoire une sorte de zone mixte franco-allemande ? Il est impossible qu'une France, disposant encore, au moins dans les esprits, d'une stature mondiale, se soumette à un ensemble germano-européiste, forme moderne du Saint Empire romain germanique, et accepte qu'une partie de son territoire devienne une zone étrangère. À cela s'ajoute une refondation des pouvoirs publics, que nous traiterons plus loin.

L'action de l'administration d'Emmanuel Macron est à la recherche de nouvelles formes de transfert dont la finalité est de nous faire disparaître. Le partage de notre siège de membre permanent du conseil de sécurité de l'ONU fait partie de ses projets. Ce partage qui satisferait tant ceux qui s'efforcent d'associer la France occupée à l'Allemagne nazie, nous ferait perdre notre statut de grande puissance.

Cependant, si notre soumission dans une fédération est contraire à notre vocation de puissance mondiale, elle se double au plan intérieur, d'autres incompatibilités, celles qui se tiennent dans l'État-nation et sa résilience intrinsèque à toute tentative de le briser.

Le régime macronien est-il compatible avec la République

Le régime macronien fait toujours référence à l'État de droit qui n'est rien d'autre que l'état fédérateur de l'Union européenne. La France n'est pas seulement un État de droit mais une République dans laquelle les droits des individus sont inscrits dans le préambule de la Constitution, et en théorie, respectés.

La République dont le principe est d'être le gouvernement du peuple, par le peuple et pour le peuple, comme le définit l'article deux de la Constitution française, peut paraître aujourd'hui comme une sorte de rémanence d'un monde disparu. La Commission européenne s'est substituée progressivement à l'exécutif français suivant la technique de l'engrenage des fondateurs. Le terme de gouvernance[151] traduit le mécanisme de substitution, il met l'accent sur une déclinaison des actes d'une autorité, qui se trouve être généralement un organisme mineur et dépendant, et non plus sur la nature de l'acte de gouverner, sur ce qui le fonde. Quant au peuple sur lequel la commission règne, il s'est considérablement étendu. Le peuple est certes en Europe, bien que partiellement d'ailleurs, il exclut au moins les mondes slave, balkanique, et maintenant britannique. Néanmoins, le conglomérat « peuple européen » pèse, d'une façon ou d'une autre sur le peuple français.

Cependant, il n'est pas possible de faire croire éternellement à l'existence d'une république, ou d'un pouvoir quelconque, lorsque celui-ci ne dispose plus de ses attributs (on ne peut gommer d'un trait l'arrêt dit Costa pris par la Cour de justice des communautés européennes en juillet 1964 qui a consacré la primauté du

---

151 Jean Pierre Raffarin, ancien premier ministre de Jacques Chirac et supporter d'Emmanuel Macron, est l'auteur de « pour une nouvelle gouvernance »

droit européen sur les législations nationales. Cette primauté est heureusement contestée par la Cour allemande de Karlsruhe qui considère que le siège du pouvoir démocratique se trouve dans les peuples des États membres et dans les parlements nationaux qui les représentent. La France ferait bien de les rallier au lieu de s'accorder avec la présidente de la commission, madame Ursula Von der Leyen, qui affirme « le dernier mot en droit européen est toujours prononcé à Luxembourg » le siège de la Cour de justice de l'Union).

Le Conseil constitutionnel dont le rôle est de veiller précisément au respect de la constitution d'un État indépendant s'ingénie à ne pas percevoir que celui-ci est désormais soumis et que ce dont il avait la charge s'est déporté de l'autre côté du Rhin.

La constitution précise avant tout la façon dont sont organisés souverainement les pouvoirs publics en, par et pour la France. Nous l'avons indiqué précédemment, mais il est fondamental de le rappeler. Si les Français ont accepté des dérogations majeures à ce principe avec le traité de Maastricht en 1995, ils en ont aussi montré les limites qu'ils leur accordaient à l'occasion du référendum par le très faible pourcentage en leur faveur. Dérogations majeures qu'ils ont supprimées en refusant largement la constitution en 2005 qui prévoyait précisément la validation définitive de tout ce que l'Union européenne avait engagé précédemment, en même temps qu'elle obérait l'avenir comme on le vit aujourd'hui. Le Conseil constitutionnel porte le fardeau de la trahison avec les parlementaires qui ont ratifié le traité de Lisbonne[152], copie conforme de la constitution rejetée. Il faudra bien qu'une remise à

152 Dans une tribune publiée le 26 octobre 2007, Valéry Giscard d'Estaing considère le traité de Lisbonne comme la copie conforme de la constitution européenne refusée par les Français en 2005.

zéro des compteurs s'engage officiellement. En attendant cette remise à zéro, nous vivons depuis 2007 dans un régime d'exception dans lequel s'est glissé et s'exerce le régime macronien, devenant lui-même un régime d'exception reposant davantage sur une domination étrangère que sur un soutien populaire consenti.

Quand les choses vont mal, les dirigeants se souviennent de l'existence de la république. Quand en novembre 2018, des Gilets jaunes furent à proximité du palais de l'Élysée et envisagèrent d'y entrer pour exprimer leur colère. Emmanuel Macron s'est naturellement senti en danger, il a dû penser spontanément, qu'à travers lui, la république l'était aussi. C'est un de ses supporters[153] de la première heure qui en a fait mention. La « république en danger » résonne chez les Français, les fait frémir, tant reste présent en eux-mêmes, à la fois nettement et confusément, où conduisent les divisions. La république ne peut être mise en danger par le peuple français, le peuple et la république sont d'essence commune, c'est au chef de se mettre au diapason, sinon de prendre le risque d'être démis et l'assurance de l'être.

Le danger, en apparence passé, Emmanuel Macron a une nouvelle fois oublié la république. Il a choisi la répression brutale, se référant à l'état de droit pour la légitimer. La république chez Emmanuel Macron, n'est pas seulement « En Marche », ce sigle qui rappelle ses initiales, elle est, sans corps à l'exception du sien et de ceux qui lui ressemblent, sans empathie, abstraite. Cette abstraction tient de sa formation et de sa conception de l'autorité, de l'organisation du pouvoir et de l'abus de hiérarchie qu'elle peut

153 François Patriat, sénateur la République en marche et ancien président socialiste de la région Bourgogne : « … L'État et la République sont en danger ».

impliquer si on en respecte pas scrupuleusement les règles. C'est une république qui se décline autoritairement du haut vers le bas. La « république macronienne » ne peut être française, elle n'est pas dans son génome comme telle. C'est une république théorique à la Platon et en pratique, discriminante, inégalitaire, illibérale, et autoritaire, le jeune despote se voulant éclairé.

LA PRATIQUE DU POUVOIR

Avant de pouvoir en user à sa guise, tout nouveau chef d'État, quelle que soit la contrée dans laquelle il exerce, doit mesurer les contraintes qui s'imposent à la fonction. En ce qui concerne la France, celui qui est porté au poste suprême de ce vieux pays comprend que son exercice en rencontre plusieurs. La séparation des pouvoirs, le cadre « liberté, égalité, fraternité », et l'exercice démocratique qui en découle.

LES LIMITES DE L'EXERCICE : LA SÉPARATION DES POUVOIRS

Nous devons le principe de la séparation des pouvoirs, principe qui a été adopté dans toutes les démocraties, au français Montesquieu, duc de la Brède. « Pour qu'on ne puisse pas abuser du pouvoir, il faut que, par la disposition des choses, le pouvoir arrête le pouvoir » écrit-il dans « L'esprit des lois ». La finalité du pouvoir étant de contraindre, il doit donc se heurter à un (ou des) contre-pouvoir pour éviter les abus qui se traduisent toujours par des atteintes aux libertés.

Quant à « la disposition des choses », ne devons-nous pas y voir le morcellement du pouvoir lui-même ? Morcellement dont le but n'est-il pas de faire en sorte qu'une seule personne n'exerce pas toutes les fonctions ? Le pouvoir prend en effet plusieurs formes. Il est législatif, il fixe par la loi le cadre de l'action exécutive et son contrôle. Il est exécutif, il applique les décisions législatives. Il est judiciaire, il sanctionne les dépassements.

Mettons rapidement de côté le pouvoir judiciaire. En France, il n'existe pas. À la place se trouve une autorité judiciaire qui coiffe des personnes et des méthodes de travail codifiées dans une administration unique. Dans la pratique, il s'agit essentiellement du ministère de la Justice, donc un élément du pouvoir exécutif comme nous l'avons signalé précédemment à propos de l'affaire Fillon.

Au-delà de ne pas être un pouvoir, le problème de cette autorité est de recouvrir deux métiers bien différents voire opposés. Le premier a pour objet la recherche d'auteurs de faits répréhensibles, le second de les sanctionner. Le premier est le fait d'un service dénommé parquet et placé sous la responsabilité d'un procureur, opérant dans une hiérarchie avec à son sommet le ministre de la Justice. Le second s'exerce au cours d'un procès dans un tribunal dirigé par un président en principe indépendant, mais dont le patron est encore le ministre de la Justice qui l'a nommé. Ces deux métiers sont tenus par le même corps, la magistrature, dont les membres se ventilent en fonction des opportunités d'évolution de carrière dans l'un ou l'autre des métiers. Les conditions sont réunies pour le copinage, l'entre-soi et le corporatisme. Le pire survient lorsque la décision du tribunal vient en renfort d'une instruction à charge partisane conduite en sous-main par un ministre réglant des comptes politiques.

Le pouvoir législatif recadré

La cinquième république met fin au régime parlementaire ayant montré ses limites par son incapacité à gouverner. La quatrième république est un régime dans lequel le parlement est sous la pression des partis politiques et de leurs intérêts. Désormais il revient à l'exécutif de donner le tempo de l'action publique dans la stabilité que confère la durée des mandats électifs. Le président de la République n'est plus celui qui « inaugure les chrysanthèmes » mais celui qui nomme le Premier ministre, dispose de la possibilité de dissoudre l'Assemblée nationale, de décréter de l'état d'urgence pour prendre les pleins pouvoirs et qui sollicite l'avis du peuple par référendum. Le général de Gaulle utilisera souvent cette procédure afin d'établir une correspondance entre dirigeants et dirigés. Il mettra à chaque fois son poids dans la balance afin de ne pas laisser planer d'ambiguïté quant à ses convictions.

La république s'est présidentialisée. Elle n'a pas négligé pour autant le législateur, c'est-à-dire le parlement, composé du Sénat et de l'Assemblée nationale, sauf que cette dernière bénéficie d'une priorité quant aux votes des lois simples, il lui revient le dernier mot en cas de désaccord entre les deux chambres. Les lois organiques[154] relatives aux pouvoirs publics sont des lois à part qui impliquent l'accord des deux chambres.

Une autre réforme a accompagné celle changeant de république, la réforme du mode électoral. Les députés ne sont plus élus sur la base d'un scrutin proportionnel mais sur celui dit uninominal à deux tours. Les partis politiques ne s'affrontent plus au plan

154 Les lois organiques sont celles qui se déclinent de la Constitution. Elles traitent principalement de l'organisation des pouvoirs publics.

national pour la désignation de leurs candidats dûment choisis en leur sein, mais dans des territoires limités, les circonscriptions. Chacune d'entre elles sera représentée par un député. Le général de Gaulle a une aversion pour le système des partis que favorise le scrutin proportionnel (celui-ci l'a contraint à démissionner en 1946). Les partis politiques se neutralisaient avec ce mode de scrutin et les alliances, quelquefois contre nature, qui en découlaient. Le gouvernement dépendant de l'Assemblée nationale, les changements d'alliances renversaient les gouvernements. Le pays stagnait et l'état s'endettait.

La délimitation des circonscriptions est aussi conçue de telle façon que le mouvement du président l'emporte, d'où l'obligation d'un découpage savant. Cependant ce n'est plus le parti qui sélectionne l'élu, c'est le corps électoral qui choisit son représentant. Les partis, certes affaiblis, n'ont pas pour autant disparu, ils sont reconnus dans la Constitution : « Les partis et groupements politiques concourent à l'expression du suffrage. Ils se forment et exercent leur activité librement » qui en limite le champ en ajoutant : « Ils doivent respecter les principes de la souveraineté nationale et de la démocratie », ce qui ne constitue pas un obstacle majeur. Ils n'ont pas été maltraités et se sont reconstitués, tant bien que mal, en réunissant les membres élus des circonscriptions de leur clan dans des groupes parlementaires plus ou moins consistants. À l'exception des législatives de 1986, le scrutin nominal à deux tours restera la règle de toutes les élections législatives jusqu'à ce jour.

La représentation va subir des modifications notables. Les agriculteurs, les ouvriers et les artisans vont peu à peu disparaître de la nomenclature parlementaire. La crise qui affecte les secteurs productifs à partir des années soixante-dix donnera une accélération au processus. Les couches moyennes urbaines et les fonctionnaires deviendront majoritaires. Avec le temps, la tendance se renforcera, les effectifs employés par l'état central et périphérique passent de 2 millions[155] à 6 millions à la fin des années quatre-vingt.

Au sein du parlement, il existe encore une fracture. Les fonctionnaires y sont devenus majoritaires, mais en leur sein la composante technocratique veille aux intérêts de l'état central et éventuellement aux siens. Elle dispose de tous les codes pour aborder les textes qui sont proposés à la délibération[156]. Elle est issue du même moule que celle qui les a composés. Le Droit et les finances publiques sont ses outils de travail dont elle a une grande connaissance et une longue pratique.

La séance publique est le lieu où s'affrontent les partis politiques devant l'opinion. Par l'intermédiaire de leur groupe constitué, ils donnent leur position sur les politiques gouvernementales à partir des textes qu'ils valident, ou qu'ils contestent, à l'examen de leur terme par un vote. Auparavant, le projet est décortiqué lors de réunions de travail où les points de vue des députés se précisent, s'opposent, et éventuellement changent sur tout ou partie du texte. Ces réunions se font dans le cadre plus feutré d'une commission qui est désignée pour sa compétence sur le sujet. La commission nomme un rapporteur chargé ensuite de donner le point de vue majoritaire de la commission lors du débat en séance. Le

155 Dans les 2 millions, il y a les services de la poste et le double de militaires qu'aujourd'hui.

156 Charles de Courson, énarque et membre éminent de la commission des finances de l'Assemblée nationale a proposé à ses collègues des stages pour les familiariser avec la loi de finances. Sa démarche est à saluer, mais elle signale néanmoins que la traduction chiffrée des choix politiques gouvernementaux nécessite une initiation pour ceux-là mêmes appelés à les valider.

sénat fonctionne de la même façon. Dans toute la chaîne parlementaire, il y a donc discussion et affrontement. À la différence de la séance publique qui reste du domaine des partis politiques, les interventions des parlementaires en commission n'engagent qu'eux-mêmes. Le rapporteur du texte, souvent choisi et choyé par le producteur du texte, est chargé de défendre la position de la majorité de la commission, qui, en général, est la position du gouvernement.

Les contrepouvoirs du parlement

Le pouvoir rencontre une succession d'expressions de soutien mais aussi d'oppositions lors des débats sur les textes qui font, ou non, écho dans l'opinion. Ces oppositions au pouvoir s'exercent à plusieurs occasions, dans une sorte de rituel qui se termine après plusieurs lectures, où s'intercalent les navettes assemblée-sénat, sur un vote final. Si en apparence l'examen se fait dans des espaces clos, il n'en est rien. Le monde concerné par le texte est en prise avec le débat parlementaire par l'intermédiaire des syndicats ou associations, de ses partisans, et de ses porte-parole, mais aussi d'experts indépendants et d'élus locaux. L'opposition peut faire en sorte que le processus s'éternise en multipliant les amendements afin d'alerter l'opinion sur ce qui, d'après elle, constitue un danger à combattre. La durée va généralement à l'encontre du promoteur du texte, d'où le passage en force pour en finir rapidement.

Le passage en force, plus connu sous le nom d'article 49 — alinéa 3[157], n'est jamais bon pour le Premier ministre qui l'emploie.

157 Le 49-3 oblige l'opposition à déposer une motion de censure, il facilite l'adoption du texte, car l'opposition est moins importante que la majorité. La

Tout ce qui sort de l'ordinaire du fonctionnement des institutions crée un doute dans l'opinion sur la véritable nature du texte en question. Étonnamment, l'arme du 49-3 a été plus utilisée par des Premiers ministres de gauche (56 fois) que de droite (14 fois) depuis 1981. Le record revient à Michel Rocard qui l'a engagé 28 fois. Suivi d'Édith Cresson 8 fois. Manuel Valls s'en est servi 6 fois. Jacques Chirac l'a utilisé 8 fois entre 1986 et 1988; Alain Juppé 2 fois entre 1995 et 1997.

En réalité, l'usage du 49-3 ne concerne l'opposition qu'à la marge, mais surtout la majorité en place d'où son usage par la gauche qui émane de sa composition. Faite d'éléments partisans de la rupture et d'éléments gestionnaires, elle est potentiellement toujours prête à éclater. Ce qui la maintient unie réside dans la pression de la droite et du tabou que constitue l'association des voix de gauche et de droite. L'éventualité de la chute d'un gouvernement de gauche par un groupement constitué par une partie d'elle-même avec la droite a peu de chance d'exister.

L'examen du budget, l'acte majeur

L'examen du budget ou loi de finances est l'acte majeur de la représentation nationale. Cependant, à partir de 2005, il arrivait ficelé sur le bureau des assemblées, c'est-à-dire sans possibilité réelle d'en amender les choix, sauf que depuis l'élection d'Emmanuel Macron, le budget a connu des nuances quant à sa présentation.

La LOLF, que nous avons survolée précédemment, dite loi organique relative aux lois de finances, votée en 2001 et appliquée en 2005 fut présentée avec toutes les vertus dont celle de

méthode n'est pas appréciée de l'opinion qui y voit une manœuvre.

simplifier les lois de finances en cours. « Ce processus obligera les ministres à s'investir dans le fonctionnement de leur ministère », disait Didier Migaud, premier président de la Cour des comptes. Il ajoutait que cette loi conduirait à une modification en profondeur des pratiques politiques et du rôle des ministres[158]. On peut admettre une modification en profondeur. Le budget est désormais présenté sous la forme de missions, de programmes et d'actions. L'ancienne division par ministère a disparu. Comme le dit Roland Hureaux dans son ouvrage « la grande démolition » : « … il est erroné d'assimiler l'état à une série de programmes ou à des actions : il est d'abord le garant de la stabilité, de l'ordre et de la justice… »[159]

Le budget comprend désormais toutes les dépenses, alors que l'ancien budget ne comprenait que les projections. L'essentiel du budget, plus de 90 % étaient composés des décisions antérieures déjà votées par le parlement. Dans sa nouvelle présentation, il trace la totalité des engagements, projetés sur une période trisannuelle, qu'il présente avec une multitude de tableaux dont la compréhension par le profane tient de l'exploit. Il était souligné dans le passé que sa présentation était un parti pris afin de le rendre difficilement compréhensible auprès des autorités de Bruxelles qui auraient pu y trouver des subventions faussant la concurrence. C'était un argument osé, mais qui permit à tous ceux qui ne comprenaient pas le document de se sentir soulagés. On peut aussi imaginer que l'opacité recherchée vaut aussi pour les citoyens et leurs organisations. Tout changer pour que rien ne change vaut aussi pour le budget.

---

158 Dans « Les intouchables » de Ghislaine Ottenheimer

159 Roland Hureaux : « la grande démolition »

La simplification, l'implication des ministres et la modification des pratiques politiques sont allées au-delà de toute espérance. La loi de finances s'est démultipliée. Il y en a désormais trois. Une loi initiale. Une loi rectificative (les rectifications dues à la covid n'ont pas manqué) et une loi de règlement. Si auparavant, le budget développé pouvait contenir jusqu'à 5000 pages, avec la LOLF le nombre de pages dépasse désormais les 20 000. L'État, une fois encore au principe de simplifier, a créé une usine à gaz. Elle reçut un accueil unanime à l'Assemblée nationale par ceux-là mêmes qui, désormais, sont pratiquement dans l'impossibilité d'en amender les textes ni d'en comprendre les tableaux. Si d'aventure, ils y parvenaient, la loi rectificative remettrait les pendules à l'heure. Il s'ensuit des débats sans consistance où il ne reste aux parlementaires que la possibilité de donner sans grande conviction le point de vue de leur mouvance. Ce point de vue, quel qu'en soit le porteur, oscillera entre les insuffisances relevées dans les dépenses et les excès constatés dans les prélèvements. Mais ça, comme dit l'autre, on le savait avant. La LOLF est un document technocratique qui ne permet pas à la représentation nationale de saisir les comptes de la maison France et encore moins de comprendre les priorités de l'action publique. La LOLF a participé à l'opacité permettant à l'inspection générale des finances de décider souverainement. Est-ce en accord avec l'Union européenne ? Est-ce en masquant des dépenses pour rester dans les critères ? D'une façon générale, le document final n'est pas satisfaisant. Dans le monde réel, le déficit budgétaire renouvelé chaque année a épaissi la ligne de l'endettement, et on est en droit de se demander pourquoi ?

Le dernier budget présenté par François Hollande[160] fut une monstruosité qui fut qualifiée d'insincère par la Cour des comptes. Insincère n'est pas un qualificatif à prendre à la légère dans le langage de la comptabilité publique. Or Emmanuel Macron, quittant en août 2016 le gouvernement, ce sont les services dont il coiffait l'activité qui ont produit ce budget-là. Imaginons que pour ne pas être accusé de façon identique, Emmanuel Macron n'a jamais présenté de budget finalisé. Il a fallu attendre six mois pour qu'il présente sa première loi de finances rectificative alors qu'il prônait la « révolution » dans son programme. Au cours des sessions parlementaires qui lui furent consacrés, l'exécutif macronien a choisi « d'enrichir » par des amendements ministériels un budget incomplet. À charge pour son titulaire de faire en sorte que l'équilibre entre les recettes et les dépenses ne présente pas trop de déficit.

Le législateur ne pèse plus sur les choix budgétaires, mais le gouvernement non plus. L'Élysée s'est emparé de l'exercice.

Le contrôle de l'exécutif, un exercice difficile

À l'inutilité de sa présence pour l'examen d'une loi majeure s'ajoute la difficulté de contrôler l'exécutif, en particulier celui qui concerne l'économie et les finances.

Le contrôle de l'exécutif par le parlement existe toujours en théorie mais il va devenir toujours plus sélectif. Il est des sujets dont on ne traite pas. Aucune commission d'enquête ne pourra franchir certaines lignes. Au ministère de l'Économie et des Finances, un grand nombre de hauts fonctionnaires sont rémunérés bien au-delà de ce que permet le statut de la fonction publique. Le gouvernement refuse de communiquer leur rémunération et leur

160 Bertille Bayart : la comédie budgétaire *Le Figaro* 15/9/2021

fonction. La prolifération des agences étatiques ne permet pas de connaître une partie de l'action publique.

Pourtant, l'article 15 de la Déclaration des droits de l'homme et du citoyen en préambule de la Constitution est pourtant clair : « la société a le droit de demander compte à tout agent public de son administration ». Les rémunérations de hauts fonctionnaires du ministère de l'Économie et des Finances tiennent-elles du secret. Qu'est-ce qui le justifie ? La dette française qui a atteint des sommets jusqu'ici inconnus est tenue par et au profit de grandes banques ? Pourquoi est-il impossible de connaître leur nom et les montants ? Quelles sont les institutions financières étrangères qui gèrent cette dette ?

Le législateur a de plus en plus de difficultés pour contrôler réellement et efficacement l'exécutif.

Un exécutif de plus en plus complexe

Finalement, le « pouvoir législatif » a peu de prise sur le fonctionnement de l'État. L'État gère plus de la moitié de la richesse créée dans le pays sous la forme de la dépense publique. À partir des années quatre-vingt, la dépense publique n'est jamais redescendue sous les 50 % du Produit intérieur brut. En 2019, elle se situait à 56 %[161]. En 2020, elle franchit les 60 %. Quelle signification peut-on accorder à ces deux derniers chiffres ? La fluctuation de la part de dépense publique dans le PIB ne dépend pas de la dépense elle-même, mais du montant du PIB. Autrement dit, la dépense publique est incompressible. Seule la croissance du PIB permet sa diminution relative. Or la dégradation continuelle de

161 La Chine qui a connu et qui connaît une forte évolution dispose d'une dépense publique dont le montant se situe à 33 % du PIB.

ses capacités économiques a miné la croissance. Le montant de la dépense publique lorsqu'un seuil est franchi influe sur la croissance de façon négative. La situation de l'économie française est dans une impasse depuis le moment où la dépense publique a franchi le cap des 50 % du PIB. Depuis ce moment, la France chute régulièrement dans le classement mondial. Elle n'est plus à la cinquième ou sixième place, mais beaucoup plus loin, au-delà de la vingtième comme le donne le classement du PIB par habitant. Le déclassement de la France est dans ces chiffres-là.

En ce qui concerne le « pouvoir législatif», le constat s'impose qu'il n'a pas non plus d'influence sur le montant des dépenses de l'État. Ainsi se trouve confirmé, ce que nous avions déjà constaté à propos du budget inamendable et du secret qui entoure les opérations financières de l'exécutif.

Maintenant, il nous faut entrer dans la dépense publique elle-même et ce qui la rend incompressible, inélastique, diraient les économistes. Une partie de la dépense publique étant financée par l'emprunt, son remboursement est un poste incontournable. En 2019, pour la première fois de notre histoire moderne, la dette publique a atteint l'équivalent du PIB, elle égale la totalité de la richesse créée dans l'année.

La France rembourse tous les ans depuis plusieurs années une quarantaine de milliards (hors dette covid) soit l'équivalent du budget de la défense nationale. Le montant des remboursements est en proportion, mais il est atténué par un niveau des taux d'intérêt quelquefois négatif. Imaginons une remontée des taux d'intérêt !

Depuis 2017, le montant des emprunts augmentait chaque année de 5 milliards pour atteindre en 2019 la somme magique de 200 milliards. En 2020, l'emprunt se monte à 290 milliards.

Ces emprunts financent quoi ? Des investissements ? Non. La France emprunte pour rembourser sa dette d'une part et financer le fonctionnement de son État-providence d'autre part. L'État-providence concerne les aides de toute sorte, les aides personnalisées dont bénéficie pour l'essentiel l'immigration, mais aussi les aides structurelles ou factuelles aux entreprises. La complexité des mouvements budgétaires et financiers s'accompagne et s'enrichit d'une complexité de l'organigramme. Où va l'argent et qui fait quoi ?

Parallèlement au déclin de son économie et à la perte de ses attributs essentiels au profit de l'Union européenne, l'État a réorienté son action vers de nouveaux champs secondaires considérables, nous venons de les citer au plan financier, l'État-providence et ses annexes. Le « mille-feuilles » territorial s'est encore épaissie. Enfin, avec ou grâce au Covid, il investit le territoire des comportements individuels c'est-à-dire le territoire complexe où se disputent les libertés contre la tyrannie des normes, voire la tyrannie, tout court.

L'État, dans le passé un peu lointain, n'était pas un modèle absolu de clarté. Néanmoins, le citoyen, qu'il soit usager, entrepreneur ou élu, comprenait, grosso modo et intuitivement, comment, se répartissaient les compétences de la structure État-central, de celle de la commune ou du conseil général, et des organismes de la sécurité sociale. Nul ne sait plus vraiment comment fonctionne cette machine. La frustration est d'autant plus forte que lorsque le citoyen devenu fragile la rencontre, il lui a été donné auparavant le sentiment que toutes ses difficultés passagères seront prises en charge par cet État qui le berce et le cajole. La communication gouvernementale a fonctionné. Il lui suffit de trouver le bon guichet. Après tout, il sait qu'untel a pu… alors pourquoi pas lui? L'État qui se veut de la providence est un état à guichets. À moins d'être un professionnel des guichets, le citoyen, pour le coup, normal, réalise rapidement qu'il est devant le monstre froid que décrivait Thomas Hobbes, dans une version française exacerbée. Non seulement le secteur de l'administration qui faisait office de pilote dans son affaire ne l'est plus, mais le dispositif prévu et le lieu de l'exercice a aussi changé, quand il n'a pas fermé. Le citoyen est désarmé, mais l'élu ne l'est pas moins. Aux incertitudes de la vie se surajoute l'insécurité étatique.

L'État est devenu de plus en plus étranger à la nation dont il est issu. Si le décrochage commence lorsque François Mitterrand parvient au poste suprême, Emmanuel Macron fait de l'État sa chose. Celle qui lui permet de conserver le pouvoir quoiqu'il en coûte.

Qui peut comprendre comment fonctionne tout cela? Qui peut en comprendre la finalité? Où se trouve finalement le pouvoir? Le sentiment que l'État lui cache les choses rend sensible à l'usager comme à l'entrepreneur ce qui se désigne sous le terme « État profond », étrangement, Emmanuel Macron a mentionné cette notion plusieurs fois.

L'APPARITION D'UN ÉTAT PROFOND?

Emmanuel Macron a repris l'expression réactualisée à l'occasion de la victoire de Donald Trump. L'État profond n'a pas reconnu le résultat, il a comploté contre le nouveau président qu'il juge illégitime.

Le principe démocratique veut que seul l'élu (ou les élus) a le droit d'actionner l'État qui en tant qu'appareil ne peut s'actionner lui-même. Les États-Unis considérant leur forme étatique, la démocratie libérale, comme un modèle à étendre au monde entier, le sujet ne peut être pris à la légère. La démocratie, libérale ou pas, ne peut s'affranchir du verdict des urnes sans basculer dans un inconnu violent. L'acte premier de la démocratie est la reconnaissance de sa défaite par le perdant. Il est suivi par la soumission de l'appareil d'État au vainqueur. Le non-respect de ces deux clauses engendre l'impossibilité de se constituer en communauté démocratique. Il y subsiste une sorte de guerre civile, mais qui, dans le cas des USA, revêt une signification particulière dans l'inconscient collectif.

Le « deep state » signifie que l'administration fédérale, ne reconnaissant pas légitime le président élu, s'autorise à l'empêcher de gouverner voire à organiser sa destitution[162]. Opère-t-elle dans les arcanes d'un État fédéral réservé aux seuls initiés ? Pas vraiment. Des grandes institutions fédérales, par l'intermédiaire de leur chef, ont monté un chantier dans lequel elles affirmaient dans les médias avoir les preuves que Donald Trump avait été élu grâce à l'étranger, en l'occurrence grâce à la Russie[163]. Il devait en conséquence se démettre.

« L'Amérique en premier » avait bâti la victoire de Donald Trump. Le temps des opérations extérieures était passé, avait-il indiqué. Il fallait se consacrer au territoire trop longtemps abandonné. Donald Trump heurtait ceux-là qui trouvaient des connivences avec des éléments de l'État visible, avec des élus. Les dirigeants du parti démocrate ont participé à la tentative de coup d'État. La candidate battue, Hillary Clinton ; Nancy Pelosi, la présidente de

162 Front populaire consacré à l'état profond, voir article de Nicolas Kessler

163 Revue *Front populaire* N° 2, page 106 et suivantes.

la chambre des représentants; l'ancien président Obama n'était pas en reste. Ils bénéficièrent du renfort de certains élus républicains à l'instar de l'ancien vice-président républicain Dick Cheney dont une partie de la vie professionnelle s'est passée chez le plus grand fournisseur de l'armée US. La composante de l'État qui a refusé de se soumettre à Donald Trump était constituée des directions des services secrets, de la police fédérale et d'éléments du commandement des forces armées. Le ministère de la Justice, par le biais de sa technostructure, couvrait l'entreprise. Les chefs de ces institutions n'étaient pas non plus sans arrière-pensées quant à la suite de leur carrière.

L'ensemble qui se mettait en mouvement rappelait le message du président Eisenhower à son départ de la Maison-Blanche en 1961 : « aux États-Unis, il y a une crainte que des personnes non élues puissent disposer de trop de pouvoir ». Il visait le complexe militaro-industriel et la puissance de son lobby. Pour des raisons qui tiennent à son histoire, le militaire est le cœur de l'État américain. Les USA doivent à leur puissance militaire et à la guerre leur enrichissement et leur suprématie économique et financière. Nés d'une guerre qui se renouvellera sur leur sol, ils ont perpétué l'usage des armes à toutes les occasions pour faire tourner leur économie et maintenir leur domination. La notion d'État profond veut-elle seulement signaler ce qui n'est pas apparent, ce qui est secret, ou ne veut-elle pas définir l'essence de l'État américain, autrefois qualifié « gendarme du monde ». La personnalité incarnant le pouvoir doit en conséquence considérer que sa mise en avant tient du show.

La tentative de démettre Donald Trump révélait au monde que les forces utilisées sur les théâtres extérieurs pouvaient aussi entraver l'action du président des États-Unis en exercice si celui-ci ne leur convenait pas, il faut saluer l'extrême résilience de Donald Trump à ce propos.

Ces forces sont connues pour organiser des coups d'État ou des assassinats de dirigeants étrangers? La liste est longue[164] des opérations extérieures dans lesquelles se trouve impliqué la CIA ou le pentagone mais à l'intérieur des USA?

L'affaire de Cuba du temps de John Kennedy, son assassinat[165] ainsi que celui de son frère; le Watergate et la destitution de Richard Nixon; le financement des contras qui mine le deuxième mandat de Ronald Reagan; les «preuves» de Colin Powell à l'ONU pour engager la guerre en Irak et en Afghanistan et tant d'autres… sont-elles des menées de l'État profond américain ou de l'État US tout court? N'y a-t-il pas une connivence ou une communion entre les deux?

L'expérience nous apprend aussi que les services secrets et l'armée US entretiennent des relations avec le crime organisé, avec les mafias, les cartels de la drogue; avec des organisations fomenteuses de troubles et de guerres civiles, opérant sous faux Drapeau, talibans, contras, islamistes. Ces relations sont propices au mélange des genres et à l'abandon de principes moraux. Elles doivent conserver une dose de profondeur, de secret.

On peut conclure que l'émergence de l'État profond dans le quotidien se manifeste quand il se trouve en opposition avec l'élu

---

164 Les États-Unis sont en «guerre quasi permanente depuis 60 ans» Jimmy Carter a énuméré de nombreuses interventions militaires américaines : Corée, Vietnam, Cambodge, Salvador, Libye, Panama, Haïti, Yougoslavie, Irak, Afghanistan. Donald Trump n'en a engagé aucune et rapatrié beaucoup de boys.

165 Le réalisateur Oliver Stone assure que J-F Kennedy a été assassiné par la CIA.

qui ne correspond pas à ses objectifs, il est une sorte de gardien du temple. Ce n'est pas pour autant qu'il renonce à son opacité. Son opacité est une condition de sa survie et le complot son mode opératoire naturel. Il est de ce point de vue révélateur le fait que la notion d'État profond apparaisse dans le discours public et officiel en même temps que les termes de complotisme et de conspirationnisme. Le néologisme complotiste définit un individu qui éclaire les évènements inattendus de l'histoire par la participation d'organisations plus ou moins secrètes, comme des résultantes de complots. Qu'est donc plus secret qu'un État profond? Que peut faire d'autre un État profond forcément secret que de comploter pour parvenir à ses fins? Nous en resterons là, chaque complot a ses particularités et ses finalités, ce n'est pas notre sujet. Retenons qu'État profond rime avec complot et que le complot est incompatible avec l'exercice démocratique mais inhérent au pouvoir.

Un État profond français existe-t-il?

Jusqu'à la formulation d'Emmanuel Macron, la notion d'État profond n'avait jamais été avancée par un haut responsable politique français. Que voulait-il dire lorsqu'il l'évoquait?

Voulait-il signaler un phénomène qui, comme aux USA, entrave la mise en œuvre de sa politique? Encore aurait-il fallu qu'il en développât une qui ne demande pas l'autorisation d'Angela Merkel.

Si État profond il y a, c'est à Bruxelles qu'il siège. Là précisément où des personnages non élus assurent la réalité du pouvoir sur les Français. Là où les groupes de pression, les lobbyistes ont pignon sur rue, là où la corruption fait partie du système de rémunérations de ceux qui disposent de la décision ou d'une partie de celle-ci. La Commission européenne est un État profond par nature. Elle ne rend de compte qu'à elle-même. Elle opère officiellement dans l'opacité la plus complète. Il suffit de se référer aux décisions récentes. Les conditions d'achat du Remdesivir ou celles des vaccins suffisent à en montrer la putréfaction du régime européen. Celui qui connaît le mieux la pratique de cet organisme n'est autre qu'Emmanuel Macron. Aurait-il voulu prévenir l'opinion ? Compte tenu de son engagement européiste, il n'a aucune raison personnelle de jeter le discrédit et la suspicion sur l'Union européenne.

Voulait-il seulement évoquer des difficultés de gouvernance de l'administration alors qu'étant issu de l'inspection Générale des Finances, il en connaît les codes ? C'est une des plus anciennes composantes de l'État, son corps et ses membres disposent de prérogatives conséquentes. Ils légifèrent, ils exécutent, ils administrent, ils empruntent, ils contrôlent… Ce qui revenait à se demander de quel État profond il s'agissait.

L'appareil d'État français est « tout d'une pièce », il n'agrège pas des organismes à l'indépendance étendue et disposant de moyens connus d'eux seuls comme le pentagone, la NSA ou le FBI en Amérique. Il n'est pas un État fédéral, il est unitaire. Il est enserré dans un ensemble qu'on nomme « l'État-nation » dont le fonctionnement, et les articulations se trouvent précisées dans la Constitution et détaillées dans quantité de textes en découlant. Il est chargé de missions qu'il engage avec un personnel spécifique protégé par un statut. Il est peu propice aux complots, bien que certains de ses acteurs, de par leur fonction, et comme dans toute organisation humaine, puissent se laisser aller à des manigances.

Il fut longtemps mis en avant que l'arrivée de la gauche au pouvoir avec des ministres communistes susciterait des velléités de coup de forces ou d'État. Les militaires sortiraient de leur caserne et… Il n'en fut rien. La France n'est pas le Chili. Personne, à l'exception de Mélenchon qui voit des fascistes partout pour alimenter son fonds de commerce, ne peut nier la fidélité de l'armée française au pouvoir civil ni celle de ses services spéciaux, intérieurs ou extérieurs. Ces organismes sont régis par des règles strictes qu'ils observent sans état d'âme, jusqu'au moment où certains gouvernements les poussent à déroger à « l'État de droit ». L'épisode du Rainbow Warrior n'est pas si éloigné[166], mais combien d'autres ?

Nous avons considéré à travers l'exemple américain que l'État profond n'apparaît qu'en s'engageant dans le visible, le réel. Il se manifeste en donnant une interprétation pour se légitimer. C'est la conception avancée par les titulaires des corps constitués de la nation qu'ils servent. Quelle est sa place dans le monde ? Quels sont ses désirs de puissance en regard de ce qu'elle peut exiger ? Ce qui revient à considérer sa géographie et son histoire. Naturellement ces options de grandeurs qui tentent de s'extraire des « eaux glacées du calcul égoïste »[167], camouflent en réalité ces intérêts mercantiles qui en sont le moteur. Le rôle de « gendarme du monde » que revendique l'Amérique tient de sa géopolitique et de la puissance de ses entreprises et de sa finance, de son relatif isolement géographique et de la domination que lui ont accordée les anciennes puissances en s'autodétruisant. Donald Trump avec son obsession de l'état des routes, des ponts et de la vie quotidienne de l'Étasunien moyen constituait une rupture, que Jo Biden s'est empressé de remiser avec « America is back ».

166 Vincent Nouzille, « Les tueurs de la république », *les opérations homicides de François Hollande*. Tout n'est pas sur la place publique !

167 Karl Marx.

La profondeur d'un État unitaire comme le français est d'un autre ordre. Si tant est qu'elle existe, elle se dissipe dans le pluralisme du débat démocratique préalable au vote et la neutralité de l'administration. Il ne reste plus que le secret ou les secrets partagés entre les tenants du pouvoir et les titulaires de l'État. Les secrets concernent une multitude d'actions publiques où la démocratie est contournée par des artifices acceptés ou des obligations tacites. C'est le règne de la connivence. Le règne de la répartition des bénéfices[168]. Il revient dans les formules : l'État où règne le secret, les secrets d'État, les menées secrètes, les trésors cachés, le secret des archives… et puis il y a l'inexplicable.

Dans son ouvrage « Le mal français », Alain Peyrefitte[169] racontait ce qu'il avait vécu avec l'histoire des mineurs des glaisières de son département, la Seine-et-Marne, où il est élu. Vers le milieu des années soixante, devenu ministre et soutenu par le président dans cette affaire, il œuvre pour améliorer les conditions de retraite de ces mineurs afin de les approcher du statut des autres mineurs, ceux du charbon et du fer. La revendication était juste, mesurée, peu coûteuse mais elle n'avait pas l'heur de plaire. De plaire à qui ? Il ne le saura jamais vraiment. Une coalition improbable a fait capoter tout ce qu'il a entrepris des années durant. Des titulaires d'éléments de décision, des chargés d'études de dossier, des bureaucrates, des groupes d'experts et de pression, des organismes représentatifs… Bref, des individus et des organismes qui placés dans des lieux de transit ont freiné et bloqué le dossier. Une coalition a fonctionné sans que rien ne présume de son existence. Le

168 On apprend par hasard que le fruit du racket des entreprises construisant par exemple un lycée fut partagé par tous les partis politiques présents dans l'organisme maître d'œuvre.

169 Alain Peyrefitte : « Le mal français ».

« mal français » n'est-ce pas l'autre nom d'une bureaucratie d'État pléthorique. N'est-ce pas l'autre nom d'un État qui serait profond ?

Cet exemple est un parmi beaucoup d'autres. Comment comprendre que des projets, longuement mûris avant la décision, restent indéfiniment sans début de commencement. On a pris connaissance du projet de barrage à Sivens dans le Tarn ou de l'aéroport de Notre-Dame des Landes à Nantes au moment de leur abandon.

Le secret n'est pas la seule caractéristique, il en est un autre, celui d'être lent à mettre les décisions en place. Emmanuel Macron semble découvrir la lenteur de l'administration. Là encore, il n'y a rien de bien nouveau. Seulement la complexité des nouveaux textes à mettre en œuvre est une des causes de la lenteur. Les lois produites pour un oui ou un non, trop longues et mal écrites ont leur part dans la lenteur constatée.

Formant bloc, secret pour certaines dispositions et lent à la mise en place des décisions arrêtées, tel est notre État national. Émanation d'une nation complexe, il s'en détache cependant souvent avec le désir d'indépendance qui caractérise ses personnels permanents et/ou avec le choix politique de celui ou de ceux qui en assure le pilotage momentané.

Cependant des commentateurs furent étonnés de savoir qu'une partie de l'État échappât à celui qui en est le grand ordonnateur, ce qui suscitait un doute quant à son existence. Cela revenait aussi à se demander comment était-il possible qu'un président se voulant jupitérien ou se comparant à Napoléon premier puisse rester sans réagir devant les errements coupables, selon lui, de l'organe dont il était tenu d'assurer le commandement ? Un chef de cette nature ne pouvait que briser ceux qui s'opposaient de façon illégitime à la mise en œuvre de sa politique.

Finalement, était-ce le chef qui s'avérait faible ou l'État profond trop puissant ? Non. Il n'y avait rien de tout cela. Il y avait un terme emprunté pour préparer la mise en place d'une réforme concernant les structures de l'État pour l'adapter à son supérieur, l'État européen. Ce qui signifiait continuer son démantèlement et poursuivre « la grande démolition »[170] ou passer à un stade supérieur. La suppression de l'École Nationale d'Administration sera le symbole. Nous traiterons cela dans le chapitre suivant, mais auparavant interrogeons-nous sur une habitude et sur deux évènements récents.

Dans le concret d'une décision profonde ou secrète ?

À la fin de la première partie, nous recherchons les raisons qui ont poussé le ministère de la Santé à se comporter d'une façon pour le moins étrange. Nous avons détaillé sous la forme de questions ce qui nous avons apparentés à des zones d'ombre dont il faut s'interroger sur le pourquoi de leur existence.

La connaissance des rouages les plus intimes de l'État constitue un avantage incontestable. Elle nécessite l'expérience que confère le temps. Elle se transmet au sein d'un corps de métier, comme un truc comme une astuce, comme un secret. David Mascré[171] prend cette direction quand il affirme : « … on est en présence d'une authentique technocratie qui s'est installée au pouvoir dans l'irresponsabilité la plus totale. Cette technocratie a ses territoires, ses règles, ses codes. Elle a ses lois secrètes. Elle a ses modes de pérennisation et de recrutement : la cooptation et le copinage ». À ce sujet, la loi de finances, le budget qu'on imagine extrême-

170 Roland Hureaux.

171 David Mascré : « Crise, krach, collapsus ».

ment rigoureux et sophistiqué connaît avant sa publication un épisode de relâchement pour ceux qui l'instruisent. Ainsi Ghislaine Ottenheimer[172] relate une rencontre avec Philippe Auberger, celui-ci est rapporteur général du budget à l'Assemblée nationale, il a dans l'administration dont il est élu tenu les fonctions d'inspecteur général des finances puis de sous-directeur au ministère du Budget : «… l'habillage des comptes est une vieille habitude. À chaque élaboration, les esprits brillants de Bercy font preuve d'une très grande agilité, on appelle cela : la comptabilité créative». Narration qui, avouons-le, eut lieu avant la transformation du budget en 2005, autrement dit, les comptes étaient équilibrés à l'arrache. Ajoutons la régulation qui implique des reports de paiements pour rester dans un déficit annuel acceptable. Que reste-t-il de réel dans le budget l'État? Ne sommes-nous pas dans l'État profond? Les comptables et les agents du fisc ont une formule qui dit à peu près que les petites erreurs cachent peut-être de grandes malversations. Ce qui est inacceptable pour une petite entreprise…

Est-ce l'exécutif ou l'État profond dans ces cas?

À titre d'exemple : notre règle commune jusqu'à preuve du contraire réside dans la Constitution de 1958 amendée. Cette loi fondamentale définit ce que sont les pouvoirs publics, leurs relations et les règles de leur fonctionnement. Il existe toujours des échappatoires à une trop forte rigidité des textes, c'est prévu au cas où. L'exemple qui suit est rébarbatif, mais illustre ce qui peut tenir d'un État profond ou secret. Alors que la crise du coronavirus

172 *Les intouchables*, Albin Michel page 277.

arrive au galop. Le Gouvernement publie le 12 mars 2020 un décret portant publication de l'accord-cadre entre le Gouvernement de la République française et l'Organisation mondiale de la santé (OMS). Il s'agit d'un partenariat renforcé pour la période 2020-2025, signé à Paris le 16 décembre 2019 et à Genève le 31 décembre 2019. Ce décret s'appuie sur un décret de 1953, lui-même puisant ses références dans un arrêté du directoire de 1810, un décret de 1870 et deux lois successivement de 1945 et 1948. Ces textes confient au ministre des affaires étrangères, seul, la charge de pourvoir à la ratification et à la publication des conventions, accords, protocoles et règlements internationaux dont la France est signataire ou par lesquels la France se trouve engagée. Il en est de même en ce qui concerne le renouvellement ou la dénonciation de ces accords. La signature de l'accord-cadre comporte une faiblesse plus fondamentale : elle échappe au législateur alors que, dans son article 53, la Constitution précise « Les traités de paix, les traités de commerce, les traités ou accords relatifs à l'organisation internationale, ceux qui engagent les finances de l'État, ceux qui modifient des dispositions de nature législative, ceux qui sont relatifs à l'état des personnes, ceux qui comportent cession, échange ou adjonction de territoire, ne peuvent être ratifiés ou approuvés qu'en vertu d'une loi. Ils ne prennent effet qu'après avoir été ratifiés ou approuvés. » La ratification ou l'approbation ne peut se faire sans une loi, tel est l'esprit de la Constitution de 1958. L'accord-cadre est un document lourd, énumérant et précisant les relations entre la France et l'OMS, engageant forcément les finances publiques dans le cadre d'un « partenariat renforcé ». De plus, est-ce vraiment le moment d'en approuver la signature ? L'OMS se trouve dans la tourmente du coronavirus en Asie. Elle a montré de grandes carences dans son évaluation du virus et de sa propagation comme dans l'action contre l'épidémie, ainsi que l'ont souligné de nombreux États. Elle a pris fait et cause pour un médicament dont l'efficacité n'est aucunement prouvée. Elle voit ses dirigeants accusés de corruption. Le système de défense de son directeur général est particulièrement faible. Dans ces conditions, un accord-cadre en forme simplifiée conclu au seul niveau du Gouvernement avec l'OMS soulève des questions qu'un débat parlementaire franc aurait dû éclaircir avant d'en approuver la signature. L'OMS en l'état n'est pas un partenaire fiable. Que dire de cet accord dont la volonté de le faire passer en catimini est évidente.

Autre exemple. Le décret publié le 13 janvier 2020 classant la chloroquine, l'hydroxychloroquine, en médicament vénéneux. Par quel hasard, ce médicament en vente libre depuis plus de soixante-dix ans devient subitement suspect de tuer. Qu'est-ce qui autorise ce soudain empressement à détruire un produit qui va dans quelques mois s'avérer utile pour soigner des malades qui risquent de mourir ? Celui qui suppose qu'il y a anguille sous roche est un complotiste. Tel est le verdict. Imaginons néanmoins que par l'intermédiaire de cet organisme corrompu qu'est l'OMS ou par d'autres canaux, il est porté à la connaissance de nos décideurs en santé en octobre novembre 2019 qu'un virus décime les populations âgées fragiles. Supposons encore que la chloroquine s'avère un médicament efficace pour contrer le virus. Imaginons encore que Big Pharma soit informé de l'existence d'un concurrent sérieux, peu cher et efficace. Dans la guerre que prend parfois la concurrence entre les géants de la finance, n'est-il pas concevable qu'au sein des ministères de santé du monde, un lobbying s'exerce pour éliminer la chloroquine? Les actionnaires pourraient le reprocher aux dirigeants des compagnies du Big Pharma de ne pas l'avoir fait. Imaginons maintenant qu'au sein de ces ministères, des personnes qualifiées vont faire en sorte que les désirs de Big Pharma soient exaucés et qu'ils tirent profit pour eux-mêmes de leurs interventions. Est-ce impossible ? Le Code pénal définit cette manipulation du nom de délit d'initié. Il n'y a pas si longtemps, un Premier ministre était pris dans une tourmente à propos du rachat d'une compagnie en décrépitude par un de nos géants nationalisés. Il en perdit la vie.

Un mot pour décrire la méthode qui a conduit à la mise au banc de la chloroquine. Le directeur de la santé, Jérôme Salomon, a demandé à l'Agence Nationale de Sécurité du Médicament et des produits de santé, ANSM, d'instruire l'affaire. L'ANSM, par l'intermédiaire de sa directrice des affaires juridiques et réglementaires a sollicité l'Agence Nationale de sécurité sanitaire de l'alimentation, de l'environnement et du travail, ANSES, « … pour avis à l'égard du projet (il y avait donc un projet) de classement de l'hydroxychloroquine sur la liste II des substances vénéneuses définies à l'article L.5132-6 du même code… un délai d'un mois, à l'issue duquel il sera transmis à madame la ministre des Solidarités et de la Santé ». Conclusions et recommandations de l'ANSES : « L'Agence nationale de sécurité sanitaire de l'alimentation, de l'environnement et du travail émet un avis favorable à cette proposition d'inscription de la substance hydroxychloroquine, sur la liste II des substances vénéneuses ». Dans chacune des étapes, on peut constater que le vocabulaire et la tournure des phrases qui a conduit au classement sont empreints d'une certaine retenue. Néanmoins, si d'aventure il était montré une malfaisance dans l'affaire, on ne serait plus seulement dans le délit d'initié, mais plutôt dans le « crime de bureau » notion avancée lors du procès Papon.

Conclusion définitive :

La ministre des Solidarités et de la Santé

Vu le code de la santé publique, notamment les articles L. 5132-1, L.5132-6, L.5132-7etR.5132-1 ; Vu l'arrêté du 22 février 1990 modifié portant inscription sur les listes I et II des substances vénéneuses définies à l'article L. 5132-6 du code de la santé et des substances vénéneuses ; Vu l'avis du directeur général de l'Agence nationale de sécurité sanitaire de l'alimentation, de l'environnement et du travail en date du 12 novembre 2019 ; Sur proposition du directeur général de l'Agence nationale de sécurité du médicament et des produits de santé en date du 13 décembre 2019, arrête :

Article 1

Est classée sur la liste II des substances vénéneuses l'hydroxychloroquine sous toutes ses formes.

Article 2

Le directeur général de la santé et le directeur général de l'Agence nationale de sécurité du médicament et des produits de santé sont chargés, chacun en ce qui le concerne, de l'exécution du présent arrêté, qui sera publié au Journal officiel de la République française.

Fait le 13 janvier 2020.

Est-ce l'État profond à l'œuvre dans ces deux affaires ? Ont-elles un rapport avec les mineurs des glaisières d'Alain Peyrefitte ? Retenons pour nous rassurer que d'un point de vue, les règles formelles de la république ont été respectées dans les deux cas. Certes, la méthode choisie fait en sorte que le grand public n'en soit pas averti, ce qui ne contribue pas à l'épanouissement de la démocratie, par nature, étrangère au secret. Les décrets qui sont de l'ordre réglementaire masquent en partie l'action de l'État pour le grand public. Leur usage dans l'état d'urgence sanitaire fut abondant. Dans le deuxième cas, on peut constater que chaque participant de la décision finale a « fait son boulot ». Par contre le résultat final est contestable dans la mesure où il disqualifie un médicament pris librement par milliards de dose durant 70 ans. L'enchaînement en est donc la cause. L'enchaînement vient de l'organisation du ministère lui-même. Il faudra donc s'intéresser à l'organisation du ministère de la Solidarité et de la Santé. Ce que nous ferons plus tard. En attendant, examinons une autre limite à l'exercice du pouvoir que celle de sa séparation.

LES LIMITES DE L'EXERCICE : LIBERTÉ, ÉGALITÉ, FRATERNITÉ

Accolés et gravés sur les frontons de nos édifices, la « République française » et sa devise « Liberté, Égalité, Fraternité », nous rappellent qui nous sommes et ce qui nous encadre. La devise trace les contours de la Res publiqua, ou chose publique, d'autant qu'à l'origine, elle se terminait par « … ou la mort », ce qui lui conférait la valeur suprême du sacrifice. Repère du domaine public et principe sur lequel se mène l'action collective, la devise est une formulation concrète, cohérente, compréhensible, obligeant chacun d'entre nous en tant qu'ensemble original. Elle irrigue notre loi fondamentale, la Constitution comme son préambule.

Son inspiration se trouve dans le passé que la révolution a voulu supprimer mais qui reste actuel. La liberté est en regard des servitudes ; l'égalité en rapport des privilèges ; la fraternité en regard des égoïsmes. L'influence de la révolution anglaise et de l'indépendance américaine est aussi présente dans la révolution française, ce qui donne à sa devise une valeur universelle au moment de sa proclamation.

De par son universalité, la devise tient de l'absolu, de l'idéal. C'est un défi lancé par la République française à elle-même et au monde entier, mais aussi à la nature humaine imparfaite, bien qu'avec le temps, la devise semble avoir irrigué nos gènes. Néanmoins, l'histoire nous enseigne que c'est un idéal constamment à renouveler.

Les trois termes de la devise fondent les principes sur lesquels repose l'action de l'État, outil dont la nation se dote pour assurer ses missions collectives. Outil qui en retour s'il ne consolide pas complètement la cohésion et l'unité de la nation qui l'a fait naître, crée les conditions pour ne pas la diviser, ce qui dans le territoire de l'ancienne Gaule n'est pas une mince affaire. Principes de l'État, ils forment le contour à son action et donnent les repères de l'État de droit, pour le coup le vrai, celui qui aurait comme finalité une même justice pour tous contre les abus du pouvoir, ce pour quoi la République est née précisément. Les évènements récents, mais aussi d'autres, plus lointains, nous indiquent qu'il reste beaucoup de chemin à parcourir, qu'il nous faut sans cesse revenir sur le métier. Rien n'est jamais acquis définitivement, la transgression est toujours possible de la part de ceux qui disposent des clés, de ceux qui décident, comme la régression sous une force extérieure de l'ensemble républicain.

Consécutivement, si ces trois termes sont, en eux-mêmes, des limites à l'exercice du pouvoir, ils ne peuvent être pris individuellement comme des projets autonomes ou des séquences se succédant. Le risque de dérapage serait de tous les instants. L'exigence de liberté ne peut aboutir au libertarisme ou à l'anarchisme, empiéter sur le domaine des autres. L'exigence d'égalité ne peut sombrer dans un égalitarisme qui écraserait les talents individuels. La fraternité n'est pas un prétexte au parasitisme comme nous l'avons vu précédemment.

Ces principes forment le bloc du gouvernement civil. L'enchevêtrement, que suggère ce bloc, implique leurs relations et les limites qu'ils s'accordent entre eux. Pour celui amené à exercer le pouvoir, l'enchevêtrement de la Liberté, de l'Égalité et de la Fraternité signifie un dosage de chacun d'eux à exercer plutôt finement.

Cependant dans la vie réelle, l'autorité pratique un exercice qui se conjugue de façon plurielle, de libertés concrètes, d'égalités effectives et de fraternités volontaires avec des hommes imparfaits, c'est-à-dire impérieux, inégaux et égoïstes. Mais qu'est-ce d'autre la politique que la combinaison de contraintes qui s'imposent au gestionnaire séculier ? Que doit être autre le gestionnaire séculier de l'État sinon un sage personnage empreint d'humilité.

La liberté, l'égalité et la fraternité appartiennent à la sphère de l'État, elles s'imposent avant tout à son gestionnaire temporel, qui est, ou devrait l'être, en même temps qu'humble, le garant. Cette garantie implique pour le titulaire du pouvoir la prise en compte de plusieurs types d'obligations : les obligations nées de l'organisme-état lui-même à la tête duquel il se trouve et les obligations émanant du choix de la majorité des électeurs ou de leur demande réelle ou supposée.

Les obligations de l'organisme-état impliquent la mise à disposition de moyens pour assumer la continuité avec le passé, en assurer le fonctionnement dans le présent et ne pas obérer le futur. Elles sont l'histoire, le patrimoine, l'héritage. Les obligations de continuité peuvent être bénéfiques ou inversement grever la vie des contemporains, mais c'est le prix à payer d'appartenir à une communauté et d'avoir manqué de vigilance. « Du passé, faisons table rase » est incantatoire, le passé est toujours présent.

Ces obligations sont, en quelque sorte, passives, dans tous les sens du terme, mais elles peuvent être lourdes à supporter. L'endettement public qui commence sous le premier septennat de François Mitterrand, qui se gonfle ensuite avec tous les suivants, ne peut constituer un comportement naturel de l'exécutif. Il signifie que le titulaire de l'autorité suprême s'autorise à empiéter sur le pouvoir de son successeur, voire de ses successeurs. Comment la liberté, l'égalité et la fraternité vont-elles pouvoir continuer de s'exercer, si celui assurant le pouvoir s'en abstrait ?

Quel équilibre sera trouvé entre les trois composantes de la devise pour celui auquel échoit une dette colossale laissée par son prédécesseur ?

Comment celui qui conduit les affaires du présent dans ce qu'il projette pour demain va-t-il exercer avec un mandat obéré ? Comment pourra-t-il développer ses idées validées par le vote ou satisfaire, au cours de son mandat, les demandes perçues des citoyens à travers tous les signaux que ceux-ci émettent ? Ces obligations sont actives. C'est dans leur rencontre avec la vie concrète que les principes trouvent leur validité.

Enfin, il existe un troisième obstacle. Lorsque survient un évènement du type de celui que nous connaissons aujourd'hui. Lorsqu'une partie de la population, même infime, est en danger de mort. La catastrophe prévisible rebat les cartes. Les principes qui s'incarnent dans la devise sont-ils encore opérants ? Comment cet évènement est-il vécu par celui qui dispose du pouvoir d'état ? Est-ce un drame ou une opportunité ?

Dans son acceptation pure, la liberté s'arrête où commence celle des autres. C'est une conscience de la nécessité chez les philosophes. Vaste programme ! La liberté est un idéal sans cesse renouvelé dans la mesure où il est, en grande partie, utopique, sauf que son exigence conduit à agir. La liberté implique l'action qui se décline dans les libertés. Seules les libertés sont des données réelles parce que concrètes. Liberté de décider pour soi-même, d'aller et de venir, liberté d'entreprendre, liberté d'expression… Dans tous les cas, il y a une action pour dépasser la situation dans laquelle on se trouve, sans pour autant empiéter sur celle des autres. La liberté est précisément l'acte qui permet de s'affranchir des nécessités.

Dans le cas de la covid, les libertés furent suspendues. La liberté d'aller et venir pour tous les citoyens fut la première, mais la liberté de soigner pour les médecins, la liberté d'expression, la liberté de recevoir ou non un vaccin ont suivi. Qu'est-ce qui justifie cette remise en cause des libertés par le pouvoir macronien et rend contestable pour beaucoup la gestion de la pandémie ? Comment cela est-il possible ? C'est la peur de mourir distillée par les médias, qui a conduit une majorité de nos compatriotes à accepter de mettre leurs libertés entre parenthèses et d'imposer leur choix à tous les autres. Nous avons suffisamment détaillé ce sujet dans la première partie pour ne pas insister ici. Notons que l'égalité et la fraternité servent d'argument contre les libertés.

L'égalité ? Si d'aventure beaucoup de gens, par la conduite irresponsable de quelques-uns, finissent à l'hôpital, comment pourront-ils être tous soignés alors que l'afflux de malades conduira à faire des choix, et traiter les malades de façon inégale. Ce discours-là était sous-entendu. La fraternité ? Je me protège. Je reste chez moi, je porte un masque, je me fais vacciner et en même temps je protège mon frère et les autres. Constatons que sans la liberté, l'égalité et la fraternité deviennent des instruments d'oppression.

La remise en cause de nos principes fut rendue possible parce que ceux qui conduisent l'État n'avaient pas fait leur travail, celui de prévoir l'arrivée d'une pandémie, de mettre en conséquence le dispositif de santé en position de combat. En conséquence, à ceux-là même ne restaient plus que l'obligation d'effrayer la population pour qu'elle se terre chez elle. La peur a envahi le domaine public. La peur de mourir n'empêche pas de mourir, mais empêche de vivre[173]. Ceux qui se sont retrouvés dans cette configuration empêchent tous les autres de vivre.

LES LIMITES DE L'EXERCICE : LA DÉMOCRATIE

L'histoire de la République française décrit une organisation souple, adaptable au contexte, nous l'avons déjà souligné. La *Res publica* en latin ou la chose publique porte bien son nom. Elle a pu supporter deux empires et le retour de la royauté, c'est-à-dire deux empereurs et trois rois, et éventuellement des dirigeants qui aspiraient à leur ressembler. Il faut néanmoins constater que ces dirigeants, à tendance despotique par nature, s'efforçaient à ne pas franchir la limite invisible au-delà de laquelle la remise en cause de la devise « Liberté, Égalité, Fraternité » n'a plus de sens. Lorsque le dépassement fut constaté, ils durent partir.

À partir de la troisième république, il a été admis que le pouvoir était civil et résultait du suffrage universel. Il était donc convenu que le pouvoir se heurtait à un contrepouvoir, celui accordé aux citoyens de le changer sans violence.

La République française est une démocratie, « Gouvernement du peuple, pour le peuple et par le peuple », la république ne repose pas uniquement sur la participation des citoyens aux élec-

173 Michel Maffesoli : interview *France-Soir* 8 juin 2021.

tions, mais les élections sont le passage obligé pour être gouverné. Elle est donc par nature un équilibre entre un pouvoir et des contrepouvoirs tel qu'il résulte du rapport des forces politiques. Les contrepouvoirs, en s'exerçant, bordent l'action de celui qui décide. Ils permettent la prise en compte des objections de la minorité et consécutivement dispose d'une rationalité supérieure. Nous l'avons traité à propos de la réunion des commissions parlementaires.

S'il n'est tenu compte que du seul désir de la majorité du moment, la démocratie devient une sorte de centralisme démocratique, un système d'organisation de parti politique, une formation qui rend obligatoire pour tout le monde le choix majoritaire conjoncturel. La « dictature des minorités » est paradoxalement ce qu'on semble souvent traduire par le choix majoritaire. Le fractionnement de la communauté nationale en communautés spécifiques accorde à des unités marginales un poids extravagant. Le choix de ces unités s'impose à l'ensemble de la communauté à l'aide d'une propagande éhontée et surtout à l'aide de lois portant atteintes à la liberté d'expression. Un propos sur le féminisme, l'homosexualité ou les populations d'origine africaine déclenche des campagnes insensées. L'administration de la justice ne limite plus ses interventions aux actes mais aux propos et aux intentions.

N'oublions pas l'héritage de Montesquieu : « c'est une expérience éternelle que tout homme qui a du pouvoir est porté à en abuser, il va jusqu'à ce qu'il trouve des limites » nous pouvons ajouter tout groupe et qu'il (l'homme ou le groupe) trouve des limites et les reconnaisse.

La réduction à 5 ans du mandat présidentiel fut une aberration à mettre au compte de Jacques Chirac, de Valéry Giscard d'Estaing et de Lionel Jospin. Chacun ayant souscrit à cette idée folle pour d'autres raisons que l'efficacité de l'État et le service de la nation. Aberration du point de vue des intérêts de la France embarquée dans l'Union européenne aux appétits de pouvoir démesurés. Cela aboutit à affaiblir le président élu du suffrage universel. La concordance des temps des élections, présidentielles et législatives, transforme le président en chef d'un camp et dévalue la fonction présidentielle.

En 1958, la constitution de la cinquième république, qui prévoit la durée du mandat présidentiel à 7 ans, est validée par 83 % des électeurs avec une participation de 80 % du corps électoral. Les deux tiers des Français inscrits (66,5 %) sur les listes électorales ont légitimé ce choix. Le référendum qui réduit le mandat à cinq ans voit une participation de 30 % de votant et une ratification de 70 % soit 15 % du total des inscrits. Quelle est la légitimité de ce référendum en regard du précédent ? Le contre-pouvoir présidentiel vis-à-vis de l'extérieur a néanmoins perdu de son efficacité. L'élection d'Emmanuel Macron qui se positionne en champion voire en représentant de l'Union européenne sur le territoire en a encore réduit la voilure.

Les périodes de cohabitation qui virent s'opposer le président au Premier ministre furent des moments rares de l'équilibre entre le pouvoir et les contrepouvoirs jusqu'à leur neutralisation respective. Dans les conditions de la concordance des dates et des temps du quinquennat présidentiel et de la législature des députés, cet équilibre n'a pas de raison de se reproduire. Le retour au septennat s'impose sur ce simple constat.

Dans l'esprit de la Constitution, et au-delà dans la pratique de l'autorité suprême, le président de la République n'est pas un opérationnel. Il est d'abord le garant des institutions et de l'unité de la nation. Il choisit le Premier ministre dans le camp des vainqueurs et valide le choix des ministres de celui-ci. Il laisse le gouvernement définir et conduire la politique de la nation qu'il observe néanmoins par sa présidence du conseil des ministres où sont arrêtées les décisions gouvernementales et publiées. La confirmation ou l'infirmation relève du parlement. Tout ceci n'est qu'un rappel.

Aujourd'hui, la démocratie française pour toutes les raisons exposées est la forme appauvrie d'un État qui a perdu ses repères, ses attributs et son efficacité. C'est le cadre dans lequel se meut le pouvoir ou le régime macronien qui en accepte les principes. Dans ces conditions, le président n'est plus que dans la représentation de quelque chose qui veut ressembler au pouvoir qui ne l'est plus, il ne peut qu'engendrer l'action d'une opposition qui le forcera à reprendre ses attributs. Cette opposition se trouve-t-elle dans les contrepouvoirs ?

Le contrepouvoir des partis politiques

Nous avons suffisamment traité la comédie de la loi relative à l'état d'urgence sanitaire votée le 23 mars 2020 pour y revenir. Les partis politiques, par l'intermédiaire de leur groupe, n'ont pas exercé leur contrepouvoir, il s'en est suivi pour eux une longue descente aux enfers. Cependant, le mal les concernant est plus profond. Dès l'instant où les partis politiques se sont trouvés financés par l'état, il en était fini de leur libre exercice tel qu'il était garanti par la Constitution. Ils sont tenus par de nouvelles règles dont le risque, si d'aventure ils y dérogent, leur assure la déchéance. Ils ont donc accepté la tutelle de l'État par confort, alors que par nature, leur objet est de lutter pour le domestiquer. Ils appartiennent en démocratie à ceux qui légitimement l'actionnent ou en contestent l'action. Le contrepouvoir qu'ils assuraient devient symbolique.

En acceptant la tutelle, ils sont devenus des « fonctionnaires comme les autres » mais aussi des rentiers. Le financement, qu'abondent les électeurs par l'addition de leur bulletin de vote, donne aux partis les moyens d'une certaine pérennité. En revanche le système, empêchant tout nouveau parti d'émerger, sclérose la démocratie qui ne peut s'épanouir qu'avec la vitalité qu'apporte la nouveauté. Cette apparente vérité fut néanmoins contredite par le parti d'Emmanuel Macron qui, la naissance à peine annoncée, disposait déjà de moyens hors du commun. Supposons que ceux chargés de vérifier les financements politiques[174] ont bien examiné la provenance des fonds !

La force militante a quitté les partis politiques. En ont-ils encore besoin ? Le militant est exigeant. Il veut qu'on tienne compte de sa réflexion, de sa participation à l'action et de ses cotisations. Si l'argent vient d'autre lieu en quantité suffisante, la tentation est forte pour les directions des partis de se passer de celui qui par ses exigences sera vite tenu pour un casse-pieds.

Cette assurance de survivre, quel que soit l'apport à la société et à la démocratie est redoutable. Elle néglige l'effort de comprendre ce qui motive l'électeur et la recherche de solutions inédites, révolutionnaires. Elle conduit les partis à se plagier, ce qui donne à leur propagande, à leur communication, un côté réchauffé et produit un désintérêt favorable à l'abstention. Leurs nouveaux moyens leur permettent d'engager des communicants dont la caractéristique est de raconter tous, la même histoire avec plus ou moins de talent.

174 La Commission nationale des comptes de campagne et des financements politiques CNCCFP.

Les escarmouches dans les assemblées élues tiennent du théâtre et n'intéressent plus les électeurs. Elles résonnent comme les répliques d'une pièce entendue. La comédie du 23 mars 2020 qui statuait sur une situation sanitaire d'urgence en regard d'une situation d'urgence sanitaire restera comme un moment d'une mascarade à laquelle ils se sont prêtés sans vergogne et qui vaudra pour certains un déclin irrémédiable.

Cependant, l'ensemble du dispositif républicain fonctionne à partir des partis politiques. Le début de la Constitution leur rend même hommage, dans son article 4 : « les partis et groupements politiques concourent à l'expression du suffrage. » Leur affaiblissement ou leur disparition semblent hypothétiques, bien qu'aujourd'hui ils fonctionnent dans une sorte d'étiage. En théorie, ils nourrissent la démocratie représentative dont ils se nourrissent en retour. En pratique, ils sont rivés sur l'objectif de l'élection présidentielle et des élections législatives qui, suivant les résultats, leur assureront leur train de vie. Il est souhaitable qu'ils reprennent de la vigueur. Pour renaître, ils doivent exprimer la volonté de leurs adhérents et de leurs soutiens en dépendant financièrement d'eux et d'eux seuls. La suppression du financement public des partis politiques est en conséquence une mesure salutaire et urgente. Éventuellement, ils pourront créer des entreprises pour s'assurer des financements supplémentaires. Du même coup, cela leur permettra de comprendre les difficultés, que les mesures qu'ils empilent engendrent pour les entreprises. Les élections intermédiaires, les municipales de 2020, les départementales et régionales de 2021, ont connu un record d'abstention. Cela signifie que l'offre politique des partis actuels ne correspond pas avec l'attente de l'électorat, en particulier celui des jeunes. L'offre politique se résume à pour ou contre le Rassemblement national, tel est le constat qui peut être fait lors de chaque élection.

Les partis ne forment plus un contrepouvoir fiable[175].

Les manifestations qui ont succédé à la mise en place d'un passeport sanitaire voient des participations nombreuses alors qu'elles sont organisées par des micropartis comme « les patriotes » celui de Florian Philippot. Elles correspondent visiblement à une inquiétude de la population à propos des obligations vaccinales. Pourquoi les partis politiques d'opposition sont-ils absents de ces rassemblements consistants ?

Le contrepouvoir de la périphérie

Les collectivités territoriales constituent un réel contrepouvoir à l'État central. La République française repose sur une organisation territoriale décentralisée où le peuple se donne des élus pour le représenter dans différentes instances aux compétences, théoriquement, définies et limitées. Le premier contrepouvoir périphérique est la commune, généralement de taille modeste pour plus de 90 % d'entre elles. Elles forment le premier maillage de l'État sur le territoire. Créées lors de la révolution à partir de l'attachement local à la paroisse, les communes sont le premier édifice du fameux « vivre ensemble » que l'État central veut prescrire dans des zones où il n'existera jamais. Les élus locaux constituent un vivier extraordinaire de la démocratie locale, ils sont les piliers des partis politiques. Si l'État central n'a rien à craindre des communes dans

175 Les manifestations qui succèdent à la mise en place d'un passeport sanitaire sont très suivies. Elles correspondent visiblement à une inquiétude de la population devant l'obligation vaccinale. L'absence des partis politiques caractérise davantage ces manifestations que leur organisation par des micros partis comme « les Patriotes » de Florian Philippot.

le cadre d'une République française indépendante et souveraine, il se renforce en s'appuyant sur elles. Dans le cadre de la fédération européenne, leur nombre est sinon un handicap, au moins une originalité qu'il faut gommer. Ce à quoi Emmanuel Macron s'engage.

La fabrication de grands ensembles, agglomérés et métropolisés, sont des instruments de l'élimination des petites communes et de leur transformation en hameau. La suppression de la taxe d'habitation correspond, sur le plan des finances, à l'élimination au plan démocratique entamée par leur transformation en hameau. Faire disparaître les communes c'est noyer l'expression du mécontentement dans des structures complexes d'où elle ne pourra s'extirper mais qui s'exprimera autrement. Les habitants des petites communes se sont moins abstenus que ceux des grandes agglomérations. Doter les élus des structures supérieures d'émoluments confortables participe de la corruption et permet de bénéficier d'amortisseurs aux revendications mais ne mobilise pas les électeurs comme d'ailleurs les deux autres collectivités, région et département.

La crise des Gilets jaunes a mis en évidence le besoin de représentation au plus près des citoyens. Ce sont les maires qui furent rameutés pour permettre la transmission du message présidentiel aux Gilets jaunes. Ceux-là, dans les conclaves qui les réunissaient, et bien que triés sur le volet, n'étaient pas dupes de ce qui leur était communiqué. On sentait qu'Emmanuel Macron était à la peine pour les séduire. Les maires ont retenu la leçon, ils sont incontournables. Ils comptent s'en servir le moment venu. Peu de maires adhèrent à la République En Marche qui désire les éliminer.

Emmanuel Macron lors de sa prestation sur la réforme de l'État, le 8 avril 2021, a développé sa conception de l'organisation territoriale du pays, son maillage. Celui-ci repose sur deux piliers : le département et les intercommunalités obligatoires. Dans le maillage macronien, il n'y a plus de place pour la commune. Son remplacement est prévu par une structure dépendant du ministère de la Cohésion des territoires et des Relations avec les collectivités territoriales : France Services. « ... *le déploiement des France Services s'installant au plus proche des Français dans leur quotidien est un axe à mes yeux extrêmement important de cette action publique plus proche et plus humaine.* »[176] Plus loin, il ajoute : « *Cette administration plus proche et plus humaine... ce n'est pas simplement des sujets d'effectifs, des sujets de lois, de décrets, c'est aussi une forme de révolution culturelle... de pousser en quelque sorte la culture du guichet partout sur le terrain* ». La révolution macronienne est un retour à l'ancien régime au pouvoir concentré et centralisé. Il est étonnant de ne point avoir entendu l'Association des Maires de France. François Baroin est-il Républicain ou macroniste ? Le pouvoir périphérique n'est plus un contrepoids au pouvoir central.

Le contrepouvoir syndical

Les syndicats forment le premier contrepouvoir de la société civile. Les organismes patronaux, comme le Medef ou l'association des grandes entreprises, sont des contrepouvoirs puissants qui veillent à leurs intérêts bien compris. Leur efficacité ne peut

---

176 Déclaration de M. Emmanuel Macron, président de la République, sur les grands principes de l'action publique, la réforme de l'État et le remplacement de l'ENA par l'Institut du Service public, à Paris le 8 avril 2021.

être mise en doute mais on les retrouve rarement exprimer des opinions plus politiques.

Les capacités des syndicats de salariés d'exercer un contrepouvoir ont terriblement fléchi dès l'instant où leur rôle s'est officialisé[177] et leur financement être assuré par la puissance publique. Conjointement le déclin industriel a affecté leur base de recrutement. Les adhérents, issus des grosses structures, proviennent principalement du secteur public ou d'entreprises parapubliques. La fonctionnarisation des syndicats a surtout affecté la CGT. La Confédération générale du Travail, dont les revendications prenaient leur justification dans la lutte des classes et avaient pour finalité l'abolition du capitalisme, donnait le tempo des luttes sociales et animait un contrepouvoir sans concession de par son idéologie. La CGT a éclaté en chapelles diverses avec SUD sur sa gauche extrême et l'UNSA sur sa droite, et la CFDT influence quasi majoritairement le monde du travail désormais. Certaines fédérations et unions départementales de la CGT tentent néanmoins de résister face aux mesures antisociales du gouvernement alors que l'équipe de direction de la confédération, issue d'une sorte de putsch, hurle, mais cède toujours. Ce retour de l'anarcho-syndicalisme est sans avenir. L'autre composante ouvrière du syndicalisme ouvrier CGT-FO ne semble pas, elle, céder de terrain sur les acquis sociaux obtenus à l'issue de la Seconde Guerre mondiale. FO est une composante de la CGT qui a fait sécession en 1948. Elle assume dorénavant un rôle entier de syndicalisme combatif. Si la CGT ne soutient pas officiellement le président, elle développe avec lui des relations sinon coupables du moins peu compréhensibles, ne serait-ce qu'à travers les grands comités d'entreprise.

---

177 Les lois dites Auroux de 1982 officialisent le syndicat d'entreprise et son financement, de là commence leur déclin.

La CFDT, devenue le premier syndicat de France, ne fut pas partie prenante lors de la création de la sécurité sociale, c'est-à-dire du système de santé et de retraite. Elle ne se sent pas concernée par le maintien des acquis sociaux, elle milite au contraire pour un nouveau système, qui selon elle serait plus juste et lui permettrait de bénéficier d'un autre statut. Elle se trouve ainsi en convergence avec Emmanuel Macron qui veut révolutionner le système de retraite à défaut de ne rien révolutionner d'autre. Transformer le système de répartition par un système de capitalisation qui serait finalement dans la main du ministère de l'Économie et des Finances et des puissances financières. Là encore, bien que tout ce qui permet l'expression du mécontentement soit dénaturé, il n'en demeure pas moins que la fonction du syndicalisme est avant tout l'amélioration des conditions de vie et de travail des salariés et à ce titre s'oppose au pouvoir en place.

Le temps n'est pas si lointain où tous ceux qui forment le salariat non protégé basculent avec les Gilets jaunes. Cette perspective terrifie le pouvoir !! En attendant, les syndicats, terriblement divisés, ne sont plus à même d'exercer un contrepouvoir effectif, le souhaitent-ils seulement ?

Le contrepouvoir associatif

L'association permet aux individus se trouvant des intérêts communs de se constituer en organisation reconnue. Les situations qui prévalent à leur constitution recouvrent un champ illimité. Le tissu associatif national est dense et se renouvelle constamment. Il ne constitue pas forcément un contrepouvoir qui reste réservé aux associations à but revendicatif.

Ces associations se créent principalement à l'occasion d'évènements qui modifient les modes et le cadre de vie. C'est en opposition qu'elles s'activent. Elles participent ainsi du contrepouvoir dans des espaces limités qui peuvent néanmoins avoir une grande influence sur les décisions et choix locaux.

Le contrepouvoir judiciaire ?

Il n'est pas dans la compétence de l'administration de la justice d'exercer un contrepouvoir quelconque, elle est une autorité. Néanmoins des juges ne disposant d'aucun pouvoir judiciaire réel, interviennent de plus en plus dans le domaine politique. Les tribunaux ne peuvent servir à régler des comptes politiques. Lorsque la politique entre dans les prétoires, la démocratie est suspendue. L'affaire du parquet national financier est loin d'être oubliée. Il semblerait, d'après certains spécialistes[178], qu'une nouvelle intervention dans le processus électoral présidentiel pourrait avoir lieu.

Le contrepouvoir des médias

De par leur mission d'informer, les médias doivent permettre la levée des secrets qu'implique le souci de gérer et de conserver le pouvoir. Ils participent ainsi des contrepouvoirs. Or, les médias sont la propriété de l'État ou des groupes financiers qui ont soutenu la candidature d'Emmanuel Macron. Ils bénéficient d'aides financières publiques qui assurent à leur personnel des rémunérations supérieures à ce qu'il pourrait envisager à partir de l'audience de leur seul médium. Tout concourt à ce que les médias soient des soutiens du pouvoir et accroît la méfiance à leur égard.

---

178 Régis de Castelnau : *vu du droit.*

Les réseaux sociaux issus de l'invention numérique ont une audience croissante. Ils forment l'essentiel de l'information de la jeune génération. Les réseaux sociaux ont éclairé la crise du Covid. Le professeur Didier Raoult a pu faire connaître de cette façon ses propositions pour éradiquer le virus. Des textes visant à neutraliser les réseaux sociaux s'empilent. Il est à craindre que cette avancée démocratique soit bientôt stoppée. Le contrepouvoir que constituent les réseaux sociaux est menacé.

Et les autres contrepouvoirs…

Les contrepouvoirs sont une nécessité pour que la démocratie fonctionne. Dès lors que ceux chargés de les exercer calent, ils disparaissent du paysage en tant que tel. Ils ont été anémiés par la manne publique, d'autres diront corrompus. La condition de leur renaissance passera par la fin de leur financement par l'État. La fin de leur financement public les conduira à exiger plus de liberté de mouvement. En dernière instance, c'est la puissance de la rue et ses exigences qui va faire renaître cet ensemble, le contrepouvoir réel est exercé par le peuple.

On a pu déjà l'observer avec le mouvement Gilets jaunes, on continue avec le mouvement contre le passeport sanitaire. On peut d'ailleurs noter qu'une caractéristique des manifestations organisée les samedis contre le passe-sanitaire est le fait de l'absence des partis dits d'opposition. La puissance de la rue va engendrer des modifications des comportements de ces organismes qui se sont laissés aller à ne pas jouer leur rôle. Dans certaines conditions, on peut imaginer que le Conseil constitutionnel et le Conseil d'État puissent se trouver à jouer les porte-paroles de manifestations de rue puissantes et déterminées. La peur change de camp. Ils se feront l'écho de ce qui se passe dans le pays sous peine de disparaître. Encore que pour ces deux-là, la frontière franchie a été si loin qu'il est peu envisageable qu'ils trouvent des défenseurs.

LA POURSUITE DE LA DÉMOLITION

Lorsqu'il fait référence à l'État profond en août 2019, Emmanuel Macron vise en réalité des personnes, des directeurs d'administration centrale et des préfets, ceux qui précisément constituent l'architecture permanente de l'appareil d'État, tel qu'il fût rebâti à la révolution et consolidé par les républiques successives. Ils disposent de parcelles de pouvoir puisque, d'après lui, ils ne sont pas suffisamment véloces pour exécuter ce qu'il a décidé. Ces administratifs-là bloquent ses réformes et donc son régime. Peut-être voudrait-il inspirer une pratique similaire à celle des « dépouilles » aux USA qui veut que le nouveau président change toute la haute administration ? Or, concernant les préfets et sans « *spoil system* » à disposition, en 3 ans de présidence, il les a tous changés.

En 2020, Emmanuel Macron décide de supprimer l'ENA et en 2021 de mettre les postes de directeurs d'administrations centrales et les préfets sur des sièges éjectables. Il remet en cause le principe de la neutralité de l'administration au motif de la moderniser. Il installe l'insécurité dans des fonctions majeures de l'appareil étatique. Plus tard, le Premier ministre précisera qu'un « corps d'administrateurs de l'État » va être formé où la diversité et les performances des parcours professionnels seront prises en compte dans le déroulement des carrières. Ainsi, on passe du recrutement sur les compétences au jugement sur les performances et à la discrimination positive qui ne sont que des recrutements à la carte. Après tout, les attributs du pouvoir ayant été transférés à la Commission européenne, a-t-on encore besoin d'un personnel administratif sous statut, compétent, exigeant et respectueux de l'état de droit ? L'expérience du pouvoir macronien montre que celui-ci a surtout besoin de serviteurs zélés comme ceux qui utilisaient le LBD en tir tendu.

Le paradoxe de l'affaire est qu'au nom d'une lutte imaginaire contre l'État profond Macron va créer les conditions de la naissance d'un État profond, c'est-à-dire d'un État partisan.

Pour le citoyen, l'État reste un mystère, reste quelque chose de secret où se trame le pire et, peut-être, le meilleur. Où commence-t-il ? Où finit-il ? Par l'intermédiaire de la politique, il s'en approche, s'en fait une idée qui détermine son vote et le conduit de plus en plus à s'abstenir. Que fait la Région ? À quoi sert-elle ? Combien coûte-t-elle ? Le département, mêmes demandes. La commune, peut-elle intéresser encore celui qui ne paie plus la taxe d'habitation ? Demain, le parlement, quel intérêt de voter pour un député sans pouvoir ?

En revanche, ce qui peut paraître étonnant, c'est de constater que l'État reste aussi mystérieux pour l'élu, et pas forcément pour le seul élu du bas, tel le maire de la petite commune. Nous connaissons les difficultés du législateur pour accomplir sa mission. Ces difficultés rendent plus mystérieux le fonctionnement de la machine État. Pour beaucoup, il doit exister, à l'instar de ces zones urbaines comme les échangeurs autoroutiers, des espaces oubliés dans lesquels se trament des complots et des machinations. Alors que la recherche de transparence n'a jamais été aussi forte.

L'État français n'est pas de création récente comme celui des États-Unis. Il a une longue histoire qui remonte au « fonds des âges ». L'État profond ou secret suggère selon nous, l'existence d'une partie de l'énorme appareil où ne pourraient accéder seulement des personnes initiées qui agiraient pour le compte d'intérêts privés. Dans le monde économique, toute entreprise se doit de protéger ses secrets de fabrication vis-à-vis de ses concurrents, elle peut le faire avec ses personnels suivant des procédures qui lui sont propres. L'État, en tant qu'exécutif, est dans une situation analogue. Il ne peut porter à la connaissance du monde tout ce qu'il entreprend. Seulement, pour la bonne marche générale, il ne peut s'exonérer de partager avec celui qui le contrôle certains éléments secrets de ses actions. Cela se fait par exemple dans le domaine de la défense par la tenue de réunions avec les parlementaires spécialisés selon la procédure dite de Chatham House. Par contre, la mise en place comme moyen de pilotage du pays du conseil de défense accentue les pratiques du secret. Nous le verrons ci-après.

Dans le fonctionnement de l'entreprise, la zone profonde est celle qui concerne l'argent. L'anonymat permet précisément d'en empêcher le traçage. Avec le renfort de montages comptables et financiers complexes, l'anonymat facilite pour les dirigeants des grandes compagnies internationales la mise à l'abri de leurs profits d'autant plus gigantesques qu'ils sont exonérés d'impôts et de taxes. Existe-t-il dans l'État des personnes pouvant conduire ce genre d'exercice ? A priori non. Néanmoins nous savons que certains postes de la haute administration sont tenus par des personnalités dont on ne connaît rien, ni la rémunération, ni la fonction, ni le conflit d'intérêts. Leurs outils sont la somme des pratiques et de la réglementation accumulées à laquelle s'ajoutent l'intelligence, les connivences, les amitiés, les promotions, les corps et leur esprit. Ces personnalités sont de la discrétion du ministère qui les emploie. Or ce ministère, celui de l'économie et des finances, gère une dette colossale.

L'apostrophe qui présida à la naissance du mouvement Gilets jaunes est toujours d'actualité : « qu'est-ce qu'ils font de tout ce pognon ? » et la gestion du Covid a renforcé cette interrogation.

AVEC QUI RÉGNER ?

Emmanuel Macron peut bavarder à l'infini sur la France. Sa formation intellectuelle et son sens du théâtre le servent, mais l'attachement profond à la patrie ne transparaît jamais dans son discours. Il paraît lointain, froid, comme ne disposant d'aucune empathie vis-à-vis de ses semblables. Ses compatriotes sont trop concrets, capables et coupables de commettre jusqu'à des crimes contre l'humanité, illettrés, voire alcooliques, procureurs mêmes.

Il a une vision de la France qu'il commente et des Français qu'il juge, comme s'il n'en était pas partie prenante. Il ne se cache pas d'être européen et mondialiste avant d'être français. Il appartient à cette caste qu'un philosophe anglais désigne par « anywheres », des gens à la fois de nulle part et de partout, qui domine ceux fixés sur un territoire, les « *somewheres* »[179], ceux de quelque part, les enracinés.

Ne reposant pas sur le peuple chez lequel il « est entré par effraction » comme il l'a signalé lui-même mais qu'il est malgré tout censé représenter, sur quoi repose le régime qu'Emmanuel Macron met en place en fonction des opportunités depuis son accession ?

179 David Goodhart, *the road to somewhere.*

Le macronisme repose sur l'appareil de l'état qu'il a pris dans des conditions discutables, sur le système énarchique dont il est issu et sur la haute finance qui l'a promu. Ce sont à la fois les guerriers et les artisans du lointain Platon qui pèsent sur la plèbe et les esclaves. Ils sont dans la modernité. Leur armement principal c'est le droit, de préférence le droit européen, et la finance, de préférence mondiale.

Dans l'organigramme, Emmanuel Macron est au-dessus de tous ceux-là. En apparence, il les pilote, les guide, les conduit. Il a placé son mandat sous le signe de Jupiter, le Dieu des dieux chez les Romains. On ne pourra lui reprocher de n'avoir pas annoncé la couleur, il n'a pas caché son ambition bien avant le scrutin présidentiel. Que signifie qualifier une présidence de jupitérienne? Beaucoup ont cherché à l'expliciter, plus exactement à en réduire la portée pour lui donner plus de modestie. Emmanuel Macron voulait rompre avec la présidence normale de son prédécesseur, ce qui est plutôt judicieux. Associer la présidence de la France à la normalité est une bêtise. Celui qui veut être normal ne cherche pas à devenir président de la République. Cependant, à l'inverse, se vouloir un président impérial et dominateur aurait dû inquiéter, mais aucun de ses laudateurs n'a fait mention de la mégalomanie du personnage qu'implique ce choix. Le fait qu'il soit à la fois le président le plus jeune et le moins expérimenté aurait dû être mentionné, en aucun cas minimisé.

Quand il a mis sa présidence sous le signe de Jupiter. Il a voulu indiquer qu'il assumerait sa fonction et qu'il l'exercerait dans toute sa verticalité, sous-entendant avec brutalité si elle s'avérait nécessaire. Les Gilets jaunes peuvent le confirmer.

Il est vrai que la France a besoin d'un chef qu'elle peine à trouver. C'est-à-dire d'une personnalité disposant de convictions pour la guider en toute indépendance dans ses fondements essentiels et en la respectant parce que l'aimant. Plus précisément la France a besoin d'un chef d'État, ce qui est plus difficile à trouver dans ces temps où l'État se dissout dans la commission de Bruxelles, c'est-à-dire d'une personnalité qui ne cherchera pas à diviser les Français et qui saura choisir le gouvernement qui définira et conduira la politique de la nation.

LA TECHNOCRATIE REMPLACE LES ÉLUS

Avant d'aborder plus avant l'usage de l'État qui prévaut chez le président, arrêtons-nous sur les propositions de son programme de campagne concernant ceux qui le peuplent. Quelle organisation avait-il envisagée? Il y a deux catégories d'occupants dans l'État : les élus que nous devons connaître et qui nous représentent et l'administration, ce monstre anonyme, que nous rencontrons en permanence sous la forme d'interdit. L'administration est un appareil, une machinerie, un outil, c'est-à-dire des hommes et des femmes qui organisent notre vie collective selon des principes qui préservent, tant que faire se peut, les libertés individuelles. L'administration est commandée, dirigée, conduite par le gouvernement qui la met en œuvre. Le gouvernement, lui-même, n'est finalement qu'une délégation légitime de deux corps élus, le président de la république et le parlement. Les élus, en l'occurrence les parlementaires, donnent les conditions de la mise en œuvre par des documents précis, les lois, et dont ils vérifient l'exécution.

Parmi les chantiers, dans lesquels se déclinait son projet présidentiel, Emmanuel Macron mentionnait le renouveau démocratique. La réduction drastique du nombre d'élus nationaux et locaux formait le cœur de ce renouveau démocratique. Cette énormité ne fit l'objet d'aucune remarque. Ses compétiteurs, pas plus que sa compétitrice, n'ont mentionné cette absurdité. Le renouveau démocratique ne peut se concevoir en faisant disparaître ceux qui sont le cœur du principe démocratique. Au moment où l'énorme machinerie étend son emprise sur la société, il est inconcevable de réduire la place des élus représentants le peuple et la contrôlant en son nom. Cette façon de minimiser le peuple français correspond à la fois à sa conception philosophique et à son européisme fondamental. L'existence même d'élus, et ce, quelle que soit leur couleur politique, est source de revendications, de subsidiarité, soit d'autonomie et d'indépendance. À ce jour, aucun texte poursuivant ce but n'est à l'ordre du jour. La fin de mandat n'est pas propice à des réformes difficiles. Il n'empêche que la place et le nombre d'élus pour contrôler les exécutifs est toujours d'actualité. La démocratie existe grâce à un savant dosage. Discréditer l'élu reste une constante, l'antiparlementarisme en est la forme la plus fréquente.

Le projet concret d'Emmanuel Macron était de supprimer le tiers des parlementaires, c'est-à-dire porter à plus de 150 000 habitants la dimension des circonscriptions. Les élus nationaux verraient leur travail consécutivement augmenté, à moins d'en diminuer les missions et finalement les capacités de contrôle. Le futur président avait imaginé de renforcer leur « cabinet » par l'apport de fonctionnaires temporaires à la manière des sénateurs américains qui gèrent des staffs importants de collaborateurs, sauf que des fonctionnaires appartiennent à l'exécutif. Adieu la séparation des pouvoirs, la boucle est bouclée. Les parlementaires qui parviendraient encore à s'abstraire de la domination administrative passeraient de cette façon sous son influence. Les élus territoriaux subiraient aussi des restrictions, alors que la plupart de ceux-ci sont bénévoles et œuvre pour le bien de tous. Le projet semble abandonné pour cause de Gilets jaunes, seulement rien n'indique que son couvert ne sera plus jamais remis, parce qu'il s'inscrit dans le projet de dictature administrative qui s'est mis progressivement en place à l'insu de tous par la progression constante de la bureaucratie.

Consécutivement à la diminution du nombre des élus, l'administration, et au sein de celle-ci son sommet hiérarchique, la haute administration, seraient renforcés. La menace du contrôle des élus serait moins pesante. La Cour des comptes verrait son rôle plus affirmé (ce que demande son nouveau président) afin de respecter un semblant de contrôle. L'énarchie qui compose toute la sphère aurait les coudées plus franches.

Pourtant et déjà l'énarchie occupe énormément de postes de la direction des affaires du pays. Président, ministres, parlementaires, haute administration, conseillers constitutionnels et d'état, Cour des comptes, les énarques trustent beaucoup de postes à la tête du pays. Ils se trouvent à toutes les phases de la décision, de son suivi et de son contrôle. Ils élaborent, ils proposent, ils conseillent, ils influencent, ils décident et ils contrôlent. Il n'y a pas d'équivalent dans le monde où une catégorie s'est arrogée autant de pouvoirs et de contrepouvoirs, où la confusion des genres est aussi poussée. De ce constat, on peut déduire que la France est dans un déni de démocratie. Loin de l'avoir rendu plus efficace, cette consanguinité de peuplement et son copinage consécutif ont affaibli l'État.

Emmanuel Macron n'en porte pas la responsabilité seul, il est dans une lignée qui n'a fait que se renforcer, mais il peut lui être fait le reproche de ne pas, si ce n'est d'en avoir inversé la tendance, au moins d'en avoir réduit l'appétit. Plus précisément, d'avoir doublé et verrouillé encore le niveau central par les hommes des cabinets ministériels connectés avec leurs correspondants à l'Élysée. Ce qu'il n'avait pas réussir à faire avec Édouard Philippe, Emmanuel Macron l'a obtenu de Jean Castex, la nomination comme directeur de son cabinet d'un de ses amis proches, Nicolas Revel.

Emmanuel Macron, à la différence de ses prédécesseurs, s'imagine que la réduction du pouvoir à quelques proches comme lui serait un facteur d'efficacité.

DANS LE CONCRET DE L'ACTION DES MINISTRES

Dans chaque ministère, le pouvoir est détenu par les hommes des cabinets et de la direction de l'administration centrale, « les ministres adoptent très vite la pensée de leurs conseillers… Quand vous êtes un ministre peu expérimenté, envoyer bouler un directeur d'administration centrale, c'est impossible » dit François Bayrou[180], maire de Pau et proche du président Macron. Les conseillers sortent du même moule que les directeurs centraux, ce qui leur donne une puissance effective tient de leur permanence sur place. Le ministre est de passage dans la durée et dans l'emploi de son temps quotidien. De quel temps dispose-t-il pour s'occuper de la compétence de son ministère et de l'organisation dont il est, selon l'organigramme, le patron ? L'emploi du temps d'un ministre est immuable. Le conseil des ministres, éventuellement le conseil de défense, les questions au gouvernement des parlementaires, les auditions en commission, les réceptions diverses, les visites dans les territoires, les missions à l'étranger, les contacts nécessaires, les relations avec ses commissions, les demandes d'amis politiques,

---

180 Cité par Laurent Mauduit dans « La caste ».

tout cela fait partie de ses obligations. Un ministre court après le temps. S'il est jeune et souhaite faire une carrière politique, il lui faut ménager sa circonscription le week-end. Dans les temps anciens, n'était-il pas dit que lorsque le pouvoir souhaitait se débarrasser de quelqu'un, il le nommait ministre ?

Que sait-il de son ministère ? Ce qu'on veut bien lui dire ou ce qu'il apprend à l'extérieur, principalement dans les médias, quelquefois dans les questions des députés ou sénateurs, des rencontres de hasard. Le courrier des citoyens ? Il n'est pas traité par lui ! Imaginons Agnès Buzyn, ministre de la Solidarité et de la Santé, demandant à sa technostructure « … et les masques ? » devait s'entendre répondre « On s'en occupe, madame le ministre, on les commande ». On a vu. On peut même imaginer qu'à force de répéter les uns et les autres qu'ils les commandaient, ils ont fini par se persuader qu'ils l'avaient tous fait. Sinon, comment comprendre qu'il a fallu attendre plus de trois mois et fin juin pour se trouver ravitaillé ? En interrogeant un quelconque importateur, les masques étaient livrés, en deux ou trois jours par avion ou en quinze par bateau. Il existe chez les Français une fusion du dire et du faire, qui se trouve amplifiée chez les administratifs, en tant que population homogène et autocontrôlée. L'autre hypothèse considère qu'un choix fut fait de ne pas équiper la population de masques inutiles qui par la suite s'avérèrent obligatoires.

Les ministres sont d'abord des participants à des rencontres ou des réunions qu'ils président et qu'ils enchaînent. Elles remplissent leur agenda. Ils y liront des notes rédigées par leurs services. La déresponsabilisation y tourne à plein, mais elles leur donnent le sentiment de faire des choses utiles. Ils en ressortent avec peu d'éléments leur permettant d'évaluer leur activité concrète. Ils ne disposent pas de repère, d'équivalent aux données que possèdent les managers des grandes entreprises, pour juger de leur travail et de l'efficacité de leur organisation. Organisation sur laquelle d'ailleurs, chaque ministre ne peut pas grand-chose, compte tenu d'une part des rigidités étatiques et d'autre part du temps de présence nécessaire au sein de son ministère, pour observer, comprendre et éventuellement modifier son fonctionnement. Tout cela tient en vérité du bricolage ou de l'artisanat. Le ministre n'a de retour des médias que lorsqu'ils rencontrent des difficultés. La solitude caractérise la fonction ministérielle. La fonction ne devient collective que pour exprimer les objectifs généraux du Président et du chef du gouvernement. Ils sont avant tout en représentation du gouvernement. Il leur faut donc suivre attentivement ce que disent les chefs.

Consécutivement, le « métier » de ministre devient une activité de survol d'une discipline où ne compte que la parole préparée par d'autres. Quel choix peut donc prévaloir à la nomination d'un ministre ?

La tendance est de faire tenir le poste par une personnalité disposant de connaissance suffisante pour tenir le sujet et représentative du mouvement politique dominant. Le ministère de la Justice est tenu par un professionnel du droit. Le titulaire de la santé est un médecin. L'éducation revient à un professeur. Sans le dire, car les postes sont avant tout politiques, la fonction ministérielle est de plus en plus tenue par des personnalités issues de la profession concernée par le ministère.

Le ministre est devenu un avocat d'une cause dont il peine à connaître les ressorts. Son principal souci est de délivrer, sans trop de fausses notes pour la suite de sa carrière, un message de l'action gouvernementale ou de celle de son ministère. Le politiquement correct et la langue de bois sont les véhicules choisis pour le faire, recouverts désormais par « la « délivrance d'un message ». Le message est le terme nouveau et retenu pour les annonces officielles. Le message concentre la pensée grâce à quelques mots-clés, c'est-à-dire sa plus simple expression afin de toucher le plus grand nombre par sa répétition. Cette communication, pour employer le terme qui englobe les messages, et dont les chargés de com et autres spin doctors vont gloser sur son efficacité à l'infini, s'achève sur le constat brutal que peu de personnes finalement n'écoutent la parole du haut. La com est à la politique, ce que la pub est au commerce, un produit marketing dont la finalité est de répéter en boucle à la cible, en l'occurrence ici le client-citoyen, ce qu'elle a envie d'entendre, plus que de traduire une réalité objective. Le sondage vient ou non valider la qualité du message. Le plus surprenant à ce sujet, et en général, lorsqu'une personnalité politique manifeste sa présence, sous une forme ou sous une autre, elle baisse dans les sondages. A contrario, lorsqu'elle se fait discrète, elle monte. Comment dans le concret s'effectue la connexion entre le ministre et la structure qu'il chapeaute ?

LE MINISTÈRE DE LA SOLIDARITÉ ET DE LA SANTÉ

Ce ministère est un monstre. Il se décline en huit directions, dotées chacune d'un organigramme copieux. La direction de la sécurité sociale est une de ces directions. En 2019, le budget de la sécurité sociale dépasse les 500 milliards d'euros, alors que celui de l'état se monte à 330 milliards d'euros. C'est déjà en soi une difficulté de ne communiquer que du déficit de la sécurité sociale.

Pour faire face à l'énormité de la tâche, le décideur public a morcelé l'administration de la santé en agences dont le but proclamé, comme toujours, est de gagner en souplesse. Finalement, la souplesse des unités confère surtout au fonctionnement d'ensemble du ministère plus de lourdeur et surtout davantage d'opacité. Il y a deux types d'agences. Les agences fonctionnelles et les agences opérationnelles. Elles ont toutes été créées à partir des années 2000 dans le même esprit et dans le même élan, quelle que soit la sensibilité politique du titulaire.

Les agences fonctionnelles

Les agences de type fonctionnel sont spécialisées. Elles se présentent aussi sous différentes formes, caisses, centres, conseils, instituts. Une trentaine de ces organismes transitent dans la santé.

L'HAS, Haute Autorité de santé, est une autorité administrative indépendante disposant de la personnalité juridique, distincte de celle de l'État. Elle est scientifique. Effectif : 400. Création en 2004

L'ANSM, agence nationale de la sécurité des produits de santé et du médicament 22 pages d'organigramme. Création en 2011.

L'ANSES, agence nationale de sécurité sanitaire, de l'alimentation, de l'environnement et du travail, a pour mission l'évaluation des risques sanitaires. Effectif : 1350. Création en 2010.

L'ANSP, agence nationale de santé publique, plus connue sous le nom de « Santé publique France », établissement public à caractère administratif dont la mission est la protection de la santé des populations. Effectif : 600. Création en 2016.

L'ANS, agence numérique de santé ou ASIP agence des systèmes d'information partagée de santé traite des aspects numériques des soins. Effectif : 200. Création en 2019.

L'ANAP, agence d'appui à la performance. Effectif : 84. Création 2009.

L'ATIH, agence technique de l'information sur l'hospitalisation a pour missions de collecter et diffuser l'information hospitalière. Effectif : 50. Création en 2000.

L'Agence pour le suivi des maladies émergentes et infectieuses est la dernière-née, en janvier 2021, taillée sur mesure pour monsieur Yazdan Yazdanpanah qui aura fort à faire avec toutes ses fonctions officielles et officieuses.

L'Agence de la biomédecine est chargée des prélèvements et greffes d'organe. Effectif : plus de 200. Création en 2004.

À cela il convient d'ajouter : la conférence nationale de Santé créée en 1996 et renouvelée en 2004, elle a demandé la création du comité citoyen pour le vaccin ; le haut conseil de santé publique, créée en 2004 et renouvelée 2007 ; la commission technique de vaccination créée en 2017 et le conseil d'orientation de la stratégie vaccinale créé en 2020.

Les agences opérationnelles

Les ARS, agences régionales de santé, sont les organes opérationnels ou le prolongement de l'administration centrale de la santé dans les territoires. Il y a autant d'ARS que de régions et celles-ci possèdent des délégations dans les départements. L'organigramme de l'ARS Grand Est décrit un effectif de plus de 300 personnes, en y ajoutant les 10 délégations départementales on arrive à un effectif de 700 personnes environ. Dans le discours officiel, l'ARS a deux grandes missions : la conduite de la politique de santé publique sur son territoire et la régulation de l'offre de soins. On a constaté que son rôle s'attachant surtout à la réduction des dépenses de santé faisait de la médecine une activité administrative. Bernard Debré, chirurgien et ancien ministre, n'y allait pas par quatre chemins pour affirmer « Depuis que l'administration a pris le pouvoir, l'hôpital est en crise ». La crise a débuté avec l'arrivée de la gauche au pouvoir. Elle s'est aggravée sous Jacques Chirac, mais aucun des présidents suivants n'a préparé la France à une épidémie. Le Covid a révélé l'ampleur des dégâts causée à l'hôpital et d'une façon générale à l'action publique de santé par le rationnement budgétaire. Il a aussi révélé un système de connivence entre l'administration, certains médecins-chefs de service hospitalier et les grands laboratoires. La privatisation du domaine public par ceux censés l'animer est le résultat de cette connivence.

Dans le vivier de ces agences, fonctionnelles et opérationnelles, il n'a cependant pas été possible de trouver les personnes susceptibles de gérer la campagne de vaccination, il a fallu faire appel à un cabinet-conseil d'origine américaine. À quoi servent donc tous ces gens ?

L'action du ministre de la Santé

Dans le dispositif, après les stratèges et parmi les plus opérationnels, il y a le ministre lui-même, ministre de la Solidarité et de la Santé. Au début de l'épidémie, le poste est tenu par Agnès Buzyn. Son audition, lors des commissions d'enquête parlementaires, fut pour elle désastreuse et pour le public, une révélation. Elle ne semblait pas au courant de ce qui se passait dans son ministère. Pourtant, lors de ses auditions classiques en commission parlementaire ou de ses réponses aux questions des députés en séance publique, elle ne laissait pas le souvenir d'une personnalité incompétente. Le propos n'est donc pas de l'accabler, mais de tenter de comprendre.

Précédemment nous avons montré que le temps restant à tout ministre pour se consacrer effectivement à la conduite de son ministère est ramené à la portion congrue. Le niveau de technicité, ne serait-ce que le langage, pour prétendre à la conduite du ministère de la Santé élimine tout autre candidat qu'un professionnel de la médecine. Pourtant les conditions d'accès ne mentionnent pas de spécificité particulière. Le poste de ministre reste du domaine politique donc, a priori, ouvert à tous ceux qui sont issus de la majorité en place. Madame Buzyn présente les deux qualités, elle est à la fois femme politique et médecin. Pourtant, elle s'est montrée incapable d'expliquer ce que fut précisément son rôle. Lors de son audition devant les mêmes commissions d'enquête, le Premier ministre, Édouard Philippe, a souligné qu'entre les différents acteurs, le ministre, les agences diverses, le cabinet, la direction de la santé, il faudra réfléchir à la signification de la responsabilité pénale du ministre. Il préconisait aux députés de s'en saisir. C'est effectivement une question essentielle. Lors de l'audition d'Agnès Buzyn est apparue une contradiction majeure. À quoi correspond le rôle du ministre ? Que fait-il au sein d'un ministère technique ? À l'étranger, le ministre est souvent le plus haut responsable administratif. Le titre n'a pas la même signification qu'en France où être ministre constitue le sommet de la carrière politique.

Le rôle de l'État, la Santé et le vaccin

Ce que nous venons de décrire peut se résumer de la façon suivante : un ministère aussi technique que celui de la santé est difficilement gérable par celui qui le dirige, difficilement abordable pour les parlementaires qui doivent en assurer le contrôle et incompréhensible pour le citoyen. Il est vital de redonner de la lisibilité à l'ensemble. Il faut commencer par savoir ce qui ressort du collectif et ce qui tient du privé. Faire le tri entre les différents opérateurs pour savoir qui fait quoi et jusqu'où ? Sous le couvert de qui ? Et avec quel argent ? Autrement dit quelle est la part de chacun des acteurs du domaine de la santé et s'y tenir. Donner à la médecine de ville la responsabilité de coordonner les différents acteurs est une bonne chose, mais exiger de tous ceux qui souffrent de difficultés respiratoires pendant la crise d'appeler le 15 remet tout en cause.

La puissance publique intervient dans un domaine relativement défini et circonscrit. Ce domaine concerne tout le monde et se limite à ce qui existe de social ou de collectif chez chacun. L'engagement qui en découle naturellement considère qu'il est plus aisé d'atteindre le but collectivement qu'en ordre dispersé. Cependant, il reste un domaine restreint, privé dans lequel la puissance publique se doit d'être en retrait sinon le risque d'attenter à la liberté individuelle est réel. L'action publique est un choix collectif, au moins en théorie, elle indique une sélection des possibles, un choix ou des priorités qui aboutissent à mettre en œuvre des moyens et des méthodes. L'action publique c'est l'État en mouvement. Dans le domaine de la santé, l'existence de la Sécurité sociale est constitutive de la solidarité, de la fraternité vers les plus fragiles et d'égalité devant les soins. La Sécurité sociale est aussi considérée par certains comme un facteur d'irresponsabilité du fait de la liberté que chacun s'attache à défendre pour lui-même peut conduire à des comportements inadaptés et dangereux. Est-ce normal de payer les soins d'un alcoolique ou d'un fumeur ! Elle est inversement par d'autres considérée comme un facteur attentatoire à la liberté, ne serait-ce que l'obligation de contribuer à son financement.

L'actualité du covid a fourni maints exemples du retour de ces débats idéologiques qui s'étaient atténués avec l'efficacité d'une médecine disposant de matériels toujours plus sophistiqués. La vaccination contre le covid a relancé ce qui avait disparu.

Le principe de la vaccination est de se protéger soi-même vis-à-vis des risques d'une maladie grave, handicapante, voire mortelle. Elle est obligatoire pour onze vaccins. Par contre, il est conseillé aux personnes ayant dépassé 65 ans de se faire vacciner chaque année de la grippe. L'acte est pris en charge par la Sécurité sociale.

La vaccination est un acte de prophylaxie, qui, s'il doit être obligatoire doit remplir au moins deux conditions. La première est de ne pas disposer de traitement contre la maladie en question et la suivante d'avoir un produit présentant toutes les garanties d'innocuité et de sureté, validées par l'expérience et le recul du temps.

Qu'en est-il du Covid et du vaccin pour s'en protéger ? Nous l'avons développé dans la première partie, rappelons les grands traits.

La covid est une maladie grave essentiellement pour les personnes âgées fragiles, 96 % des décès qui lui sont liés concernent les plus de 70 ans[181]. La vaccination de toute la population ne se justifie donc pas. Elle n'a donc pas lieu d'être obligatoire, l'imposer est une aberration publique à la fois sanitaire, économique et financière.

Des traitements existent, certes négligés par la puissance publique pour des raisons obscures. Enfin les vaccins proposés n'ont pas été produits avec la rigueur habituellement recommandée. Ils sont dans une sorte d'expérimentation grandeur nature. Enfin, les vaccins se sont vite révélés ne protégeant pas complètement le vacciné, de plus possiblement contagieux pour son entourage. Le vaccin qui par essence est un produit immunisant contre une ma-

181 Lettre au « Lancet public Health » de 5 membres du conseil scientifique dont le président.

ladie s'est avéré ne pas en être un. Le produit vaccin qu'il soit de Pfizer, Moderna ou AstraZeneca n'a pas déclenché l'engouement murement préparé par des confinements à répétition.

C'est la raison pour laquelle le pouvoir macronien a tenté de rendre obligatoire la vaccination. Constatant l'impossibilité légale de rendre obligatoire la vaccination sans s'attirer les foudres de l'OMS et de la Justice, il a utilisé le subterfuge du passe sanitaire rendu lui obligatoire pour accéder à une vie sociale normale. L'obtention du passe-sanitaire repose donc pour l'essentiel sur la vaccination (il n'est pas certain que le test PCR prévu pour être payant à partir du 15 octobre le soit. Le passe-sanitaire et l'obligation vaccinale se confondraient).

L'exécutif a abusé de son pouvoir en portant atteinte à une liberté individuelle, celle de choisir pour soi-même de prendre un produit. Nous ne sommes plus ici dans l'action sanitaire, mais dans la politique. L'État de droit ne pouvant contraindre à vacciner, l'administration se trouve néanmoins dans l'obligation de le faire par l'intermédiaire d'un passe-sanitaire obligatoire. Le « Nouveau Monde » est kafkaïen. Cette démarche, qui échappe à la raison, conduit à engager l'administration dans ce qu'il est convenu de nommer la lutte. Ici la lutte contre la pandémie. On sort une nouvelle fois des règles établies pour trouver toutes les justifications possibles aux actes étatiques.

L'administration s'engage dans la lutte

Dans le dispositif ministériel que nous venons de décrire, remarquons la place prise par le terme : LUTTE pour exprimer l'action de l'exécutif. Le gouvernement lutte… le ministre lutte… Le corps électoral a-t-il choisi une majorité pour qu'elle lutte ? Non. L'électeur choisit celui qui lui paraît le plus à même de faire ce pourquoi il se propose au suffrage ou plus exactement rejette celui qui ne lui paraît pas à même de réaliser ce qu'il annonce, étant entendu que réaliser par les mêmes officines, les programmes politiques ont tendance à se ressembler fortement.

L'électeur choisit donc un faiseur et tant qu'à faire un bon faiseur, il ne choisit pas une équipe ou un type qui lutte, mais une équipe ou un type qui décide. Qui fait quoi ? Le gouvernement décide de dispositions que l'opposition combat. L'extension, dans le discours, du domaine de la lutte à l'action gouvernementale est une source de confusion. S'est-elle imposée ou fut-elle voulue ? Est-ce un constat ou une volonté ? Il est bien difficile de le dire.

Dans la lutte, il existe certes un ou des leaders, mais la lutte c'est, avant tout, une impulsion portée un groupe, une dimension collective qui s'apparente à la nécessité. Dans la décision, on entend un acte individuel, voire solitaire, un entêtement si l'échec est au bout. La finalité à la lutte est aléatoire. Elle peut aboutir à l'échec, mais c'est l'échec de tous. « J'ai gagné » pourra s'enorgueillir le leader ou « nous avons perdu ».

La technocratie dans laquelle se recrutent les leaders d'aujourd'hui a des règles. Le choix de l'administration n'est pas neutre, ce n'est pas un choix parmi d'autres, c'est un choix de protection vis-à-vis des vicissitudes de l'existence et d'assurance de déroulement de carrière. Celui qui la choisit ne peut se permettre l'échec. Le calcul est présent à tous les moments de la promotion ou du déroulement de la carrière. L'administration est un monde ou pour avancer, il ne faut pas faire de vague, ne pas prendre de risque. L'administration est un cadre rigide qui s'impose à ceux qui la servent, mais aussi les protège. Lorsqu'une situation inconnue arrive, elle ne peut y faire face sauf à disposer de moyens exceptionnels. Les moyens exceptionnels ne sont plus prioritaires pour des raisons budgétaires, la déréliction des populations frappées est totale.

La covid-19 a mis en évidence cet état de fait. L'État est incapable de faire ce pour quoi il existe dans sa dimension essentielle : la protection de ceux dont il a la charge, ici contre la mort non programmée, tant il s'est dilué dans des missions annexes dont on cherche en vain l'utilité.

C'est dans les situations extrêmes que se mesure la qualité des organisations mises en place antérieurement. C'est dans les situations tendues qu'on évalue la qualité des dirigeants. Ce sont les circonstances qui font les hommes. Or l'organisation en place était l'objet d'une dégradation continue. Il restait aux hommes l'obligation de mettre un dispositif opérationnel en place. Il n'a pas été mis, mais il a été choisi de faire porter à la société la responsabilité qui incombe aux décideurs de l'État.

L'impérialisme énarchique a paralysé le pays. Lors de l'arrivée du virus sur le territoire, l'énarchie choisit de confiner ses habitants imitant la Chine qu'elle décrit comme une dictature. Ce faisant, elle l'admet pour elle-même. La Chine est un continent aux ressources considérables. Le chinois est collectif selon Lao Tseu. Le Français individualiste, mais plus créatif. D'autres solutions auraient pu être envisagées. La psychologie de ceux qui peuplent l'état s'est ainsi parfaitement illustrée. L'atermoiement n'était pas de mise. Des décisions devaient être prises qui ne devaient ni faire de vague politique ni engendrer des risques judiciaires. La marge était étroite, elle le restera. Le confinement s'imposait, non pour sauver des vies comme il fut dit, mais parce que les hôpitaux avaient été si rationnés qu'ils ne pouvaient plus accueillir des malades en nombre. Le confinement empêchait les gens d'être en contact. Que pouvait-on envisager de mieux ? L'affaire du sang contaminé était dans les têtes. Laurent Fabius, un énarque, avait été condamné. Or l'état des moyens étaient déplorable et les responsables toujours au pouvoir !

Il fallait d'abord reconnaître que l'État et ceux qui en avaient la charge n'avaient rien prévu et qu'ils ne disposaient d'aucune souplesse pour y remédier. Ils avaient des normes et des procédures à appliquer. Bien malin, celui qui aurait pris le risque de sortir des sentiers battus ?

Il fallait faire appel à l'esprit de débrouillardise des Français et de leurs entreprises. Comment faire appel à l'intelligence d'un peuple quand on appartient à une caste dont un des traits est de ne pas en tenir compte dans son mode de fonctionnement mental, de le mépriser et de souhaiter le dominer ? La caste était comme Napoléon devant Moscou. Libérer le moujik du servage lui aurait donné plus de chance de vaincre le tsar, mais l'idée même de le faire n'entrait pas dans son schéma mental. Il n'est pas dans les chromosomes de l'énarchie d'en appeler au peuple. L'uniformisation n'engendre pas seulement l'ennui, elle fragilise les organismes quand un virus y pénètre. La diversité, tant réclamée dans des lieux où elle n'a que faire, a toute sa place dans la conduite démocratique. Le dynamisme et le mouvement ne peuvent être l'œuvre de vocations administratives. Dès le dix-neuvième siècle, Alexis de Tocqueville constatait comment l'administration paralysait le pays. Au vingtième, Marc Bloch observait la déroute de l'armée française conduite par des chefs issus du même moule. Combien d'autres ont traité de ce mal français. Au vingt et unième siècle, la haute administration qui voulait changer l'axe de la planète se vautrait contre un virus.

LE POUVOIR D'EMMANUEL MACRON EN PÉRIL

Début mars 2020, il n'y a plus de doute quant à l'arrivée du virus sur le sol. Son agressivité est constatée en Italie depuis la mi-février conduisant vers les hôpitaux des foules effrayées et ameutées par les médias. Des mouvements de panique se sont déclenchés engageant les autorités au confinement de villes du nord de la péninsule.

Faut-il maintenir les élections municipales en France ? Le Président convoque les principaux partis et, de l'avis de ceux-ci, décide de leur maintien à trois jours du scrutin avec des mesures de sécurité qui n'engagent pas d'y participer et à cinq jours d'annoncer que « nous sommes en guerre ». Le président n'est plus tout à fait Jupiter. A-t-il tout dit à ses interlocuteurs ou a-t-il voulu leur faire porter une part de du fardeau du maintien ou du report des élections municipales ?

Il sort amoché de sa confrontation avec le mouvement Gilets jaunes. Ce n'est plus le jeune fringant président se sacrifiant pour ses compatriotes, mais un garçon au comportement imprévisible dont peu de gens comprennent ce qui l'anime. Il a dû s'expliquer sur ses choix, se justifier de son action au cours de réunions avec les élus locaux, avec une France d'en bas qu'il ne connaît pas et qu'il méprise. Les Français l'ont vu dans des monologues sans fin, souvent abscons, s'escrimer à convaincre des maires, qui bien que sélectionnés, sont apparus quelques fois éberlués par ce personnage en bras de chemise. Il lui fallait donner le sentiment qu'il allait tenir compte des avertissements des manifestants, remettre l'ouvrage sur le métier afin d'évacuer le malentendu incompréhensible qui s'était installé entre lui et le peuple français. Dans le flot ininterrompu de paroles, chacun retient ce qu'il veut bien retenir, mais chez beaucoup de ses adeptes le cœur n'y sera plus. La mission assignée d'Emmanuel Macron se heurte aux attentes populaires.

Deux ans avant son terme, l'avant-dernier acte du quinquennat se joue dans les assemblées avec la réforme des retraites. La trêve parlementaire pour cause d'élection municipale se rapproche dangereusement, tandis que le débat s'éternise. Alors qu'il peut compter, seul encore, sur sa majorité confortable à l'Assemblée nationale qui dispose du dernier mot, l'exécutif se trouve contraint au vote bloqué, à l'utilisation du 49.3. La venue d'une épidémie ne pourrait-elle pas permettre de rebattre les cartes. Emmanuel Macron n'entrevoit-il pas, dès cette période, la possibilité de reprendre la main sur un pays qui lui a échappé à travers le drame qu'il rencontre ?

Lorsqu'il sera de nouveau convoqué, le parlement devra se pencher dans l'urgence sur un état d'urgence qui enlèvera au Premier ministre son pouvoir réglementaire. L'impasse dans laquelle se trouvent le décideur suprême et sa cohorte de conseillers, loin de le conduire à la sagesse, va le pousser à la démesure. La démesure sera d'assumer, sans le dire, le rôle de commandant suprême dans une guerre qui n'en est pas une. Au lieu de laisser le déploiement de l'organisation prévue de l'État, Premier ministre, ministre de la Santé et gouvernement, s'exécuter dans ces conditions anormales, il veut s'imposer en chef de la manœuvre. L'hubris, ou sa conception jupitérienne du pouvoir qu'il entend incarner, est de retour et le conduit à chercher à prendre tout le pouvoir. Or il n'en a pas les moyens. La déclaration d'une situation d'urgence sanitaire les lui donnera en deux temps. En premier, il enlève les clés de la conduite des affaires du pays au gouvernement. Dans un second temps, le conseil de défense sanitaire devient l'organisme opérationnel.

Dans le maelstrom de l'état de guerre, il n'apparaît pas dans un contre-emploi et personne ne le conteste parce que l'agressivité du virus est exagérément amplifiée. En réalité, une grande partie du pays n'est plus à même de raisonner froidement c'est la peur de mourir qui domine. Une stratégie de la peur se substitue au combat contre l'épidémie.

Dans la première partie, nous avons décrit la situation dans laquelle se trouve le système de santé : les hôpitaux bureaucratisés, le manque de moyens de protection des personnels, de matériels de diagnostic et de traitement, l'impréparation face aux épidémies. Est patente l'impéritie d'un exécutif composé de technocrates qui se camouflent derrière des attitudes péremptoires et souvent grotesques. Comportement qu'Olivier Véran, le ministre en fonction, ne quittera plus tant sera grandissant l'écart entre le discours et les résultats.

Emmanuel Macron, quant à lui, restera éloigné de ces contingences qu'il laisse à ce ministre-collaborateur. Les médias à la disposition du prince nous feront part dans une dramaturgie calculée, de ce que le président étudie, envisage, et engage, jusqu'à des paris, entend-on. Lors de moments clés, il s'adressera directement au pays pour lui annoncer les mauvaises nouvelles dans la posture du chef. Ses décisions seront toujours assorties de ses commentaires sur la guerre qu'il mène. Les médias viendront consolider son discours dont le fond de sauce sera crument communiqué le 8 avril 2021 lors d'une « convention managériale de l'État » de la haute fonction publique « … Nous avons pu soigner tous les malades et ainsi sauver des vies et les premières comparaisons internationales se fondant non sur des chiffres déclaratifs, mais sur la surmortalité globale le montrent très clairement »[182]. Nous avons fait un parcours sans faute, indique Emmanuel Macron à une profession chargée de mettre en œuvre les décisions de l'exécutif. À cette date, la mortalité française est de 1505 décès par millions d'habitants, soit quatre fois la mortalité mondiale. La France est à la quatrième place européenne pour le taux de mortalité. Les 100 000 morts du Covid seront dépassés et déclarés la semaine suivante. Il est vrai que ces données sont des « chiffres déclaratifs », des fake news en quelque sorte. Pourtant tout un chacun peut assister en direct au naufrage d'une grande nation disposant du « meilleur système de santé du monde ».

Cependant les préoccupations de tout un chacun, bien que changeantes, sont d'une autre nature, la crainte d'être infecté reste l'inquiétude majeure d'une grande partie d'entre eux. L'heure n'est pas au bilan pour une communauté nationale préoccupée qui vit encore au jour le jour. Quand l'heure du bilan sonnera, l'apport d'Emmanuel Macron à la France affichera : néant. Seules quelques âmes charitables trouveront des circonstances atténuantes, les Gilets jaunes ou le virus, à ce néant, mais la grande majorité sera sans pitié. Il faut supposer que ceux qui ont mis le président en

182 Discours d'Emmanuel Macron du 8 avril 2021 sur la réforme de l'État.

place observent, stupéfiés, la décomposition en marche. Ont-ils un remplaçant pour perpétuer le mondialisme et la domination de la haute finance ? Il faut croire que non. Alors, ils vont tout faire pour modifier la perception du président le plus antinational jamais connu dans ce pays.

Dès avant l'époque du coronavirus, Emmanuel Macron avait neutralisé des contrepouvoirs qui en avaient accepté l'augure. Ils avaient quasiment tous appelé à voter pour lui. Avec la pandémie, il s'est taillé un pouvoir sur mesure. Un pouvoir à son image où la pratique autoritaire va s'agrémenter de celle du despote absolu. Emmanuel Macron veut montrer qu'il décide seul de tout. Il modifie encore la configuration du pouvoir afin d'avoir la totalité de celui-ci avec lui.

LES CONSEILS ? LE NOUVEAU POUVOIR

À partir du conseil de défense qui pilote l'État, Emmanuel Macron crée un nouvel organigramme du pouvoir. On y trouve surtout des organismes peuplés de technocrates anonymes, une sorte de regroupement autour du chef de ce qu'il est convenu de nommer l'élite. On connaît l'aversion du président pour les élus qu'il considère comme de sombres crétins. Son pouvoir despotique est calé au sommet où remontent les conseils éclairés qui lui permettent de décider. C'est son côté saint-simonien, le pouvoir c'est le savoir, le savoir c'est la science. Mais, il peut aussi s'extraire des conseils pour décider seul et contre tous, c'est son côté débridé qui ose l'impensable. Une inspiration soudaine le pousse à s'engager dans une autre voie que celle que tout le monde prône et sa décision s'avère judicieuse. Ce sont les indiscrétions qui sont distillées aux Français par les médias serviles. D'autres organismes, armés du droit, servent à la protection du président et du dispositif qu'il s'est construit.

L'articulation de ce nouvel ensemble fonctionne de la façon suivante. Le conseil scientifique donne ses avis « autorisés ». Le Conseil d'État produit la législation, les décrets et les ordonnances, accessoirement, il préconise la tactique pour les faire adopter. En fin de parcours, le Conseil constitutionnel valide l'exercice. Le Conseil de défense coordonne l'ensemble. Emmanuel Macron se trouve à sa tête, plutôt au-dessus. Prévient-il le gouvernement de ses cogitations ? Sans doute, lors du conseil des ministres qui suit où il peut laisser le Premier ministre jouer sa partition. L'inspection générale des finances évalue le coût des mesures, le « quoi qu'il en coûte », combine les financements et emprunte. Il est annoncé un « conseil de citoyens » pour le suivi de la vaccination. Pourquoi pas ! Celui-là ne verra pas le jour. Le premier président de la Cour des comptes annonce qu'il souhaite, lui aussi, participer à la nouvelle configuration qui se précise. Il entend secouer la Cour des comptes[183] pour se faire. Il valide et entérine le « quoi qu'il en coûte ». Chaque jour des milliards d'euros en emprunts, prêts, aides, subventions, on ne sait plus, pleuvent pour soutenir un pays à l'arrêt ou le mettre à genou. Emmanuel Macron qui coiffe le dispositif reste néanmoins autonome, il joue sa partition pour l'échéance cruciale.

Les ministres, excepté Olivier Véran et Gabriel Attal, sont sortis du paysage avec la pandémie. Le parlement aura le droit de questionner des ministres sans pouvoir et il devra être présent pour valider les demandes du président, c'est plus que jamais une chambre d'enregistrement des désidératas d'Emmanuel Macron.

183 Comment Pierre Moscovici entend-il secouer la vénérable Cour des comptes. *Le Figaro* 11 janvier 2021.

Sans l'annoncer, le président a modifié les termes de l'exercice du pouvoir républicain.

Le conseil de défense sanitaire

Le Conseil de défense et de sécurité nationale est l'organe qui à l'origine associe les militaires avec le pouvoir civil. Dans la Constitution, il est mentionné à l'article 15 de la façon suivante : « le Président de la République est le chef des armées. Il préside les conseils et comités supérieurs de la défense nationale ». Dans sa forme originelle, il est composé du Premier ministre, des ministres des Armées, de l'Intérieur, des Affaires étrangères, de l'Économie, et du Budget. L'assimilation d'une pandémie à une guerre aurait-elle permis l'installation du conseil de défense dans la conduite des affaires du pays ? En réalité, un décret en 2009 a déjà modifié sa mission en l'étendant aux crises majeures. Il est devenu un organisme aux compétences générales. Depuis François Hollande le Conseil de défense a vu son rôle s'amplifier. Il s'agit donc bien d'une tendance de fond. En 2020, il s'est réuni plus de quarante fois, soit presque autant que le conseil des ministres. Retenons que le conseil des ministres ne semble plus en phase avec l'époque. Le Conseil de défense occupe désormais l'espace de l'état central, l'espace de l'exécutif. Il ne remplace pas le gouvernement qui se consacre à des tâches annexes.

Le conseil de défense avait fait, jusqu'à l'apparition du virus, des apparitions furtives et ponctuelles. Emmanuel Macron avait organisé plusieurs réunions du conseil sur les questions du réchauffement climatique. Il fallait préparer le pays à la défense de la planète entière qui reposerait quasi exclusivement sur ses frêles épaules. Ces réunions avaient donné le ton de la nouvelle gouvernance dans la mesure où elles traitaient de ce qui sera la priorité, la transition écologique. Cette transition allait devenir la colonne vertébrale de toute nouvelle politique nationale. Enfin, deux autres symboles vont être modifiés par Emmanuel Macron. Le Conseil de défense se réunira dans la salle du conseil des ministres les mardis et mercredis. Le mercredi, jour du conseil des ministres, et avant lui.

Dans notre système politique, c'est au gouvernement de définir et de conduire la politique de la nation. À la différence du conseil des ministres, le conseil de défense est un organisme opaque. On ne connaît pas ses ordres du jour, ni les débats qui l'agitent, ni les conclusions qui se dégagent. Sa composition s'adapte aux conditions du moment ou au bon vouloir de celui qui préside. Il peut faire appel à la participation de hauts fonctionnaires qu'à celles de personnalités qualifiées, au milieu des personnalités statutaires. Le Premier ministre étant relégué dans un rôle d'adjoint à égalité avec tous les autres. Edouard Philippe s'opposait vraisemblablement à cette dérive. Sans doute, a-t-il préféré partir. Jean Castex n'est pas dans le même état d'esprit, bien qu'on ait senti à maintes reprises des tirages entre lui et le Président. Le conseil des ministres devient une réunion secondaire, technique, où le président fait la leçon aux ministres. Les décisions du conseil de défense sont communiquées aux présents, à charge pour eux d'adapter les missions de leur ministère aux nouvelles priorités. Une nouvelle hiérarchie est établie qui permet une captation plus grande de la conduite des affaires du pays par le Président de la République.

Ce nouvel organigramme en s'imposant déséquilibre en même temps le corps législatif dans son rôle de contrôle de l'exécutif, de contrôle du gouvernement. L'aspect d'ensemble du fonctionnement de l'État semble maintenu, mais son centre, le pouvoir, s'est déplacé modifiant la hiérarchie, et avec elle, la distribution des rôles. Les personnages de cette distribution donnent à l'expression de la puissance publique les traits d'une farce à l'italienne dans laquelle des amateurs capricieux tenteraient d'imiter les grandes personnes responsables. La performance serait risible si ce n'était pas le déclassement de la France qui se jouait.

Le conseil d'État

Le Conseil d'État est un organisme prestigieux où se pressent les meilleurs énarques. Sous l'ancien régime, il est le conseil du roi. Il reste marqué par son origine. Il est un organisme monarchique. Peu connu des Français, et assez discret jusqu'à ces temps de mouvements. Il a auparavant beaucoup fait parler de lui lorsqu'il a validé les dispositions gouvernementales visant à interdire un humoriste à produire son spectacle. Retenons qu'il peut ne pas être hostile aux mesures qualifiées de liberticides si le pouvoir l'exige.

« Le Conseil d'État est le chien de garde de l'État. Il respecte un certain équilibre quand ses décisions ne prêtent pas de trop à conséquence ; quand l'appareil d'État est menacé, il retrouve son ADN et s'érige aussitôt en gardien du temple », nous dit Rémy Libchaber[184]. « En réalité, le Conseil d'État a été créé pour protéger l'administration », confirme le constitutionnaliste Dominique Rousseau. Par extension, le Conseil d'État défend le pouvoir. Il le défend dans les deux fonctions qu'il exerce. Il est d'une part, une

184 Rémy Libchaber, professeur de droit à Panthéon-Sorbonne, dans *Le Point* du 9 juillet 2020.

espèce d'avocat-conseil de l'exécutif et d'autre part il est au sommet de la juridiction administrative à l'égal, ou en concurrence de la Cour de cassation pour les procédures civiles et pénales. Cette fonction n'est pas non plus à négliger. Dans un grand nombre de domaines où des investissements importants sont en jeu, il est fait obligation aux plaignants de le saisir directement ce qui constitue un obstacle infranchissable pour des plaignants légitimes, ne serait-ce que par les dépenses à engager. Par exemple, dans ce qui a trait à l'écologie, il est fait obligation dorénavant pour s'opposer à l'installation d'éoliennes de saisir directement le Conseil d'État au lieu du tribunal administratif. C'est vécu, à juste titre, comme un verrouillage des oppositions par les populations de plus en plus hostiles à la défiguration des paysages à laquelle aboutit ce type d'énergie.

Sa fonction d'avocat-conseil fait qu'on le retrouve sur tous les textes autres que les lois proprement dites qui jusqu'à présent encore sont issues du parlement. Cependant, les projets de loi sont désormais ciselés pour éviter des amendements qui seront, en tout état de cause, rejetés par un parlement tenant lieu de chambre d'enregistrement. Avec l'arrivée du virus et le vote de la loi d'urgence sanitaire, l'exécutif dispose de pouvoirs extravagants dont il sous-traite la rédaction des textes, décrets et ordonnances, au Conseil d'État.

Le Conseil constitutionnel

À l'origine, son rôle est d'examiner la conformité des lois votées à la Constitution. En 1971, il étend de son propre chef son contrôle à une nouvelle référence : le bloc de constitutionnalité, accroissant ainsi ses capacités de soutien aux gouvernements en place ou son pouvoir de nuisance aux mêmes.

S'il s'arroge des compétences, il ne semble pas, par contre, concerné lorsque la Commission européenne se substitue au « gouvernement du peuple, pour le peuple et par le peuple » de la république. Il n'a pas non plus constaté des dispositions anti-constitutionnelles dans le bricolage de la loi relative à l'état d'urgence sanitaire du 23 mars 2020. (Les parlementaires opposés au texte n'ayant pas fait appel à lui, rétorquera-t-il). Il faut se souvenir que le parlement s'est réuni dans des conditions d'exception pour voter une loi d'exception. Au sein des assemblées, un accord a prévalu entre les groupes qui consistaient à produire des représentants de la représentation nationale dans le respect des rapports de force. Or, cette configuration est abusive et n'est prévue nulle part. On peut même imaginer que les députés ayant des réserves vis-à-vis du texte ne soient pas délégués aux séances par leur président de groupe acquis à Emmanuel Macron.

La sagesse du Conseil constitutionnel a été prise en défaut à deux occasions dans la dernière période. Elles entachent un organisme qui se veut au-delà des positions partisanes, car il s'agit de conflit d'intérêt et d'éthique.

En février 2021, l'opinion a appris que les membres du conseil jouissaient de rémunérations n'ayant pas fait l'objet d'une délibération prévue dans les textes, mais d'un simple courrier de madame Florence Parly, ministre du Budget. Ce qui laisse entendre une connivence entre un exécutif et un organisme chargé de contrôler ses productions. Dans l'ambiance générale où la corruption est évoquée comme partie prenante dans la conduite des affaires, cette information jette un trouble qui va être renouvelé avec les fonctions du fils du président du conseil. Il se trouve que l'exécutif a fait appel à la société américaine Mac Kinsey pour organiser la logistique de la vaccination. Or cette société est représentée dans son bureau parisien par un des fils du président du Conseil constitutionnel Laurent Fabius. Ce choix est-il fondé ou est-ce encore des petits arrangements entre amis ? Le ministère de la Santé n'a pas trouvé en son sein les moyens pour accomplir cette tâche, alors que les personnels non soignants sont pléthoriques. Ce constat est affligeant pour celui qui se veut manager.

Le conseil scientifique

La loi du 23 mars 2020 valide la mise en place d'un conseil scientifique né 11 jours auparavant. Ce conseil a pour mission de donner un avis autorisé sur la situation sanitaire au décideur public. C'est sur son unique avis que reposeront les limitations des libertés. Or, son fonctionnement est opaque. On ne peut qu'imaginer son travail. On suppose qu'il repose sur la collecte de données chiffrées et sur le recueil d'analyses et de points de vue de médecins et de scientifiques directement concernés afin de suivre les tendances de la pandémie. On peut aussi s'étonner de ne pas disposer déjà d'un organisme dans la multitude des instituts dont dispose le pays pouvant exercer cette fonction. À quoi sert donc l'académie des sciences ? Ou la multitude d'agences du ministère de la Santé, à commencer par la Haute Autorité de Santé ?

Le conseil sera la caution de la science et de la médecine aux décisions du conseil de défense. Devant les commissions d'enquête parlementaires, son président, Jean François Delfraissy, illustre son apport en précisant qu'il est à l'origine de la décision de confiner le pays (le premier, du 17 mars et prorogé jusqu'au 11 mai). Le conseil avait fait le bon choix parce que le confinement « était la seule solution pour sauver des vies et pour les zones non touchées de le rester ». Or en quoi le confinement est-il une mesure qui émane de la science du vingt-et-unième siècle ?

Où se trouve la science d'aujourd'hui dans une mesure médiévale prise au nom de la religion, renouvelée jusqu'au dix-neuvième siècle et à l'efficacité contestable pour ne pas dire nulle. Il y a eu confinement parce que le système de santé français était incapable matériellement, compte tenu de l'état de dégradation de ses hôpitaux, d'accueillir et de soigner tous les malades et toutes les maladies et qu'il fallait attendre.

Le confinement, nous l'avons traité dans la première partie, est une mesure politique, une mesure du pouvoir. Une telle mesure est toujours et avant tout chargée d'arrière-pensées. Son inspiration se situe dans la conservation du pouvoir. En quoi le conseil scientifique est-il concerné par les préoccupations des responsables politiques ?

Le mail du président Delfraissy au docteur américain Anthony Fauci éclaire toute sa démarche et celle du conseil scientifique. Sa mission principale fut de torpiller la chloroquine et toute tentative de traitement du covid. Il fallait préparer le terrain pour l'arrivée du vaccin. Le vaccin ne pouvait bénéficier d'une autorisation de mise sur le marché qu'à la condition que n'existât point de traitement. Une dernière question mérite d'être posée. Qui a décidé de la composition du conseil et de son président ?

Le 12 mars 2020, le gouvernement demande à Jean-François Delfraissy de constituer un conseil scientifique[185]. Jean-François Delfraissy a déjà prouvé sa capacité d'allégeance au pouvoir.

---

185 Laëtitia Atlani-Duault, anthropologue ; Daniel Benamouzig, sociologue ; Lila Bouadma, réanimatrice ; Simon Cauchemez, modélisateur ; Pierre Louis Druais, médecine de ville ; Arnaud Fontanet, épidémiologiste ; Bruno Lina, virologue ; Denis Malvy, infectiologue ; Yazdan Yazdanapanah, infectiologue ; Franck Chauvin, président du Haut Conseil de la santé publique.

Charles Jaigu dans *Le Figaro magazine* du 13 novembre 2020 rapporte ce qui se dit du personnage : « *Delfraissy a réuni autour de lui des médecins et des experts en sciences humaines, mais très peu de purs scientifiques... il a composé un conseil de copains... qui rédigent des rapports trop longs et en mauvais français...* ». On peut penser que formé d'autant d'éléments disparates, il est loin de faire l'unanimité chez les professionnels. Le professeur Raoult invité refuse d'y participer. Il a compris la mascarade qui est en train de se mettre en place. Le professeur Delfraissy appartient à cette catégorie d'experts qu'on sollicite et interroge pour qu'il réponde comme en attend celui qui lui pose la question. Dans le passé, en 1988, il a aussi participé à la création de l'agence de recherche sur le sida qu'il va présider. Il s'y fera remarquer surtout en y intégrant les associations homosexuelles, mais rien en ce qui concerne l'objet de l'agence, à savoir la recherche. Il a capté des fonds en pure perte.

Devant les sénateurs, lors de son audition en septembre 2020, il saura préciser qu'à son âge, il assurait une mission bénévole. Forçant sur le côté débonnaire du vieux monsieur qui est là pour rendre service, il sera épargné par un des rapporteurs de la commission qui sera beaucoup plus exigeant avec le professeur Raoult.

À la question de Sonia Mabrouk, de la chaîne d'information en continu Cnews, qui lui demandait si les membres du conseil n'étaient pas en conflit d'intérêts, autrement dit, est-ce que des membres du conseil touchait des émoluments de Big Pharma, Olivier Véran répondit avec l'aplomb qui lui est coutumier « aucun ». Il y en a pourtant un, en conflit d'intérêts notoire, c'est Yazdan Yazdanpanah. C'est un protégé de Jean-François Delfraissy et d'Olivier Véran, qui mesurant sans doute la complexité de son ministère insuffisante, a créé pour Yazdanpanah une agence pour la recherche sur les maladies infectieuses.

Le conseil scientifique est tombé dans une espèce de déchéance lorsque fut connu le mail à Anthony Fauci. C'est, semble-t-il, la Haute Autorité de Santé qui a repris les commandes.

Le conseil de l'ordre

Le conseil de l'ordre mérite bien son nom. Ce n'est pas l'organe qui assure la réglementation de la profession, mais celui qui en dicte les comportements en s'exonérant des règles admises et courantes dont le contenu est dans le serment d'Hippocrate. En 2019, la Cour des comptes a produit un rapport accablant concernant le Conseil national de l'ordre des médecins. C'est de fait un organisme délinquant. Le Covid lui sauvera la mise. Il deviendra le bras séculier de l'autoritarisme macronien.

L'inspection générale des finances

Le ministère de l'Économie et des Finances est un lointain parent de Colbert. Dans le dispositif de l'état, il assure la surveillance de la production de richesse du pays dont il prélève ses ressources, pour beaucoup plus que de raison. La dimension de l'endettement de l'état lui confère une place plus essentielle encore. Toute mesure gouvernementale passe par ses agréments. Au sein du ministère, les inspecteurs généraux des finances forment un groupe homogène, disposant d'une large autonomie[186], et privilégié, en un mot une caste. Ce corps d'élite est constitué des élèves les plus brillants des grandes écoles, principalement de l'ENA. L'IGF, l'inspection

186 La dette est gérée par l'Agence France Trésor, projection extérieure de la direction du Trésor du ministère. Son comité stratégique est constitué de personnalités de la finance mondiale.

générale des finances, exerce selon le décret du 4 octobre 2006 portant sur sa création, une mission de contrôle, d'audit, d'étude, de conseil et d'évaluation en matière administrative, économique et financière, pour le compte des ministres chargés de l'économie et du budget. Inutile de préciser que rien de ce qui constitue une dépense ou une recette publique ne peut lui échapper, qu'aucun autre ministère n'est à l'abri de ses interventions. L'IGF a accompagné l'État dans l'installation de sa chape de plomb sur la vie du pays. Seul son effectif assure une limite à ses interventions. Il n'est pas secondaire de savoir si la connaissance et la maitrise de la finance de ce corps sont influencées par l'idéologie mondialiste ou imprégnées de patriotisme. Dans « Les intouchables », Ghislaine Ottenheimer assure « Loin d'être un corps marqué par son attachement au service de l'État, par son sens de l'intérêt général, comme elle a pu être à l'origine, l'inspection est devenue une caricature d'elle-même, obsédée par l'idée de réussite, de pouvoir »[187]. Le mécano industriel, bancaire et financier national est de leurs compétences. Ils décident des fusions-acquisitions d'entreprises françaises avec des partenaires étrangers. La politique économique de l'État est de leur ressort.

Il y a dix ans, le Premier ministre de Nicolas Sarkozy, François Fillon, déclarait la France en faillite. Cette situation n'a fait qu'empirer. Depuis 2019, dans une perspective de croissance d'un endettement ininterrompu depuis 1981, la dette française a dépassé les 100 % du Produit national brut à 2400 milliards d'euros. Les deux tiers de cette dette sont détenus par l'étranger. Chaque année, le montant des emprunts est supérieur au mon-

---

187 *Les intouchables*, Ghislaine Ottenheimer

tant de l'année précédente. L'emprunt en 2017 est de 185 milliards d'euros, en 2018 : 195 milliards : en 2019 : 200 milliards, et en 2020 : 260 milliards. En 2021, l'emprunt est de 1 milliard par jour. Le déficit budgétaire annuel qui alimente la dette ne diminue pas. L'état est incapable depuis 1981 de limiter ses dépenses à ses prélèvements, impôts, taxes et cotisations. L'État est drogué au déficit.

La réalisation du budget de l'État est l'œuvre maîtresse de l'IGF. Depuis la mise en œuvre de la nouvelle loi organique relative aux lois de finances, dite LOLF, l'IGF dispose d'un outil qui lui assure le pilotage financier complet du pays. Si avant la LOLF, le budget était conçu pour être peu compréhensible, il ne l'est pas devenu après. La loi de finances qui est validée par le vote de la représentation nationale n'est quasiment plus modifiée.

Les conseils citoyens

Ils sont présentés comme des formes modernes de démocratie. Ils sont composés de citoyens choisis, paraît-il, au hasard. Ils fonctionnent comme des panels de sondage, sauf qu'ils disposent d'une formation spécifique pour améliorer leur capacité d'analyse et de proposition. Le premier conseil fut consacré au réchauffement climatique. Il en sortit un grand nombre de propositions. On pouvait en repérer aisément l'origine. Ces propositions n'étaient qu'une déjection de ce qui avait été ingéré au cours de séances de formation. Le second conseil serait consacré au suivi de la campagne de vaccination. Il semble avoir été oublié dans le remue-ménage.

La « République » des conseils

Cette configuration de l'exercice du pouvoir, jusqu'alors inconnue, pourrait conduire à dénommer ce régime politique de « république des conseils » pas forcément dans le sens soviétique du terme, bien que proche, mais de façon péjorative comme on désigne celle des juges. Le seul mot de trop finalement est celui de République. Elle disparaît de nouveau. Après avoir confié ses attributs à une autorité technocratique supérieure, en l'occurrence l'Union européenne, qui en retour l'a déclassée, la république se voit désormais conduire par une autre technocratie. Une sorte de statut intermédiaire dit « État de droit » qui couvre tout ce que fait le pouvoir lui a été substitué pour donner le sentiment que des dispositions strictes, précises et conformes au Droit, guident l'action publique. Ce n'est pas un État de droit, mais un État d'administration comme le souligne Rémy Libchaber[188], professeur de droit. « État de droit » décliné lui aussi du droit de l'Union pour tout ce qui a trait aux politiques communes et accessoirement du Conseil de l'Europe[189] pour tout ce qui concerne les « droits de l'homme ». Le moment de la bascule est à situer entre 1983 et 1985, entre la mise en place de la politique d'austérité en France et la nomination de son initiateur, Jacques Delors, à la Commission européenne. Jacques Delors est un personnage clé. Un personnage dont la passion pour le suffrage universel n'est pas la première qualité. Paraît-il que les élections lui faisaient peur. François Mitterrand ne tenant plus les désirs de réformes de ses ministres,

188 Remy Libchaber, « L'ordre juridique et le discours du droit », lextenso édition.

189 Le conseil de l'Europe est une organisation internationale qui regroupe une cinquantaine de pays.

et les dépenses afférentes comptait sur l'Union pour les refréner, ainsi fut décidée la réduction du déficit budgétaire à 3 % du PNB.

La république est la forme française de la démocratie représentative où l'élu est la pièce maîtresse.

Les conseils sont des organismes technocratiques dépendants ou appartenant à l'État français. Ils sont composés de personnels sous statut public, mais en lui étant souvent extérieurs dans la mesure où l'organisme qui les emploie est indépendant ou autonome. En effet, la création de ces autorités administratives indépendantes, de ces agences et leur mode de fonctionnement sont prévus dans un cadre assurant à ses membres une protection et une grande liberté. Cependant, ils ne peuvent revendiquer la mise en œuvre de l'état. La légitimité de la mise en œuvre repose essentiellement et uniquement sur la composante élue. Or l'action de celle-ci est ramenée à la portion congrue depuis l'élection d'Emmanuel Macron. Finalement, un seul homme domine et dirige : le président qui est devenu une sorte d'homme-orchestre s'occupant de tout. Son élection au suffrage universel l'a consacré. Cependant le président ne peut diriger seul. Il est un élément dans un ensemble complexe avec lequel il partage la responsabilité de conduire le pays. Le gouvernement est le deuxième élément. Le troisième est le parlement, principalement l'Assemblée nationale. Le gouvernement est étouffé, et particulièrement celui que dirige Jean Castex, et le parlement a perdu sa place et son rôle dans la fabrique de la loi comme dans le contrôle de son exécution. C'est l'achèvement d'un processus qui dérape depuis la réduction du mandat présidentiel.

LA PRIVATISATION DE L'ÉTAT

Il est une dimension plus opérante pour qualifier notre État que celle d'État profond, c'est sa privatisation. En France, il est inconcevable que des fonctionnaires de haut rang se mettent en travers de la personnalité élue au poste suprême, mais il ne leur est pas interdit de s'enrichir avec l'aide ou aux dépens de l'État. Il était de bon ton de se servir de la formule de Guizot « enrichissez-vous » en oubliant ce qui suivait « par le travail ou l'épargne (*et vous deviendrez électeur*) ». Aujourd'hui, la compléter reviendrait à ajouter par la spéculation, la corruption et le pillage de l'État. « Depuis qu'Emmanuel Macron est président, le gouvernement de la France ne ressemble à aucun autre sous la Vème république. Il n'y a jamais eu autant de grands commis de l'État devenus millionnaires dans le privé »[190]. Peut-on imaginer qu'ils soient à l'origine de la suppression de l'impôt sur les grandes fortunes ?

Lors de son audition par la commission d'enquête du Sénat le 10 juillet 2018, la secrétaire générale adjointe de l'association Anticor, maître Van Beneden déclarait : « … Le système macronien a quelque chose de nouveau : à la tête de l'État se trouve un énarque ayant fait un aller et retour entre Bercy et la banque Rothschild… Nos concitoyens finissent par penser que c'est la carrière des personnes ou l'intérêt des entreprises que l'on défend, et plus l'intérêt général »[191].

Emmanuel Macron a bénéficié de l'influence du secrétaire général de l'Élysée sous François Hollande, Jean Pierre Jouyet, lui

190 Vincent Jauvert : « Les voraces ».

191 *Op. Cit.*

aussi issu de l'inspection générale des finances, pour être promu à la candidature au poste suprême. Jean Pierre Jouyet a multiplié les postes prestigieux de la haute fonction publique. Il se présente lui-même : 40 ans au service d'un État qui l'a servi. Emmanuel Macron avant d'être ministre était son adjoint. Jean Pierre Jouyet a dû faire admettre à François Hollande l'obligation de passer le flambeau au vu de son impopularité. Il a proposé Emmanuel Macron et la mise en place d'un dispositif visant à en faire un candidat mieux connu de l'opinion et crédible à la présidence de la république. En même temps, François Hollande se voyait protéger de poursuites éventuelles par la justice. N'oublions pas le sort de ses deux prédécesseurs, Jacques Chirac a été condamné et Nicolas Sarkozy est toujours poursuivi. Les motifs concernant un homme politique ne manquent pas. Le politique, par essence, borde toujours la légalité.

On peut penser que le secrétaire général de l'Élysée ne fut pas étranger aux pressions sur l'administration de la justice et à l'intervention du parquet financier dont il avait participé à la naissance et au choix des titulaires, mais cela restera toujours difficile à prouver. L'administration de la justice dépend, comme chacun le sait, du pouvoir exécutif.

L'inspection générale des finances, l'IGS, qui contrôle les finances de l'État, leur perception et leurs usages, a étendu son influence sur toute la sphère financière de l'économie au fur et à mesure de son empiètement sur la vie économique et financière du pays. La crise générale du système capitaliste que l'État avait pour objectif de contrer fut le vecteur de cette emprise. Tous les partis s'accordaient sur la nécessité de l'intervention de l'État pour juguler ce qui ne faisait que croître et embellir, alors que c'est précisément cette logique qui animait la crise.

L'IGS a ainsi favorisé à l'intérieur les concentrations d'entreprises afin d'atteindre des masses critiques. Elle a accompagné à l'extérieur les grandes entreprises qui se multinationalisaient. L'inspection générale des finances est un opérateur de type keynésien particulier. Elle baigne en permanence dans l'économie, en suivant les décompositions, compositions et recompositions du capital. Ici, elle accorde une fusion, là elle s'oppose à une acquisition. Elle est une composante majeure. Dans l'esprit de John Maynard Keynes, l'État n'intervient que ponctuellement, et dans le court terme. Il fait des incursions quand le capital privé marque un essoufflement pour reprendre le chemin de la croissance et de l'emploi. On est loin de la pratique française d'où émane un mélange des genres continuel et néfaste. Un mélange de socialisme par la participation de l'État à la constitution de monopoles contrôlant l'économie française, et de libéralisme par la rente que procure la position de monopole. À la rigueur, on peut imaginer que la crise économique et financière étant durable, l'État se doit d'y être en permanence à opérer des ajustements. Ajustements qui se font au détriment de l'économie générale. L'inspection générale participe du financement public des opérateurs privés, avec une sorte de vision universelle du bien public enrobée dans un discours marxien, et non marxiste, parce que se réduisant à ce qui est bien et ce qui est mal. La mondialisation des échanges c'est bien, le patriotisme économique c'est mal. Telle est la doxa économique française dans sa simplification.

Le système dans lequel le corps de l'inspection générale des finances se meut lui permet des allers et retours entre l'État et les entreprises privées. Le pantouflage est son champ d'action institué, son système de formation. L'aventure sans risque. Cette extension de son domaine à la vie économique réelle l'a mis en contact avec les tenants de l'argent qui en retour l'ont influencé. Le monde n'est plus dans le capitalisme ordinaire, ce capitalisme de l'économie réelle, celui qui produit des marchandises, des valeurs concrètes par le travail qui y est inclus. Si la véritable richesse se crée dans les ateliers et les usines (ainsi que dans les champs), celle-ci a massivement émigré en Asie. Le profit commercial et le profit financier restent encore en Occident (pour combien de temps ?) alors on les peaufine, on les dérive.

Nous sommes dans un capitalisme de connivence et de casino. La connivence est née de la disparition des frontières entre le service de l'État et le service de la haute finance. Le casino est celui de la spéculation permanente, du capitalisme financier sans limites. Un système dans lequel les acquisitions n'ont d'intérêt que dans la mesure où leur valeur est censée croître. Je me porte acquéreur d'actions, non par intérêt pour l'entreprise qui les émet, mais parce que leurs valeurs vont monter. C'est le collectionneur de tableaux qui achète une œuvre d'art non pas pour sa beauté, mais pour la valeur qu'elle prendra demain. La finance a pris la place de l'entrepreneur industriel, l'a phagocyté. La nouvelle entreprise née de ce processus de confusion généralisée et entretenue peut générer des pertes colossales, mais voir sa cotation monter. La finance s'est exonérée de sa contrepartie matérielle, alors elle paie ses écarts avec une régularité qui tend à la continuité, de crise boursière, en crise financière jusqu'à la crise économique qui rebat les cartes. De celle-là ne sortent gagnants une nouvelle fois que les plus puissants, car ils restent les seuls à pouvoir continuer à miser.

La France n'est pas indifférente à ce qui se passe dans le monde. Si on prend l'exemple de l'élection à la présidence des USA, Donald Trump est de ceux qui fabriquent des marchandises des immeubles, des hôtels. Il est dans l'économie réelle. Il pousse à la création d'emplois industriels. Il veut que les usines parties s'installer en Asie reviennent en Amérique. Ceux qui l'ont abattu provisoirement appartiennent au monde de la haute finance. Ceux-là mêmes qui ont poussé les usines à se délocaliser, à commencer par le président, Jo Biden. Il fit toute sa carrière de sénateur dans un paradis fiscal pour les fortunes financières, un état refuge établi au cœur des USA : le Delaware. Comme un symbole ! Emmanuel Macron fut un des premiers chefs d'État à féliciter Joe Biden.

Le fonds BlackRock est domicilié au Delaware. La politique de la France ne se fait plus à la corbeille, mais dans les salles des marchés des banques. La bourse aussi a changé.

Il est dans l'ordre naturel que des éléments les plus brillants de l'école républicaine, en conscience ou inconsciemment, se soient mis au service de ceux qui dirigent effectivement le pays. Il est dans l'ordre naturel que ces membres de l'inspection générale des finances désirent accéder à ce groupe de puissants. C'est une forme de consécration des dons et des efforts, comme un autre concours, dans une existence formatée à la compétition, où l'argent remplace les notes. L'attrait du gain reste la plus puissante motivation. Si globalement, les trois quarts des énarques restent dans l'administration, si beaucoup d'entre eux s'engagent en politique, les autres, après leurs obligations contractuelles, émigrent vers les très grandes entreprises où ils rencontrent d'autres cursus avec lesquels ils vont s'associer et renouveler les pratiques. Le système du pantouflage permet de se faire une idée, de sélectionner les opportunités. Cela s'est fait d'autant plus aisément que les politiques n'ont plus permis d'offrir à ceux désirant migrer dans les entreprises des postes dans le secteur public. Depuis 1986, les offres d'emplois se font dans les grandes entreprises privatisées et dans un service de la dette qui n'est que la forme inverse de la privatisation. Le corps nouveau dans lequel ceux-là pénètrent est un monde réservé, la partie dominante de la classe bourgeoise, à laquelle ils appartiendront demain. Cette « Upper class » comprend quelques milliers d'individus « anywhere ». Elle se compose des dirigeants des grandes entreprises multinationales industrielles, de la finance internationale, des propriétaires des établissements industriels, bancaires, financiers, des fonds spéculatifs ou de pension, d'une sélection de la haute administration restée dans la place et des influenceurs des médias. Cette classe est une oligarchie au sens strict, une oligarchie financière. Elle a pris naturellement le leadership dans le capitalisme de casino. Ce qui compte n'est pas seulement ce qui se trouve en bas du bilan, mais ce qu'on peut faire hors de celui-ci, de l'illusion qui en ressortira. Consécutivement, cette oligarchie décide pratiquement de tout ce qui concerne le citoyen parce que de son action découlent les effets sur son emploi, sur ses revenus, sur son lieu de résidence, sur son mode de déplacement, sur ses soins, sur ses loisirs…

« Il n'y a pas de communauté politique sans hiérarchie ; pas de hiérarchie sans organisation sociale, pas d'organisation sociale qui ne se concrétise sans la direction d'un petit nombre. C'est ce qu'on appelle la loi de fer de l'oligarchie », résume un politologue espagnol[192]. Une organisation, l'oligarchie financière, mais plus puissante que lui jouxte l'État dont elle connaît tous les codes pour le mettre sous sa coupe. Une partie de cette oligarchie, grâce à un statut sur mesure, peut faire la navette entre l'État et le service de ses intérêts privés. De fait, l'État est passé sous la coupe

192 *La loi de fer de l'oligarchie*. Dalmacio Negro Pavon.

des intérêts privés. Il est devenu la propriété de ceux qui en ont la charge. Dans ce contexte, la démocratie ne veut plus dire grand-chose.

Finalement, le régime d'Emmanuel Macron ne s'est-il pas orienté à s'affranchir de tout ce qui lui apparaît constituer une limite à l'exercice de l'oligarchie financière dans la mesure où lui-même en fait partie ?

Transformé en monarque, le président représente les intérêts de l'oligarchie au sein de l'État. Tout le reste des institutions ne constitue que les oripeaux d'une France qu'il faut noyer dans la mondialisation d'une fédération européenne mieux adaptée aux désirs oligarchiques cosmopolites. La « révolution » au programme d'Emmanuel Macron candidat a revêtu dans la pratique les tenues de la conservation des intérêts en économie et de la réaction en politique.

S'inscrire dans un tel schéma implique un mental particulier parce qu'il rompt doublement, avec la continuité historique, d'une part, et de l'autre avec ce que le véritable homme politique a patiemment construit : la représentation du pouvoir et l'exercice du pouvoir dans un espace limité et homogène.

Rompre avec la continuité historique

La rupture avec la continuité historique concerne les nouveaux arrivants et la place qu'on leur accorde. Si certains trouvent hardi de qualifier, comme Renaud Camus[193], l'immigration de « grand remplacement de population », force est de constater que celle-ci

193 Théoricien du Grand remplacement.

dispose désormais d'un poids qui compte de plus en plus dans le rapport des forces politiques. Le démographe Jean Paul Gourevitch « On peut raisonnablement avancer qu'en 2021, plus de 25 % des habitants résidant en France sont d'origine étrangère »[194]. Le flux d'immigration ne faiblit pas. Le quinquennat d'Emmanuel Macron aura battu le record des entrées de migrants.

Autrement dit, on se rapproche d'un grand remplacement, étant entendu que déjà certaines parties du territoire n'ont plus rien en commun avec la civilisation française. Plus profondément cependant, il faut se demander si les immigrés veulent partager un destin commun avec la population autochtone. Autrement dit, veulent-ils s'assimiler ? Veulent-ils conserver des mœurs qui, à la réflexion, sont à l'origine de l'obligation de quitter leur territoire d'origine ? Veulent-ils s'installer définitivement ou y être de passage ? sont les interrogations auxquelles est confrontée la population en charge de la continuité historique. Celle-là, loin d'être saluée pour recevoir sur son sol des migrants auxquels elle ne doit rien et offre beaucoup, est soumise par ses dirigeants à une obligation d'accueil doublée d'une culpabilisation de mauvais comportement à leur égard. Puis à l'accueil obligatoire de l'étranger succède l'obligation d'intégrer sa communauté, ce qui signifie purement et simplement sur un sol commun la reconnaissance de mœurs éventuellement incompatibles avec la vie française. Il n'y a pas de pérennité à cette situation bancale. Ce qui fait qu'une nation existe tient à son homogénéité et à sa différence avec ses voisines sur d'autres territoires. Ce qu'attendent les peuples de leurs dirigeants c'est précisément, et au moins, la conservation de leur identité séculaire et l'admission éventuelle de nouveaux apports visant à

194 Boulevard Voltaire, 26 août.

fortifier la communauté de base. Or les dirigeants français, depuis François Mitterrand (et en partie Giscard d'Estaing) ont tous trahi leur communauté. Dans une sorte de crescendo ignoble, les principaux responsables politiques ont tous participé au dénigrement de la nation française dont ils étaient censés défendre les intérêts. Pourquoi ont-ils commis cette indignité? Parce qu'elle facilitait leur élection en mettant la pagaille dans le corps électoral.

Le summum est atteint par Emmanuel Macron. Celui-ci, il est vrai encore candidat, ce qui donne à ses électeurs et aux partis qui l'ont fait élire le gout particulier de la trahison, annonce de l'étranger que la France a commis des crimes contre l'humanité. Ces crimes furent commis sur les ancêtres de ceux qui forment les contingents de l'immigration dans notre pays. Il aurait voulu déclencher des émeutes qu'il ne se serait pas pris autrement.

Bien que commencée avec ses prédécesseurs, une sorte de repentir national, prétexte à toutes les manipulations, se perpétue. Les écoles changent de destination afin que, dès le plus jeune âge, la culpabilité soit prise en compte dans la formation. Ainsi est transposé en France le modèle de la République démocratique allemande qui désirait extirper le nazisme en culpabilisant les nouvelles générations qui ne l'avaient aucunement institué. On sait ce qui est advenu de la République démocratique allemande. Les populations fuyant leurs terres d'origine, compte tenu de leurs mœurs, peuvent ainsi faire reposer sur les habitants du territoire d'accueil la responsabilité de leur errance. Le ressentiment s'empare d'elles naturellement et elles présentent leurs créances. La France leur doit tout. Les objets rapportés par nos explorateurs en tant que témoignage civilisationnel, présentés dans nos musées ethnographiques, deviennent des preuves de la spoliation. Ils doivent être « restitués » aux peuples supposés propriétaires. Le pays marche sur la tête.

Rompre avec les habitudes du pouvoir

L'inspirateur de la Cinquième république veillait à ne jamais empiéter lui-même sur l'action du gouvernement sauf lorsqu'il considérait que la souveraineté populaire devait s'exercer par référendum. « Il était le dernier mot de la légitimité, elle avait un caractère sacré »[195].

Ses successeurs ont perpétué, tant bien que mal, le fonctionnement formel insufflé à l'exercice du pouvoir par l'initiateur de la cinquième république. Ils n'ont pas remis en cause la séparation des pouvoirs ni causé de trop gros dommages à nos principes républicains.

Le général de Gaulle n'avait pas une grande estime pour les occupants de l'Assemblée nationale, mais il ne refrénait pas son rôle de contrôleur, de limiteur de l'exécutif pourrait-on dire. L'article 16 qui dans des conditions particulières lui donne les pleins pouvoirs fut l'angle d'attaque de la gauche en 1958 pour le qualifier de dictateur. Elle oubliait de préciser qu'il serait un dictateur éphémère, seulement pendant 30 jours, et sous le contrôle permanent du parlement. Quelle différence avec la période que nous vivons où des mesures liberticides sont prises par décret selon le bon vouloir du prince! La suppression des libertés concerne au premier chef les citoyens, mais que sont devenues les fonctions dirigeantes habituelles.

Tout ce qui n'est pas directement auprès du monarque se trouve dans une situation précaire. À quel statut peuvent donc se reporter les ministres qui ne sont pas du premier cercle, du

195 « La grande démolition », Roland Hureaux.

conseil de défense ? Leur rôle consiste désormais à gérer les conséquences des décisions prises par un cénacle restreint. L'exercice du ministre de la Culture par exemple est pathétique et révélateur. S'imaginant compter en prenant la charge, Roselyne Bachelot s'avère appartenir à un secteur non essentiel. Il ne lui reste plus qu'à faire connaître aux professionnels des décisions prises par un conseil auquel elle n'appartient pas et tenter de les amadouer avec aides et subventions. On pense à Maurice Druon, un prédécesseur qui menaçait « les gens qui viennent à la porte de ce ministère avec une sébile dans une main et un cocktail Molotov dans l'autre devront choisir ». Tout cela paraît lointain. Chez les artistes subventionnés, il n'est plus question de cocktail Molotov depuis longtemps ! Le seul à s'être battu pour maintenir son spectacle est Philippe de Villiers pour son Puy du fou. Le « révolutionnaire » d'Avignon n'a eu aucun scrupule à mettre son festival aux abonnés absents. Par lâcheté ou par paresse ?

Les médias sont dans le portefeuille du ministère de la Culture. Ils font l'objet d'une attention particulière de Roselyne Bachelot. Surtout France-Soir. Ce grand quotidien est devenu un site web contestant les analyses et les mesures relatives au virus. Le ministre de la Culture indique examiner son cas pour lui supprimer l'autorisation de presse. Subventionner et censurer, ainsi se présente le « en même temps » macronien pour la culture. Les autres ministères, dits techniques, fonctionnent à l'identique.

Le gouvernement apprend les décisions de son ressort lors du conseil des ministres qui suit le conseil de défense. Le parlement n'est convoqué que pour valider à la va-vite ce que veut Emmanuel Macron. Les élus locaux, mais principalement les maires, voient tomber des mesures qu'ils doivent faire respecter.

Alors que le pouvoir de police générale du Premier ministre, dans les articles L. 3131-1 et suivants du code de la santé publique que nous avons commenté précédemment, était suffisant pour mettre en place une protection de la population. Le dispositif présentait l'avantage d'un cadre réglementaire précis prenant en compte les particularités : « Le ministre peut habiliter le représentant de l'État territorialement compétent à prendre toutes les mesures d'application de ces dispositions, y compris des mesures individuelles. Ces dernières mesures font immédiatement l'objet d'une information du procureur de la République». Vraisemblablement, n'insistait-il pas suffisamment sur la concentration des pouvoirs au sommet qui domine dans la Macronie. La loi du 23 mars en faisant la part belle aux décrets et accessoirement aux ordonnances assure la verticalité du pouvoir qui s'imposera de façon identique à toutes les catégories sociales, à toutes les périodes du confinement et dans tous les lieux du territoire. Il fut rappelé de façon abusive le caractère indivisible de la république pour justifier une mesure nationale de confinement, alors que pour le coup, l'État de droit aurait suffi.

L'isolement du pouvoir

La gestion du covid-19 en dit long sur ce qu'est devenue la démocratie française. La référence, faite par beaucoup de commentateurs, à l'ouvrage de Marc Bloch « l'étrange défaite » est un signe. La comparaison avec la covid n'est pas fortuite. La situation du pays présume d'une défaite de même nature sans le fracas des armes. Cependant, il faut mesurer que la période ne correspond qu'à celle des préludes des combats, à cette drôle de guerre, car la vraie va suivre, elle sera sur le terrain de l'économie. Un terrain déjà passablement ravagé par les confinements successifs. Pourquoi de si mauvaises mesures furent-elles prises? « Cette guerre m'a appris beaucoup de choses. Celle-ci entre autres : qu'il y a des militaires de profession qui ne seront jamais des guerriers ; des civils, au contraire, qui, par nature, sont des guerriers »,[196] Marc Bloch rapporte ainsi les propos d'un jeune officier.

La « guerre » contre le virus est essentiellement une guerre de professionnels. Ils se trouvent à l'Élysée, le général en chef entouré de son état-major, ils ont les succès que l'on sait… La levée en masse n'a pas eu lieu. La masse a dû s'emprisonner à demeure, puis se faire injecter un produit pour pouvoir exister socialement.

L'État moderne est complexe, non par les missions en elles-mêmes, mais par leur mise en œuvre qui implique des procédures ou des règles qui compliquent, alourdissent l'action à entreprendre. L'extension permanente de l'État moderne le complexifie un peu plus. La France disposait de la législation lui permettant de faire face à une épidémie, il a été préféré en produire une autre, avec l'accord de tous les partis représentés, plus adapté à la situation, nous a-t-on dit. Cependant, elle s'est avérée plus difficile à mettre en œuvre et à gérer. Nous pouvons nous contenter de cette explication, mais elle reste très insuffisante. En réalité, ce que nous constatons ne résulte ni de la situation épidémique, ni de l'évolution naturelle de l'État moderne, mais de l'évolution telle que la conçoit une certaine élite qui dirige. L'État mord sur le domaine privé, sur la responsabilité du citoyen. L'État s'empare de la société civile pour en supprimer la souplesse et la rendre aussi rigide que l'État. S'il avait été accordé la possibilité aux Français de réaliser eux-mêmes leur protection, en l'occurrence les masques, l'affaire était réglée rapidement. L'État a mis près de quatre mois pour distribuer des masques à des gens apeurés qui en manifestaient le besoin.

196 Marc Bloch, « L'étrange défaite ».

Le processus qui s'enclenche, avec la répression pour les contrevenants aux obligations, bride les initiatives des individus. Ceux-ci en demandent plus en retour à l'État qui en codifie davantage les mesures. Le masque n'est plus seulement obligatoire à l'intérieur, il le devient à l'extérieur… puis sur des îles désertes. Ainsi se met en place le cycle d'un étatisme qui ne peut déboucher que sur une dictature administrative. De la dictature administrative à la dictature tout court, il n'y a que le pas de la répression. Aujourd'hui la santé, demain le climat reprendra le flambeau. Telle est la logique du pouvoir d'état qui élimine ses contrepouvoirs.

Une majorité dans le pays a conscience de l'impasse dans laquelle se trouve notre système de décision collective. Depuis combien de temps entend-on : « ça ne peut plus durer » ; « on ne peut plus continuer comme ça » ; « faut qu'ils arrêtent ». Le mouvement Gilets jaunes est une expression de ce ras-le-bol général avec « qu'est-ce qu'ils font avec tout ce pognon ? ». Le mouvement anti-passe sanitaire, prendra-t-il le relais. Les forces de l'ordre sur lesquelles le président Macron s'appuie resteront-elles toujours avec le casque sur la tête ?

CHAPITRE TROISIÈME

QUE FAIRE ?

Avant d'aborder précisément ce qu'il faudrait entreprendre pour juguler un virus qui d'après ce qu'on nous dit varie énormément, rappelons le contexte.

L'élection présidentielle de 2017 est une rupture dans notre fonctionnement démocratique. Un coup d'État, dans le sens vrai du terme, a été fomenté par des personnalités appartenant à l'État, au ministère de la Justice, ou dépendant de lui, et des médias publics et officiels financés en partie par l'État. Dans sa forme, il ne fut pas un *pronunciamiento*, mais une machination aboutissant à fausser l'élection suprême. Il ne visait pas à changer le régime, mais à perpétuer, en l'aggravant, celui en place, refusé, voire vomi par une majorité de Français. Comme le dit lui-même celui qui en fut le bénéficiaire, il fut « le fruit d'une forme de brutalité de l'histoire, d'une effraction ». Comment a-t-il pu être possible qu'émerge d'une compétition électorale majeure un quasi-inconnu au programme inconsistant ? Comment a pu être admis pour la désignation du président de la République une évidente tricherie avec l'acceptation tacite de toute la classe politique ? Rien n'indique que ne sera pas tenté une opération analogue lors de la présidentielle de 2022. Des indices permettent de penser le contraire.

Pour une majorité des Français, les dirigeants du pays et ses élites, quelle que soit leur tendance politique, sont incapables de les sortir d'une crise qui s'est installée au début des années soixante-dix du siècle dernier et qui n'a fait que croître et se diffuser dans tous les circuits de la vie sociale. Le succès du non au référendum sur la constitution européenne de 2005 marque la fin de l'illusion qui a prévalu. Le projet de constitution validait ce que l'Union avait fait précédemment d'une part et d'autre part proposait la dissolution des nations dans une fédération européenne. 55 % des électeurs ont refusé à la fois le bilan et le projet. L'engagement européen, tel qu'il est vécu, est identifié aux difficultés, à la crise.

Afin d'amoindrir le coup de tonnerre du résultat, certains commentaires y ont vu une réponse à celui qui posait la question, à Jacques Chirac. C'est vrai, la popularité de Jacques Chirac seul n'a jamais dépassé 21 % des voix. Mais, c'est vrai en partie seulement, il y avait auprès de lui les siens, les centristes et les socialistes ; un prédécesseur, Valery Giscard d'Estaing et ses deux successeurs, Nicolas Sarkozy et François Hollande. Il y avait le bloc aux deux visages qui s'était, à partir des années soixante-dix, progressivement installé à la tête du pays. Le technico-financier, dans la base économique et administrative, et le pro-européen, ou européiste, dans la structure politique et idéologique, en sont les deux faces qui se rangeront plus tard derrière Emmanuel Macron. Finalement, la réponse du corps électoral s'adressait à tous ceux qui vivent et profitent de la crise, économiquement, socialement et politiquement, c'était vrai en 2005, ça l'est plus encore aujourd'hui.

Dans l'intervalle, en 2008, Nicolas Sarkozy et sa majorité ratifiaient le traité de Lisbonne qui n'était qu'une pâle copie du projet de constitution rejeté par les Français. Dix ans avant l'étrange élection d'Emmanuel Macron, un coup d'État avait déjà eu lieu dans le silence médiatique. Il ne s'agissait pas des promesses non tenues par l'élu, ce qui est toujours discutable, mais de forfaitures. Le désintérêt vis-à-vis d'élections mineures et le dégagisme constaté au sommet de l'État sont les premières conséquences de ces deux évènements.

En 2022, la situation d'Emmanuel Macron sera, dans une forme condensée, semblable aux deux sortants précédents. Il est rejeté par une majorité importante de Français, au sein de laquelle une proportion significative le déteste, en particulier ceux qui s'étaient laissés bercer par le « Nouveau Monde ».

Le changement et la conservation sont les marqueurs de la vie politique, les termes habituellement employés dans l'affrontement électoral. Jusqu'aux marches du vingt et unième siècle, l'affrontement électoral recouvrait les oppositions de classes sociales. Ce qu'Emmanuel Macron qualifie de monde ancien, le monde où la gauche et la droite s'affrontaient de façon stérile, la droite du conservatisme et la gauche du changement. L'affrontement désormais passe entre ceux qui prônent l'exclusion et ceux qui veulent réunir tous les habitants dans le grand melting-pot du progrès. Les termes changent, c'est selon. Quelques fois, il s'agit des progressistes et des populistes, ou les partisans de la modernité et les incorrigibles ringards, ou encore entre les mondialistes ouverts sur le monde et les adeptes du repli sur soi, les nationalistes, les patriotes. Un membre éminent du mouvement patronal l'a synthétisé : « Populisme, protectionnisme et patriotisme sont le terreau de l'obscurantisme »[197]. Le nationalisme est la marque de « l'Ancien Monde », le facteur de guerres. L'européisme est le premier temps du mondialisme et du « Nouveau Monde ».

---

197 Denis Kessler, Pdg de SCOR. La SCOR est un des plus grands réassureurs mondiaux. La finance pure !

Pourtant le regain de l'idée nationale comme catégorie politique de premier plan n'est que la résultante d'un mondialisme qui n'a rien apporté de ce qu'il avait promis. Un mouvement de recul de la mondialisation est en cours qui n'apparaît pas encore clairement. La mondialisation s'appuyait sur la croissance des échanges internationaux, or ceux-ci marquent le pas depuis la crise des subprimes. Les organismes qui ont accompagné ces échanges sont observés et contestés par les nations à commencer par l'OMC. L'organisation mondiale du commerce favorise la Chine et la grande distribution qui la soutient en retour. Dans le cadre de la pandémie, c'est l'OMS qui se trouve sur la sellette, elle apparaît au service des grands laboratoires qui ont dépouillé les pharmacopées locales. Le système bancaire et financier international lui a permis la diffusion de la crise américaine des subprimes à toute la planète. La suprématie du dollar dans les échanges mondiaux est contestée. Demain, ce sont les COP qui seront visés, ces grandes messes autour d'un réchauffement climatique hypothétique pour justifier la destruction massive des industries nationales des pays développés.

La France en élisant un mondialiste, Emmanuel Macron, s'est trouvée à contre-courant de ce qu'on constate dans le monde, à savoir l'élection de dirigeants faisant de leur peuple leur priorité. L'élection de Vladimir Poutine, celle de Donald Trump, de Boris Johnson ; mais aussi de Rodrigo Duterte aux Philippines ou de Jair Bolsonaro au Brésil en témoignent, tous ces dirigeants sont qualifiés de nationalistes. Ne pas oublier Xi Jinping, représentant de la Chine éternelle, qui défend son pays en préconisant aux autres l'ouverture de leurs frontières à ses produits. Tous ces dirigeants ont reçu l'avertissement de leur peuple qui exige une pause à la mondialisation et aussi un certain repli sur soi pour conserver son originalité.

Les intérêts colossaux en jeu dans cette compétition pour la conquête du monde déchaînent naturellement les forces sur le recul. L'organisation d'une fraude électorale pour faire élire le mondialiste Biden à la présidence des États-Unis donne une idée de ce que sont prêts à faire ceux qui sont en train de perdre le leadership. Il est fort probable que dans un autre contexte, nous serions au bord de la guerre, si ceux qui veulent diriger le monde étaient sûrs de la gagner. Mais pouvons-nous être assurés qu'on ne le sera jamais ?

La France se trouve naturellement dans cette confrontation mondiale. Une distinction toutefois, la France reste aux yeux du monde un être exemplaire de son évolution. Les Gilets jaunes furent scrutés par les gouvernements des grandes puissances. La gestion de la pandémie est devenue une crise sanitaire par l'incapacité de l'État à la juguler. Les manifestations qui la dénoncent sont suivies avec la même attention.

Le combat politique prend une nouvelle tournure. Nous l'avons dit, il ne se divise plus suivant les classes sociales, au moins en priorité, mais entre ceux qui pensent que la nation a fait son temps et ceux qui n'envisagent pas d'autres horizons et qui y tiennent. Du coup, la conservation de la nation devient le sujet politique. Pour les premiers, l'Union européenne est un projet viable qui s'inscrit dans la mondialisation qu'ils souhaitent. D'ailleurs, ne préfèrent-ils pas un séjour à New York qu'à Bruxelles. Les autres voient leur cadre habituel se déliter, leur vie se défaire sous la conduite d'un ensemble européen à la finalité incompréhensible tandis qu'une population nouvelle dont ils ne perçoivent pas les intentions remplace leurs voisins immédiats.

L'origine du questionnement du peuple est identique à l'Anglais qui vote le Brexit ou à l'Américain qui penche pour «*America great again*». Si je suis un citoyen du monde, je le suis d'abord de mon pays. L'enjeu n'est plus seulement de savoir comment sera répartie la richesse produite, mais est-ce qu'il sera encore possible d'en créer sur le territoire national demain ? C'est à cette question que répond «*America great again*» de Donald Trump ou le Brexit de Boris Johnson.

Alors, le changement véritable est celui d'un retour en arrière et non la fuite en avant. «C'était mieux avant», disent-ils. La conservation de l'identité française prend le pas sur une nouvelle définition du progrès dont la finalité s'applique à la liquider et à donner aux nouveaux venus une priorité sur les autochtones.

Ce drame vécu trouve un écho lointain dans la guerre. Ce n'est pas seulement parce que le président de la République l'a introduit avec le virus, mais parce que le programme du Conseil National de la Résistance revient comme une référence pour notre époque.

S'il est difficile pour beaucoup de comprendre ce qu'il faudrait faire pour sortir le pays de l'impasse et l'orienter vers un renouveau. Il se trouve qu'importe la façon dont on l'aborde, la seule certitude dont on dispose est de rompre avec ce qui est fait. Or, ce qui se fait aujourd'hui est une continuité à l'origine relativement lointaine, il en est même une sorte d'achèvement. L'œuvre d'Emmanuel Macron trouve ses sources dans la finance devenue l'amie de François Hollande, dans le traité de Lisbonne de Nicolas Sarkozy et dans le refus de l'origine chrétienne de l'Europe et de la France de Jacques Chirac.

L'EXPRESSION DÉMOCRATIQUE

La démocratie ne peut fonctionner qu'avec des citoyens libres qui désignent librement des représentants. Ces représentants sont libres pour agir en leurs noms, dans la République française, le mandat impératif n'existe pas. Encore faut-il que leur action ne soit pas trop éloignée de ce pour quoi ils ont été élus. La démocratie n'est pas une finalité au sens où on l'entend habituellement. La démocratie est le moyen par lequel l'État est sous le contrôle du peuple par l'intermédiaire de ses représentants. Certes, cela peut paraître hardi lorsqu'il s'agit de mettre son choix dans l'urne. Le vote est avant tout la délégation qu'offre chaque électeur à celui qui lui paraît le meilleur pour influer, orienter et contrôler l'organisme concerné par l'élection. Que cet organisme soit la commune, le département ou l'état central. Il ne s'agit en aucun cas de s'y substituer. L'objectif de rendre les rouages de la vie collective parfaitement huilés est légitime, mais il ne tient pas de la démocratie proprement dite, mais des hommes et de leurs imperfections.

L'histoire de l'humanité n'est qu'une succession de grippages ou de blocages précédant ou faisant suite à des délivrances ou des progrès dont la source est dans la base économique. Ce sont les produits ou les services, disponibles et accessibles, améliorant la vie quotidienne qui signale un progrès. L'adduction d'eau a fait beaucoup plus pour les femmes que ne le feront jamais les revendications des groupes féministes insultant les hommes. L'impossibilité d'accéder aux nouveaux produits pour des raisons de prix est un indice inverse. Le social est la conséquence directe de l'économique qui constitue l'élément moteur, l'élément fondamental de la satisfaction des besoins humains. Si l'ordre économique est fondamental, les conditions de sa mise en œuvre sont déterminées dans l'ordre politique qui en fixe les règles, qui en fixe le Droit. Si un doute subsiste, le cas de la France est édifiant. Aucune entreprise française n'a pu offrir au public des vaccins dans les temps de la vitesse contre le virus, mais deux entreprises conduites par des Français, AstraZeneca en Angleterre et Moderna aux États-Unis, en ont produit. Quel fut le rôle de la puissance publique pour en arriver à cette apparente contradiction? La France de Pasteur et de Sanofi est restée sur le bord de la route. C'est en soi une tragédie[198].

Les règles auxquelles une entreprise doit se conformer pour exercer son activité tiennent plus de l'interdit que de la promotion. Elles aboutissent, dans le domaine industriel, à délocaliser les productions. Si les médicaments sont fabriqués en Chine, c'est parce qu'en France le secteur de la chimie rencontre des contraintes telles qu'il est préférable d'exercer son métier ailleurs. Les conditions dans lesquelles la base économique fonctionne sont déterminées par l'État. Il n'est pas neutre d'avoir au sein des instances de l'État des représentants de la base économique. Où sont-ils? Au gouvernement? Au parlement? L'Assemblée na-

198 À moins que Sanofi se soit lui-même et délibérément mis en retrait ?

tionale ne compte aucun ouvrier et le nombre de chefs d'entreprise tous secteurs confondus est inférieur à 3 %. La présence, en l'occurrence l'absence du monde productif dans les instances représentatives, influe nécessairement sur la qualité des textes qui y sont votés. La démocratie peut-elle être représentative alors que dans les assemblées qui décident de la loi, les forces vives de la nation sont absentes ?

Le constat d'une inégalité entre les hommes et les femmes dans les organismes élus a conduit à prendre des mesures inégalitaires pour établir un équilibre entre les deux sexes. L'existence d'une inégalité foncière entre les producteurs et ceux qui ne le sont pas n'a pas, semble-t-il, choqué les mêmes. Pourtant une partie importante des délibérations concerne le monde du travail et la mise en œuvre de moyens de production. Par exemple, la loi PACTE, voté en 2018 peu de temps avant l'arrêt du pays, avait pour objet une modification du statut des entreprises dans le Code civil. Rien que ça ! Cette modification avait pour but final de substituer au profit la prise en compte des missions sociales et environnementales de l'entreprise. Dans le texte : l'entreprise « est gérée dans son intérêt social, en prenant en considération les enjeux sociaux et environnementaux de son activité ». Comme si ces préoccupations étaient étrangères aux entreprises. Si l'environnement d'une entreprise est pollué, on peut raisonnablement imaginer que l'intérieur l'est davantage. La loi a été votée après une discussion ésotérique. Elle ne vit, et pour cause, la participation d'aucun élu ayant les mains dans le cambouis, pas plus d'ailleurs que d'entrepreneurs. Ils auraient immédiatement compris que ne plus faire du profit le moteur de l'entreprise conduit résolument tout individu normalement constitué à ne plus jamais en créer une en France. Aucune entreprise n'est viable sans bénéfice. Comment imaginer une dynamique démocratique si ceux qui sont chargés de créer la richesse du pays n'ont pas voix au chapitre et si ceux chargés de les représenter sont incompétents ?

À l'inverse, et en regard de leur place dans la société, les fonctionnaires sont surreprésentés. Or, sont-ils les mieux placés pour traiter de l'État qui est leur employeur ? Ne se retrouvent-ils pas dans un vaste conflit d'intérêts ? Peuvent-ils être soupçonnés de manquer de neutralité ? Comment se fait-il, que compte tenu de la place prise par les fonctionnaires au sein des assemblées délibérantes, la dégradation des services de l'état et des services publics, et les mesures à prendre pour la subvertir ne soient pas des préoccupations plus grandes ? Étonnant parfois ! Au sein des parlementaires-fonctionnaires, le monde de l'éducation est le plus nombreux. Pourtant les constats de délitement de l'école année après année sont patents. Sont-ils suffisamment pugnaces ou ont-ils d'autres centres d'intérêt ?

Dans tous les cas, ne peut-il être envisagé la démission de la fonction publique de tout agent possédant un mandat électif national ? Cette disposition ne permettrait-elle pas une meilleure respiration du parlement ? L'homme libre serait majoritaire. La constitution de la deuxième république votée en 1848 donnait expressément, dans son article 28, ce qui suit :

« — Toute fonction publique rétribuée est incompatible avec le mandat de représentant du peuple. — Aucun membre de l'Assemblée nationale ne peut, pendant la durée de la législature, être nommé ou promu à des fonctions publiques salariées dont les titulaires sont choisis à volonté par le pouvoir exécutif. — Les exceptions aux dispositions des deux paragraphes précédents seront déterminées par la loi électorale organique. »

La loi organique ne fut jamais promulguée. Élu président de la République pour quatre ans, Louis Napoléon Bonaparte deviendra l'empereur Napoléon III après son coup d'État en 1851. Néanmoins, la Constitution prenait une disposition. Plus d'un siècle et demi après, elle est toujours d'actualité. Le texte sur « la transformation de la fonction publique » de mars 2019 a de nouveau abordé la question par le dépôt d'un amendement d'un député de Mayenne : « je propose que les fonctionnaires démissionnent de la fonction publique dès qu'ils sont élus à n'importe quel mandat, local ou national ». La proposition a bien évidemment été rejetée[199].

La sous-représentation des uns et la surreprésentation des autres ne participent-elles pas de l'obésité de l'État et du niveau monumental de la dépense publique ? A contrario, la démission de l'élu national de la fonction publique supprimerait un privilège de cette catégorie sur les autres. Ne conduirait-elle pas, éventuellement, à une baisse voire une suppression de taxes ou d'impôts. L'étatisme, cette idéologie qui réduit la vie économique et sociale au budget et à sa régulation, ne serait-il pas approché avec plus de nuances ?

La représentation populaire au sein de l'Assemblée nationale est faussée par le système électoral. Tel est le constat. Il est sans appel. Le mode de scrutin transforme l'élection législative en autant d'élections qu'il existe de circonscriptions. Il peut être considéré comme injuste dans la mesure où dans chacune des circonscriptions des électeurs n'auront pas de représentant, et des courants d'idées nationaux ne disposeront pas de porte-parole. Le mode

199 Vincent Jauvert, « Les voraces ».

de scrutin proportionnel intégral est plus juste dans la mesure où chaque voix compte. L'expérience montre que les partis politiques deviennent du coup maître du jeu et que c'est en leur sein que se déroule la sélection des candidats et en partie l'élection. Ce ne sont pas toujours les meilleurs qui portent les couleurs. L'autre faiblesse est d'aboutir, par les subtilités du jeu des alliances éphémères, à un blocage de l'action gouvernementale qui, elle, ressort du fait majoritaire plus durable. Tels sont les alternatives de la représentation. Le système électoral que nous connaissons aujourd'hui scinde le pays en deux, un pays légal et un pays réel. Il faudra trouver le moyen de réduire cet écart.

Notons toutefois que l'élection de représentants s'inscrit dans une dynamique. Une dynamique de réalisations inscrites dans un programme vers lequel penche l'électorat. Recueillera-t-il toujours le même assentiment une fois mis en œuvre et appliqué ? Bien malin celui qui pourrait en prédire l'issue. Les trois dernières élections présidentielles (et législatives) montrent précisément le désir de rupture de l'électorat auquel, in fine, est imposée l'obligation de continuer la même politique à quelques nuances près.

Respecter le suffrage universel

Si la séparation entre le pays légal et le pays réel doit s'atténuer pour disparaître un jour. L'actualité du siècle nouveau, contraint à s'interroger sur l'expression démocratique à travers ce qui en constitue le fondement, le suffrage universel et son respect.

Le résultat du référendum de 2005 a été bafoué, nous l'avons traité.

En 2013, la création d'une nouvelle collectivité en Alsace fut refusée par référendum. Les électeurs ne partageaient pas la volonté de leurs élus de supprimer les départements du Bas et du Haut-Rhin pour les fusionner. En août 2019, le gouvernement proposait contre toute attente la fusion des deux départements et la création d'une nouvelle collectivité : la collectivité européenne d'Alsace. En conséquence s'engageait un processus de défrancisation d'un territoire. « Ceux de 14 » doivent se retourner dans leur tombe.

En 2013, s'inspirant du premier refus alsacien, le parlement a supprimé l'obligation de la consultation référendaire pour modifier la taille des collectivités locales. Autrement dit pour les fusionner.

En 2014, comme ce n'était pas suffisant, il a « supprimé la consultation obligatoire des électeurs en cas de modification des limites des régions et des départements ainsi qu'en cas de fusion ».

En 2016, le résultat du référendum local pour la construction d'un aéroport à Nantes ne fut pas non plus respecté. Il se prononçait pour la construction. Le projet fut purement et simplement annulé.

En 2017, l'élection, présidentielle s'est déroulée d'une étrange façon, le résultat fut faussé par une action judiciaire organisée.

En 2020, les élections municipales, tant leurs conditions pour y participer que leur déroulement, se sont tenues dans des conditions discutables.

En février 2021, un amendement subreptice du gouvernement pour organiser le vote anticipé sur des machines est déposé au Sénat.

Nous sommes là dans un domaine factuel, mais il se met aussi en place des instances locales de décisions sur lesquelles le citoyen aura du mal à peser parce que plus lointain. La création des métropoles par exemple. Elles sont une union obligatoire de communes pilotée par un organisme de décision élu au second degré.

Autrement dire que sa « gouvernance » sera loin de l'électeur, et sujet aux unions improbables comme on a pu déjà l'observer dans les régions.

On ne peut jouer avec le suffrage universel.

La campagne visant la reprise du vote par correspondance pour faire reculer l'abstention pour la prochaine élection présidentielle vient fort mal à propos[200]. Depuis plusieurs années, l'abstention progresse fortement à toutes les élections. La raison est à chercher dans ces manipulations électorales qui dénaturent le suffrage universel, mais pas seulement. Il faut y ajouter les promesses non tenues, les promesses qui n'engagent que ceux qui les écoutent, comme il est dit avec mépris. Comment s'étonner à l'avenir que les citoyens ne cherchent pas d'autres voies pour exprimer leur mécontentement et leur avis ? Le mouvement Gilets jaunes rassemble les nouveaux contestataires de cette dérive. Il est le nouveau mode d'expression du mécontentement avec lequel il va falloir compter.

La démocratie est d'abord le moyen par lequel l'État est mis en mouvement dans le monde moderne développé. C'est son habillage, sa forme. Elle implique le nombre, le peuple dans son étymologie. À l'inverse, l'autocratie, c'est-à-dire le pouvoir absolu d'un dictateur brutal ou d'un monarque éclairé voire un mélange des deux, fut aussi un moyen de mise en œuvre de l'État. Naturellement, on accorde à la démocratie un statut supérieur dans la mesure où elle suppose un choix collectif conscient dans un climat de paix. L'autocratie est une référence ancienne, venue des temps barbares, mais qui n'a pas entièrement disparu, dans la me-

200 Le vote par correspondance fut supprimé par crainte de tricherie. La dernière élection présidentielle américaine a montré que cette crainte était justifiée.

sure où la mise en œuvre du choix démocratique peut aboutir à la nomination d'un dictateur en puissance, ou un dictateur masqué, voire un candidat qui l'affirme l'être. N'a-t-on pas affublé le président des États-Unis, Donald Trump, d'épithètes de ce genre pour ses réalisations, en particulier l'érection d'une frontière en dur avec le Mexique afin d'empêcher le passage de nouveaux immigrés ? Emmanuel Macron n'avait-il pas annoncé avant son élection conduire une présidence jupitérienne ? Est-ce vraiment ce qui caractérise un exercice démocratique ? N'est-il pas parvenu avec le virus à une forme d'autocratie ? Une autocratie nettement plus exigeante envers les Français du territoire, voire contre ceux-ci. L'autocratie peut se conjuguer avec la démocratie au moins dans les apparences. Compte tenu de cette expérience, le corps électoral peut chercher un leader à tendance jupitérienne d'un autre type. Rien n'empêche la candidature et le succès d'un leader qui réserve sa sévérité à d'autres occupants du territoire ? Le besoin de sécurité que réclament nos compatriotes ne pourra rester indéfiniment insatisfait. Ce besoin-là ne peut être satisfait que par l'État qui lui donne sa force.

L'État est l'outil permettant de répondre aux besoins collectifs d'un peuple. Le dimensionnement de l'outil dépend de choix, affirmés ou implicites, faisant la part entre ce qui relève de l'individu et ce qui relève du collectif. Le développement des civilisations a tendance à accroître la dimension collective pour diverses raisons à la fois sociales, économiques, culturelles, idéologiques, en un mot pour des raisons politiques. La politique se veut l'activité humaine qui projette les sentiments, les désirs, les intérêts, les raisons des êtres humains dans cette organisation collective qui est l'État. La politique peut aussi se fixer sur un objectif moins collectif, mais donnant plus de poids à la liberté de chacun.

Le pouvoir de mettre la machine d'État en mouvement revient dans nos institutions, nous en avons décrit en abondance précédemment le cheminement, au président de la République et au gouvernement. Le premier est élu au suffrage universel ce qui l'autorise à désigner un Premier ministre et le gouvernement. Le gouvernement, en théorie, sous le contrôle du parlement est finalement autorisé à définir et conduire la politique de la nation. En réalité, la politique de la nation recouvre des politiques. Il y a autant de politiques qu'il y a de départements ministériels. Ce qui confère à celui dont la tâche est de guider l'ensemble, le Premier ministre, un rôle d'animation et de synthèse des actions gouvernementales. S'il se réserve la question politique centrale du moment, il ne peut être efficace sans disposer, à ses côtés de ministres, au fait de leur sujet. Il est à la manœuvre pour coordonner l'ensemble en quelque sorte.

À la tête de chaque département de l'action publique, un ministre est désigné qui devient le chef de ce département, de son administration. Ce chef assume le fonctionnement du passé, ce qui existait avant son arrivée, mais son principal objectif reste à mettre en œuvre ce pour quoi son camp est devenu majoritaire. La principale caractéristique de ce chef est d'être un politique. Il est un généraliste qui, a priori, n'est pas choisi pour des compétences correspondantes à celle de l'administration dont il a pris la tête, mais par sa capacité à mettre en œuvre dans le domaine particulier le choix des électeurs. On peut néanmoins remarquer que de plus en plus fréquemment le titulaire du poste ministériel se situe professionnellement dans un environnement proche de l'administration qu'il conduit. Nous avons déjà abordé cette question sans lui donner de réponse. Elle semble majeure dans la mesure où elle constitue la limite dans laquelle se meut l'exercice du ministre, et donc de l'État dans son comportement spécifique. Si le ministre se trouve incapable de comprendre l'étendue et la profondeur de son ministère non pas pour des raisons personnelles, mais des raisons liées aux capacités objectives des êtres humains dans des conditions précises, il y a donc à revoir impérativement le cercle des compétences. Celles-ci doivent-elles être scindées en plusieurs ministères ou doivent-elles être réexaminées pour saisir ce qui tient réellement du ressort de l'État ? La multiplication d'agences fonctionnelles répond en partie à la question et masque aux yeux de tous une extension de la puissance publique ainsi qu'une dilution du statut des agents de l'État. Il existe une tendance naturelle chez les humains de chercher à s'extraire de ce qui s'apparente à une tutelle. Dans les grandes organisations, cette tendance à l'indépendance est renforcée par les revendications de groupes. Nous le constatons tous les jours chez les magistrats ou chez les inspecteurs du travail, pour ne prendre qu'eux. Le syndicalisme des fonctionnaires est en grande partie teinté de corporatisme au nom d'un intérêt général qu'il s'attribue. Est-ce souhaitable de transférer à des organismes mixtes des prérogatives purement étatiques, à ne pas confondre avec des missions de service public ? D'un côté, il y a un obstacle à la multiplication des postes ministériels que l'opinion ne souhaite plus supporter et de l'autre la place de la société civile et du marché. Les prélèvements obligatoires sont le cadre qui limite l'extension étatique[201]. Le déficit budgétaire est une autorisation, voire un acte transgressif, que se permettent les gestionnaires temporaires. L'État, de fait, décide-t-il seul de son extension par effet d'inertie ou par volonté collective, éventuelle-

---

201 Le prélèvement de l'équivalent de 46 % du produit national brut en impôts, taxes et cotisations, semble être le maximum au-delà duquel les risques d'embrasement des territoires sont réels.

ment inconsciente, de son administration ? Revoir l'ensemble du dispositif gouvernemental et étatique paraît une mesure de bon sens. Il est vital de faire le tri entre ce qui relève de l'État et ce qui n'en relève pas.

Il faut aborder la question du marché, car l'argument employé est de préserver l'égalité des citoyens, mission républicaine, de l'inégalité naturelle du marché. C'est une forme nouvelle du socialisme, un socialisme honteux, qui est proposée là.

Est-il possible de supprimer le marché ?

Dans le discours politique national, le marché n'a pas bonne presse. Le débat fumeux entre l'économie de marché et la société de marché[202] est une invention strictement française qui perdure. Des forces politiques s'obstinent encore dans l'hérésie d'une illusoire suppression du marché. C'est une partie du programme de la social-démocratie. Devant son impossibilité, elle se propose d'en réduire les effets, en mettant en place une batterie d'aides, « plus d'Etat pour passer la serpillière sociale chaque fois qu'il y a de la casse »[203]. À l'exception de quelques-uns d'entre eux, les libéraux français se retiennent d'en assurer une promotion trop marquée. Le marché est assimilé au capitalisme, le supprimer aboutirait à abattre le système sans le dire. Cette vision est erronée. Le marché, et plus exactement les marchés dans le monde réel sont des lieux d'échange. Des lieux où une offre rencontre une demande pour définir une valeur satisfaisante aux deux. Cette valeur se nomme le prix lorsqu'il s'agit d'un produit, le salaire lorsqu'il s'agit du

202 Lionel Jospin, Premier ministre, déclare en 1999 : « oui à a l'économie de marché et non à la société de marché ».

203 Olivier Marleix : « les liquidateurs ».

travail, ou le taux d'intérêt lorsqu'il s'agit d'argent. Il est convenu de traduire cela en loi de l'économie. La loi dite de l'offre et de la demande traduit ce mouvement d'équilibre ou de déséquilibre. Quand l'offre de produits est supérieure à la demande, les prix baissent et quand la demande est plus forte que l'offre, les prix montent. Il n'y a rien a priori de machiavélique dans cette affaire sauf à considérer qu'il n'existe aucune égalité entre l'offreur et le demandeur. Tout échange est un rapport entre des forces qui pré-existent à l'échange lui-même, mais qui peut varier si un élément extérieur intervient dans le jeu. Par sa puissance, l'intervention de l'État change les règles du jeu et aboutit à une modification des termes de l'échange. L'exemple le plus évident se trouve sur le marché du travail.

L'offre de travail[204] dans l'hexagone est modifiée par l'arrivée en grand nombre d'immigrés dès la fin des années soixante. Leur nombre associé à leur moindre exigence salariale va faire baisser l'ensemble des salaires ouvriers de l'industrie et du bâtiment. L'argument utilisé au préalable à leur venue par les entreprises, les demandeurs, est un besoin de main d'œuvre qu'elles ne trouvent pas en France. Pourquoi les entreprises ne trouvent-elles pas de mains d'œuvre? Pour tout un tas de raison qui se ramène à une seule : la faiblesse de la rémunération n'attire pas de candidats (ou les avantages des aides sociales empêchent la mobilisation de la force de travail). Une augmentation de la rémunération changerait la donne. À partir du moment où l'État facilite la venue de travailleurs étrangers pour pallier le manque d'attrait des entreprises françaises, il met le doigt dans un cycle sans fin de diminution des

204 Sur le marché du travail en économie l'*offreur* est le salarié et le *demandeur* l'entreprise.

rémunérations associée à l'arrivée continuelle de nouveaux travailleurs étrangers en provenance de contrées toujours plus lointaines et pauvres.

Les meilleurs soutiens de cette logique démente sont précisément ceux, dont la vocation est de représenter les travailleurs locaux et défendre leur rémunération, autrement dit la gauche française, les partis politiques et les syndicats. La politique du retour au pays des immigrés mis en place par Giscard d'Estaing est abandonnée par François Mitterrand dès son arrivée au pouvoir en 1981.

Le marché du travail est donc déstabilisé à partir de l'intervention de l'État. Celui-ci a modifié la législation du travail et modifié la dimension du marché qui de fait s'internationalise avec le pays des ressortissants. Ceux-là mêmes qui combattent le marché légitiment son agrandissement. L'offre de travail s'est étendue aux pays fournisseurs de mains d'œuvre. Quand le relais est pris par l'Union européenne, au nom de la libre circulation des hommes une nouvelle dimension est atteinte qui va concerner un grand nombre de professions.

Le marché de l'argent et de la finance est celui où la mondialisation est la plus avancée, et c'est aussi celui sur lequel les états ont le plus d'influence par leur endettement. L'endettement de l'état français est détenu par l'étranger pour les deux tiers soit entre 1500 et 1800 milliards à la fin de l'année 2020. Les taux d'intérêt actuels sont négatifs, rien n'indique qu'ils resteront dans ce non-sens économique. Le plus inquiétant réside dans le fait que face à l'endettement, il n'existe pas grand-chose qui aurait justifié d'emprunter. En général, l'emprunt a pour objet une maison pour une famille, un équipement pour une entreprise. Pour le pays, en face d'un passif de 2400 milliards, le patrimoine des administrations publiques se situe autour de 300 milliards d'après l'INSEE[205]. Où sont passés les capitaux empruntés ?

Des modifications permanentes de normes affectent le marché des produits. La source de ces modifications se situe à Bruxelles, au siège de la Commission européenne. Notre administration n'est pas en reste. Elle s'évertue à rendre encore plus strictes les normes de Bruxelles pour mettre un peu plus en difficulté nos entreprises. Plus qu'ailleurs, en France, les normes participent d'une sorte de purification de lieu sordide. Elles concernent tout le chemin parcouru par le produit de sa fabrication à sa destruction. Une armée de contrôleurs, devenus des missionnaires du bien, vérifie le respect des normes en lieu et place des clients ou des utilisateurs qui, en tout état de cause, feraient mieux et moins cher que n'importe quel fonctionnaire de cette administration. Désormais, l'acte de produire et de vendre est devenu si complexe qu'il renvoie sur le client l'obligation de s'informer de conditions générales de vente interminables. Ainsi sont imposées au grand public des conditions d'achat de professionnel. C'est au nom d'un « principe de précaution » inventé, mais appliqué à discrétion que ces dispositifs sont mis en place. Lorsqu'on s'interroge sur la finalité des nouvelles relations commerciales engendrées, on peut imaginer que la normalisation peut constituer une nouvelle protection des grandes compagnies vis-à-vis de leurs concurrents de taille réduite et la porte est ouverte à une société de plaideurs. Pourquoi les grandes compagnies sont-elles avantagées ? Parce qu'elles disposent des moyens pour financer le lobbying qui est le moteur de la normalisation dans l'Union européenne. Parce qu'elles disposent des moyens pour corrompre ceux qui participent à la décision.

---

205 En 2019, l'INSEE a calculé le patrimoine de la France à 15 500 milliards, dont 10 000 milliards détenus par les ménages.

Au nom d'une moralisation qui n'en est pas une, l'intrusion de l'État a engendré une insécurité juridique pour tous les opérateurs. Le marché, lui, ne s'en porte ni mieux, ni plus mal, il nait et renait toutes les fois que les vivants échangent. Il serait judicieux de le laisser à la place qui lui revient et de s'intéresser à ceux qui dans le marché usent et abusent de leur position dominante. L'État doit donner sa chance à tous les intervenants au nom de l'égalité.

L'intervention de l'État dans l'économie est une constante française. Les guerres, les reconstructions qui s'ensuivent, en ont fait un opérateur naturel permanent. La fédéralisation de l'Union européenne en a multiplié l'envergure, mais cela s'est fait fondamentalement au détriment des Français parce que les dispositions de l'intervention ne se fondent pas sur les mêmes critères. Le déport de la décision étatique sur un ensemble plus vaste se traduit naturellement par la perte de l'exclusivité et de la priorité de l'élément abandonné. Tout était en place pour qu'un évènement extérieur se mue en crise paroxystique. La crise des subprimes en avait donné les prodromes.

Les issues des épidémies ressemblent à celles des guerres. En démultipliant les interventions de l'État, elle donne au souverain naturel des obligations incontournables. Or l'état fédéral, bâti péniblement, qui imprime ses choix et ses budgets à des sous-ensembles soumis, n'est pas le souverain naturel.

TENTATIVES POUR CONJURER LA CATASTROPHE

Ce qui constitue la rupture la plus flagrante dans la crise sanitaire se trouve dans sa gestion et dans le comportement des élites. Le souverain, alors qu'il invoquait la guerre au virus, a été incapable de la mener. Certes pourra-t-il rétorquer, mais les autres chefs d'État non plus. Pour le monde, c'est faux ! Pour les pays riches d'Occident, c'est vrai.

La seule solution dont disposait le souverain au début pour combattre le virus chez les gens contaminés fut mise de côté. Elle émanait pourtant d'une sommité mondiale de la discipline. D'un homme qui n'avait pas besoin de son heure de gloire, il n'avait depuis longtemps plus rien à prouver. Pourtant il fit l'objet d'une démolition systématique de la part d'un attelage hétéroclite dont on doit s'interroger encore sur les motivations. Le souverain n'a pas eu le courage de faire taire ce regroupement de circonstances. Ce manque de détermination, en plus de conduire à la mort un grand nombre de nos compatriotes, a installé le doute et la division dans les personnels de santé. Les conséquences sont rapidement apparues. Ne soignant pas les malades aux premières manifestations du virus, les services d'urgence manquant de tout furent très rapidement saturés, il fallut donc faire des choix. La guerre n'était pas menée, mais la médecine de guerre s'imposait, il fallait faire un tri à l'arrivée des blessés graves.

Pourquoi qualifions-nous cette démolition de systématique? D'abord parce qu'elle vise un médicament, une méthode de soins et le médecin qui la porte. Ensuite parce qu'elle associe des personnes, des organismes et des actes concourant à des homicides. Les membres du gouvernement, les parlementaires de la majorité, de hauts fonctionnaires de la santé, des directeurs d'hôpitaux, des chefs de service, tous les propagateurs de fausses nouvelles, sans oublier l'opposition qui n'a pas voulu s'opposer, forment le premier groupe. Le deuxième groupe est formé des services du Premier ministre, du ministère de la Santé et des Agences qui en dépendent, de l'ordre des médecins, des directions d'hôpitaux et des services hospitaliers publics et des grands médias.

Cette démolition est systématique. Elle s'accompagne d'actes juridiques pour interdire le médicament, pour interdire la méthode de soins préconisée. Elle effectue des pressions sur les personnes qui en font la promotion, l'utilisent ou préconisent d'autres méthodes qui n'ont pas l'agrément du pouvoir en place. Enfin, elle est systématique, car elle influe sur la propagation du virus dans une stratégie de diffusion de la peur afin de favoriser d'autres médicaments, des vaccins et la mise en place d'un régime technocratique et dictatorial.

L'État fédéral européen a-t-il pris une part dans cette démolition systématique? À n'en pas douter, mais dans l'immédiat, faisons-en sorte d'effectuer les réformes qui s'imposent. Le premier concerné par des réformes d'envergure est le ministère de la Santé.

C'est donc en nous qu'il faut trouver la riposte pour ne plus jamais se trouver dans un tel cas de figure. La fédération européenne prévient ne pas avoir la compétence santé à l'instar de l'organisation allemande où les länder sont les pilotes. En août 2021, à la vue de ses bons résultats, le parlement français a livré à l'Union européenne la compétence sanitaire.

LE MINISTÈRE DE LA SANTÉ

Les premières mesures à prendre concernent ce ministère qui a failli. Ministère dont on a constaté la dilution des fonctions et l'introduction d'intérêts privés au sein même de ses organismes. Ces intérêts privés là, selon nous, sont incompatibles avec la mission publique. Il faut rendre ce ministère, efficace, transparent, au service des Français et en conséquence le remanier de fond en comble. Cela veut dire alléger la bureaucratie des doubles emplois qui travaille pour leur seul compte. Définir qui fait quoi et publier un organigramme clair pour tous, en premier lieu pour les élus, permettant de comprendre son action et ses liens avec les territoires et les hôpitaux. Mettre en place un contrôle systématique du parlement.

Revoir les attributions des agences fonctionnelles, les réintégrer au sein du ministère ce qui tient de l'obligation de santé publique et envisager la suppression ou la privatisation des autres.

Revoir les attributions des agences opérationnelles. La réforme hospitalière a fait des directeurs des Agences Régionales de Santé les véritables patrons des hôpitaux. La suppression des ARS est une mesure de salubrité publique au vu de leurs actions durant l'épidémie. Elles portent une part de la surmortalité. Les soins ont été phagocytés par la comptabilité.

Revoir la Gestion des hôpitaux publics qui devront être dirigés par un médecin secondé par un gestionnaire. Ils devront associer le personnel aux grandes décisions ainsi que la population par l'intermédiaire de leurs élus afin de correspondre à leur territoire. Leur bureaucratie sera forcément allégée par la fin des ARS qui ont forcément multiplié leurs correspondants dans les hôpitaux, engendrant les surcoûts constatés. Des efforts constants de modernisation de l'administration devront être favorisés afin d'en diminuer son coût.

Il serait judicieux de dissoudre l'ordre des médecins. Il s'est comporté comme un supplétif des basses besognes d'un exécutif portant atteinte à l'éthique médicale. Alors qu'il aurait dû se placer en défenseur intransigeant de la liberté du praticien, il a choisi de déposer plainte contre les professeurs Didier Raoult, Christian Péronne et Henri Joyeux, contre les docteurs Nicole Delépine, Nicolas Zeller et Rezeau-Frantz, et convoqué Louis Fouché, Laurent Toubiana, Jean-François Toussaint. Les Français ont compris que les dérives coupables de fonctionnement de l'ordre ont facilité son zèle à répondre à l'exécutif. Le contrôle de la Cour des comptes qui signale des prévarications justifie sa suppression. Il faut y substituer un système souple où se coordonnent les politiques publiques et les représentants syndicaux médicaux. Ce n'est pas au pouvoir public de s'immiscer dans la relation entre le médecin et son patient.

Il faut envisager de revoir notre participation et éventuellement de quitter l'OMS, telle qu'elle est à moins d'y faire reculer la corruption installée par les grands laboratoires. Si les États-Unis considèrent l'OMS corrompue, on peut supposer qu'ils disposent d'éléments et de dossiers pour l'affirmer. La place prise par Bill Gates en son sein laisse supposer une numérisation des individus à partir de leur santé, numérisation attentatoire à la liberté, comme le laisse accroire la création d'un passeport santé.

Cette refonte d'un ministère qui s'impose après la catastrophe nous amène à étendre cette réflexion à l'ensemble des structures de l'état, leur utilité, leur rôle et leur organisation. Quel est le principal reproche concernant la gestion de la pandémie ? N'est-ce pas d'avoir adapté à la capacité d'accueil des hôpitaux, c'est-à-dire au nombre de places à disposition à l'instant T, les mesures à prendre concernant les éventuels malades. Autrement dit d'avoir contraint les individus et la société de s'emprisonner au lieu de mettre en place les dispositifs pour les soigner. Lorsque le président du conseil scientifique dit aux sénateurs que le confinement a sauvé des vies. Il ment.

Dans la tourmente de la covid, le pouvoir qui gère l'État abandonne la mission qui fonde l'existence de celui-ci, sa nécessité. On ne peut faire abstraction des recommandations de la Commission européenne qui contraignent la France de diminuer ses dépenses sociales. Ces recommandations ont influé sur cette disposition démente, aux conséquences dramatiques, de faire du nombre de lits d'urgence le principe incontournable de la politique de santé. Seulement, ces mesures ont été mises en œuvre par des fonctionnaires français. Dans le même ordre d'idées, les condamnations de criminels sont déterminées par le nombre de places en prison ! Mais on entend peu de monde dans l'administration de la justice s'en émouvoir.

D'une façon générale, la démarche qui veut que l'État impose ses contraintes aux personnes et finalement à la société dans son ensemble est caractéristique d'une idéologie relativement récente dans laquelle la mission suprême consiste à transformer la société. Dans un contexte de prélèvements obligatoires parmi les plus élevés du monde. Ce glissement forme la base de ce qui est défini sous le vocable du totalitarisme. Constatant leur impuissance à maitriser un état obèse qui constitue leur domaine de compétence, beaucoup d'hommes politiques, toutes tendances confondues, modifient leur mission pour imputer aux usagers ce qui ressort de leurs échecs. Le fameux néologisme « sociétal » constitue l'expression positive du renoncement à transformer l'État, à l'adapter au monde d'aujourd'hui.

Supprimer quelques milliers de postes dans un ensemble de plusieurs millions relève de l'impossible, mais éliminer une entreprise de quelques dizaines de salariés qui fabrique des masques de protection ne suscite aucune objection. Telle est le dilemme shakespearien de la France. Être ou ne pas être dans l'État, telle est la question.

Comment s'étonner de l'accroissement des dépenses et des déficits de l'État? Que font donc de tout ce « pognon de dingue », ces gens chez lesquels même la productivité est un tabou? Quel reproche majeur peut-on faire à l'État central? Ils sont de deux ordres. Celui de se diluer dans une multitude de mesures qui ne sont pas de son domaine, mais de la responsabilité d'autres organismes, de la responsabilité des personnes et de la société. Celui de faire fi de ses obligations naturelles. La mission essentielle de l'État central est la protection du territoire et du patrimoine ainsi que la sécurité des personnes et des biens suivant les principes de liberté, d'égalité et de fraternité qui guident sa justice. « … il est d'abord le garant de la stabilité, de l'ordre et de la justice »[206].

LES MINISTÈRES

L'action du ministère de la santé conduit à s'interroger sur ce que font les autres ministères. La complexité s'est étendue dans tous les ministères dits techniques. Correspondent-ils à ce qu'on

206 Roland Hureaux : *La grande démolition.*

est en droit d'attendre? La France dispose d'un appareil d'État, construit au fil de son histoire. Malheureusement cette construction, réalisée dans la méfiance du peuple, est d'un prix élevé en regard de son efficacité désormais plus que discutable (ne venons-nous pas d'évaluer l'efficacité du domaine de la santé). Nous pouvons d'ailleurs constater la disparition dans le discours, ce qui auparavant était mis en avant, qui s'énonçait ainsi « notre administration est enviée du monde entier ». Certes, sa qualité était incontestable grâce aux individus qui la peuplaient, mais force est de constater que sa dilution dans des tâches subalternes et son recrutement qui veut ressembler à la population qui occupe le territoire n'a pas participé de la recherche de l'excellence. La contrepartie du coût élevé du fonctionnement étatique s'est traduite par une diminution[207] de la richesse par habitant, prélude à un déclassement du pays dans les comparaisons internationales.

DÉPENSE PUBLIQUE ET SPIRALE DU DÉCLIN

Les ressources de la dépense publique sont les prélèvements obligatoires, à savoir les impôts, les taxes et les cotisations sociales, et les emprunts. Il existe un lien entre le PNB, Produit national brut, et la dépense publique qui veut que l'élévation de la dépense publique engendre quasi mécaniquement une diminution du taux de croissance du PNB[208]. La diminution du PNB correspond à davantage de chômage donc moins de prélèvements

207 Le classement du PNB par tête est passé de la 11 -ème place en 2000 à la 20 -ème en 2019.

208 En dessous d'une croissance du PNB de 2,5 %, il n'y a pas de création d'emplois donc chômage.

obligatoires et moins de rentrées fiscales, voire l'augmentation de ceux qui restent actifs. Or la pression fiscale étant maximum, il faut emprunter. C'est ici que se situe la spirale infernale du déclin.

D'autre part, l'achat public n'est pas déterminé par le meilleur rendement, mais par des considérations correspondant à des choix politiques et donc en partie subjectifs, si ce n'est inutile. Cette dépense représente un poids qui engendre encore le chômage et obère la création de richesses. Il s'agit de réduire ce poids. La réduction de ce poids passera nécessairement par une réduction des missions pour se concentrer sur l'essentiel. La réduction des missions redonnera de la force à la société civile.

L'élévation de l'un engendre la descente de l'autre. Les postes ministériels sont pléthoriques. Cette constatation s'impose depuis des années sans rencontrer le début d'un commencement de réflexion et de mise en œuvre. Notons néanmoins que des postes ministériels sont devenus des secrétariats d'État dans les gouvernements d'Emmanuel Macron, notons aussi que le conseil de défense est plus léger que le gouvernement, or c'est lui aujourd'hui qui dirige. La composition du gouvernement tient d'un héritage dont les legs ne sont plus en phase avec notre époque. Il faut donner plus de marge de manœuvre à la liberté et à la responsabilité des individus. Il y a des ministères qui n'ont plus de raisons d'être n'en déplaise à leur titulaire. Au sein des ministères, il faut revoir le management. Sans nous étendre sur le sujet qui a lui seul devrait faire l'objet d'études et de décisions. Le management des ministères paraît tenir du laisser-aller, de l'impossibilité pour celui considéré comme le patron, le ministre, de ne pouvoir influer sur rien correspondant à son organisation. La menace d'une levée de boucliers de l'administration bloque ses velléités. En retour, il paraît comme admis l'impossibilité de changer quoi que ce soit. Il s'ensuit que le coût de l'appareil d'État n'est pas considéré comme le prix à payer de services essentiels à la création de richesse générale du pays, mais comme un fardeau à supporter dans l'attente d'un grand remue-ménage. Les syndicats, composés pour l'essentiel de militant du public, participent du fardeau, car on les sent de moins en moins en phase avec la souffrance des non-fonctionnaires.

Dans « l'horreur étatique », nous avions entamé une réflexion visant à revoir les missions ministérielles à partir d'une modification de la structure État prise comme un ensemble.

AUTRE REGARD SUR L'ORGANISATION ÉTATIQUE

L'organisation étatique complète se compose d'un État central, d'un État social annexe et d'un État périphérique, fait de collectivités territoriales, placé sous la tutelle du central. Le domaine de l'État central est régalien, il est celui des missions souveraines. Les missions souveraines ne peuvent souffrir d'un quelconque manquement aux principes de libertés, d'égalité, et de fraternité, elles sont donc soumises à un rite irrémissible. Il incombe à l'État central de mettre en place les instruments et les moyens permettant à l'État périphérique de mener les autres missions publiques. Il précise et organise les relations avec les composantes avec l'État périphérique et les relations entre elles. L'État périphérique doit être pilote dans ce qui ressort de la vie quotidienne de la population. Il dispose d'une souplesse plus grande pour faire face aux aléas et aux drames de la vie, car les hommes y ont plus d'importance que les procédures. Les communes sont les principales collectivités. Avec leur demi-million d'élus, majoritairement bénévoles, elles animent l'État périphérique autour duquel gravitent toutes sortes d'organisations toutes aussi bénévoles. Cette richesse doit être dotée de davantage d'autonomie de décisions. La subsidiarité commence avec la prise en compte des besoins réels, tels qu'il s'exprime à la base et dans la vie quotidienne.

L'INTERVENTION ÉCONOMIQUE DE L'ÉTAT

L'État doit refluer en tant qu'opérateur permanent dans l'économie, mais non en tant que protecteur de l'économie française dans son ensemble. L'intervention permanente (et inefficace) de l'État dans l'économie est consécutive de l'État-nation peut-être plus exacerbé dans la psychologie du peuple français. L'intervention de l'État n'est pas neutre, nous l'avons traitée précédemment sous l'angle du rôle de l'inspection générale des finances dont c'est précisément l'objet. Or la neutralité doit constituer la base de l'intervention sauf de privilégier des entreprises. Il revient à l'État la protection de toutes les entreprises françaises. C'est à la liste des entreprises perdues pour la nation qu'on peut mesurer l'incompétence de nos élites. On peut aussi s'interroger si d'autres facteurs n'ont pas contribué au départ d'entreprises puissantes vers l'étranger. La branche nucléaire d'Alstom reste une énigme, mais la perte de Technip ne l'est pas moins. Les lois, du genre loi PACTE, doivent disparaître, mais une loi de défense des entreprises familiales est une obligation nationale.

L'histoire économique française contient des acteurs dont l'État a délibérément limité le rôle. Les chambres consulaires, chambres de commerce, chambres des métiers, chambres d'agriculture, ainsi que les bourses du travail. Ces lieux de compétence économique et sociale devraient pouvoir jouer un plus grand rôle au service de toutes les entreprises. Les plus grosses disposent de moyens conséquents, et l'État sera toujours à leur côté. Imaginons d'autres relations que cette seule collusion entre la haute administration et les grandes entreprises.

L'INCONTOURNABLE SOUVERAIN EUROPÉEN

La politique française n'a jamais été aussi imbriquée à l'Union européenne allemande que depuis l'élection d'Emmanuel Macron. La signature de l'acte unique en 1986, le traité de Maastricht en 1992 et le traité de Lisbonne en 2008 marquent les étapes de la déconstruction des États-nations qui composent l'Union. Par morceaux, les attributs des souverainetés nationales furent transmis à la commission selon les vœux de Jean Monnet, le créateur, avec sa méthode dite de « l'engrenage »[209]. Le but n'est jamais précisé, mais c'est un cran après l'autre que se constitue la mondialisation, le monstre qui étouffe la France. Ce transfert avait pour contrepartie, au moins dans le discours, le bien-être généralisé du peuple dit européen. En 2020, le bilan de l'aventure s'avère négatif pour une grande partie de celui-ci. C'est parce que l'Union n'est pas assez européenne, diront ses thuriféraires, c'est parce qu'elle est allemande et au service des puissants diront ses opposants. Emmanuel Macron ne considère pas l'Union comme une nature allemande. Il pense, plus exactement, il essaie de faire croire que la France compte encore dans les décisions en jouant,

209 Philippe de Villiers : « J'ai tiré sur le fil du mensonge et tout est venu », chapitre : « le voleur chinois ».

pour les médias, la complicité avec une Ursula von der Leyen[210], en réalité plus allemande qu'européenne. Pourrait-on le lui reprocher ? Les nations n'ont pas d'état d'âme, mais des intérêts à défendre. Par exemple, fin janvier 2021, l'Union européenne passait un accord commercial avec la Chine. Le but affiché était l'ouverture du marché de l'Union européenne aux entreprises et capitaux chinois. En contrepartie l'Allemagne s'assurait le maintien de son niveau d'échange, en particulier dans le secteur automobile, et plus précisément dans la voiture électrique. Le plan Airbus européen des batteries automobiles vendu par Bruno Lemaire risque de ne jamais voir le jour. Ce maintien d'exportations allemandes pour réussir doit impérativement s'appuyer sur les déficits commerciaux des autres nations avec la Chine. Cette année, la France a connu un record de son déficit extérieur à 100 milliards. La monnaie unique est la réalisation la plus visible de l'Union. Elle est une extension du mark à tout un territoire, la zone euro, ou la substitution du mark aux autres monnaies. Il ne peut être question d'Union européenne si celle-ci ne profite qu'à un seul des partenaires.

LA MONNAIE UNIQUE

Une étude allemande[211] sur l'euro a montré que ses grands bénéficiaires sont l'Allemagne et la Hollande et qu'il a largement pénalisé la France. Il y a la confirmation des risques pris en s'engageant dans la monnaie unique. Sur une période couvrant les

210 Présidente de la Commission européenne.

211 Réalisée par le Centre de Politique européenne, *think tank* indépendant installé à Bruxelles.

années 1999 à 2017, le manque à gagner se situerait à 3600 milliards d'euros soit 56000 d'euro par habitant. Si les méthodes de l'étude ne sont pas exemptes de critique, l'ampleur des chiffres donne le tournis. L'ordre de grandeur de la perte est équivalent à plus d'une fois et demie le PNB de l'année 2019, dernière année avant la chute brutale de la croissance et à une fois et demi le montant de la dette publique française. La France ne se serait pas suffisamment réformée, conclut l'étude. Elle pondère de cette façon le désastre pour justifier aussitôt le bien-fondé des réformes engagées par le président Emmanuel Macron ; réformes dont une grande majorité de Français ne veut pas entendre parler, ce qui constitue une difficulté ultime et insurmontable. Il n'est, semble-t-il, pas venu à l'esprit des rédacteurs de l'étude que la France en se tenant à l'écart de la zone euro connaîtrait aujourd'hui moins de difficultés. La monnaie est un instrument fondamental de la souveraineté. Elle s'évalue dans ses relations avec les autres monnaies, ce que la France est incapable de faire étant donné que sa monnaie est attachée au mark. Le mark représente la puissance industrielle allemande. Or la puissance française, surtout celle qui compte, la puissance industrielle, représente autour de 10 % du PNB alors que l'Allemande dépasse les 20 % du PNB. Sur l'industrie repose le fardeau d'une administration incapable de se réformer, mais toujours prête à accroître son volume.

La seule issue convenable est un retour au franc et une dévaluation significative de celui-ci dans la foulée.

L'UNION EUROPÉENNE

L'Union européenne est un carcan que le Brexit a révélé pour ceux qui se faisaient encore des illusions. Il faut du courage pour se sortir d'un carcan. Le peuple français en a-t-il encore? La réponse est oui, sinon quel serait l'intérêt de ce livre. Alors la question est de quoi sortir, et comment.

L'Union européenne que nous avons qualifiée de fédération européenne, d'Union européenne allemande ou d'extension de la République fédérale allemande à notre territoire est construite à partir de traités dont l'unanimité est requise pour les modifier. Autant dire, comme le disait Jacques Attali, que tout a été prévu pour entrer dans l'Union, mais rien ne fut envisagé pour en sortir. Circonstance aggravante, l'Union européenne est une construction française. On la doit à Jacques Delors et François Mitterrand. Les dirigeants temporaires du pays ont mis la France dans une nasse quasi éternelle. Ces dirigeants se sont perpétués dans les personnalités de Jacques Chirac, Nicolas Sarkozy, François Hollande et Emmanuel Macron. Ils ont une devise : le nationalisme c'est la guerre et l'Union européenne c'est la paix. Devise dont le contenu est faux, mais qui justifie tous les abandons de souveraineté ou d'indépendance. Il faut bien mesurer qu'avant d'imaginer changer quoi que ce soit en France, il faut tordre le cou à cette idéologie et à cette politique d'abandon.

L'amour de la patrie ou de la nation ne constitue pas une agression des voisins. Pourquoi les nations se font-elles la guerre? Certes, n'omettons pas les marchands de canons, mais c'est avant tout lorsqu'une nation empiète sur la liberté d'une autre. Or, il n'existe aucunement au fond de la nation française une volonté quelconque de s'engager dans un conflit avec une autre nation. Mais, il existe dans son oligarchie dirigeante des désirs de dominer les autres. Les exemples ne manquent pas. Le désir de domination de l'oligarchie dirigeante s'exerce d'abord sur son peuple, et c'est souvent lorsque ce désir rencontre une résistance tenace que l'aventure guerrière se présente comme une issue pour le dominateur.

Comme le souligne Jean-Luc Schaffhauser[212] dans son ouvrage, L'Europe de Strasbourg contre l'Europe de Bruxelles : « Pourquoi il nous faut quitter l'Union européenne actuelle ? Les institutions de l'Europe de Bruxelles sont irréformables pour plusieurs raisons, l'unanimité est requise pour tout changement des traités de l'Union européenne… Les institutions de Bruxelles sont aujourd'hui incapables de se réformer, même pour assurer leur propre survie. Elles sont déjà une dictature en marche avec les autres marcheurs. » Nous partageons cette analyse et nous ajoutons, dans l'état actuel, le seul pays ayant intérêt à quitter l'Union telle quelle est la France. Sous une forme un peu schématique, nous classons les pays de l'Union. Les anciens pays du bloc de l'est sont privilégiés par les subventions et accueillent les usines qui quittent notre territoire. Sans subvention, ils quitteraient l'Union dans l'instant. Les pays scandinaves trouvent leurs comptes surtout dans l'OTAN. L'Allemagne et la Hollande engrangent des excédents commerciaux. La Grèce, l'Italie, l'Espagne et le Portugal sont trop faibles pour l'envisager.

L'euro et L'Union européenne ne fonctionnent que par la lâcheté de ceux qui y adhèrent. Ce conglomérat fédéral ne survivra pas à la crise que déclenchera l'Allemagne quand elle devra réévaluer sa monnaie.

212 Jean-Luc Schaffhauser : *l'Europe de Strasbourg contre l'Europe de Bruxelles.*

Une organisation internationale qui a pour objet le développement de coopérations économiques, sociales et culturelles, comme le fut dans ses débuts le marché commun, ne peut fonctionner que dans le respect des nations qui la composent. L'Union européenne n'est pas un instrument de collaboration, mais un instrument de domination au service de la puissance financière. Le fonctionnement de l'euro, de la banque centrale européenne, le choix du « quantitative easing », ou planche à billets, concourent à cette domination. Les politiques sectorielles ont pour fonction de faciliter les mouvements de capitaux pour permettre à ceux-ci de trouver les meilleures zones de mise en valeur. La normalisation et la réglementation, qui fut à l'origine du Brexit, viennent conforter les industries les plus puissantes et les agricultures intensives. Le choix pour la France se réduit à revenir au marché commun ou quitter la fédération européenne.

REPRENDRE NOTRE INDÉPENDANCE

Est-ce la politique du fait accompli qui nous conduira vers les juridictions européennes pour nous condamner? Est-ce la mise en place de la sauvegarde de nos intérêts fondamentaux à mettre en avant? Toujours est-il que le retour de la prise des décisions en France s'impose et pour le coup quoiqu'il en coûte. Il nous faut donc engager des réformes fortes. La finalité de ces réformes est de remettre en priorité tout le pays au travail. Cela signifie : réduire et supprimer le chômage qui nous enfonce dans le sous-développement; reconquérir le marché intérieur et prendre des parts de marché à l'extérieur; reconstituer une industrie forte; multiplier la création d'entreprises; réduire notre déficit commercial; faire du tourisme un pôle de valorisation. Ces objectifs ne sont pas compatibles avec la gouvernance européenne, il faudra donc les imposer. Ils ne seront tangibles sans une diminution conséquente du poids et des décisions de l'État central en tant que relais de l'Union européenne.

Les critiques récurrentes de l'État central sont connues de tous depuis longtemps. Lourdeur, injustice, inefficacité, parasitisme, endettement sont les plus souvent évoqués. Il ne s'agit pas des critiques du régime qui sont d'une autre nature comme nous l'avons vu tout au long de notre propos. Néanmoins, nous pouvons considérer qu'elles se cumulent pour donner le résultat explosif que nous connaissons.

DE QUELLE INDÉPENDANCE S'AGIT-IL?

Les nations qui comptent sont les nations industrielles. La nôtre le fut. Le déclin de l'industrie française a commencé avec la fin du marché commun et la naissance de la communauté économique européenne. Il se situe à la fin des années soixante ou à partir du départ du général de Gaulle du pouvoir. L'industrie représentait 22 % du produit national brut, elle se situe aujourd'hui autour de 10 %. L'agriculture française a connu une hémorragie identique. Industrie et agriculture sont les grands perdants de l'Union de l'Europe vers un système fédéral dominé par l'Allemagne. L'Allemagne a conservé tous ses atouts. Elle a bénéficié pour son industrie des biens d'équipement et des biens intermédiaires d'un quasi-monopole sur le marché commun finalisé et son agriculture est plus forte que l'agriculture française désormais.

Les dirigeants français qui se plaignent de la désindustrialisation, en étant des européistes convaincus font penser à Bossuet: « Dieu se rit des créatures qui déplorent les effets dont elles chérissent les causes ».

Le rapport « Pacte pour la compétitivité de l'industrie française » fut la dernière tentative pour arrêter l'hémorragie. Il faut remonter à 2012. Le Premier ministre, Jean Marc Ayrault, confie à Louis Gallois, ancien directeur de l'industrie, la réalisation d'un rapport sur l'industrie. Précisément sur les moyens à mettre en œuvre pour remettre l'industrie dans la compétition mondiale. Le rapport sera vite oublié. Que disait ce rapport?

Qu'y avait-il au-delà de ces vœux pieux qu'on trouve dans tous ces types de rapport. Ainsi celui de faire en sorte que les acteurs de la filière travaillent ensemble. Tout ce qui a été tenté pour y aboutir s'est soldé par des échecs retentissants[213]. Il y a aussi la construction d'une politique industrielle dont on connaît les résultats par ailleurs qui ne finiront qu'à renforcer l'industrie allemande ? Il y avait une proposition majeure. « Toute nouvelle disposition législative ou réglementaire significative, toute nouvelle politique lancée par l'État devrait être accompagnée d'un document précisant son impact sur la compétitivité industrielle et les moyens d'en réduire les effets négatifs éventuels ». Traduit en langage clair, le rapport insistait sur les dispositions qui alourdissent les obligations de l'industrie et favorisent sa disparition. Réduire les coûts engendrés par une administration pléthorique multipliant les contraintes.

La part de l'énergie dans le coût de fabrication des produits industriels est essentielle. L'automatisation, la robotisation donnent à l'énergie un rôle majeur. L'avantage dont dispose la France avec son parc nucléaire amorti modère les désavantages d'une réglementation démesurée et onéreuse. Au lieu de protéger cet avantage, d'investir dans cette filière, le pouvoir macronien, en digne successeur de François Hollande, ferme des réacteurs. L'orientation du « tout écologie » du pouvoir macronien n'est pas de bon augure. Le projet d'inscrire dans la Constitution la protection de l'environnement est encore plus funeste. Lorsqu'en 2011, Angela Merkel, pour faire plaisir aux électeurs écologistes, a pris la décision d'arrêter le nucléaire en Allemagne, le président Sarkozy n'a pas profité de l'aubaine. Il fallait multiplier les investissements pour que la France devienne pilote dans la construction de centrales et remporte des marchés dans le futur. Les difficultés ren-

---

213 Le plan machine-outil avait précisément ce but, grâce à sa mise en place, la France n'a plus de constructeurs de machines-outils.

contrées dans la construction actuelle des EPR auraient été aplanies. L'industrie du nucléaire aurait pu tracter une quantité de sous-traitants.

Décidément, l'industrie n'intéresse pas nos dirigeants, comment s'étonner d'être devenu dépendant de l'extérieur.

Ne pourrait-on pas envisager afin de faire repartir des productions sur le territoire de favoriser fiscalement ceux qui investiraient dans l'industrie, en particulier dans les petites entreprises. Par exemple soustraire de l'impôt sur le revenu tout ou partie des engagements de l'investisseur.

UN ÉTAT PUISSANT, MAIS MODESTE

Il ne s'agit pas d'un énième habillage des ministères sous un vocable enchanteur mais d'une question vitale : quelles sont les missions incontournables de l'état central, celles qu'on a coutume de désigner sous le terme de missions régaliennes ?

Ce sont celles qui concernent toutes les personnes du territoire de façon identique tout le temps. Elles ressortent exclusivement de la responsabilité de l'état central, doté à cet effet d'un personnel spécifique. Ce sont la protection des personnes et des biens, l'organisation de l'état périphérique, la défense du territoire et le financement de l'ensemble. Il s'agit des ministères de l'Intérieur, de la Justice, de la Défense, des Affaires étrangères et des Finances. La responsabilité de l'état central s'étend à l'éducation, aux équipements, à la santé, aux transports qu'il assume en tant qu'organisateur et qu'il partage avec d'autres opérateurs publics et privés.

L'économique et le social recouvrent un grand nombre de missions qui à l'exception de quelques-unes relève de la conjoncture.

La politique sociale devrait être réservée aux organismes de Sécurité sociale gérant ses équilibres financiers. La participation de l'état au financement de la Sécurité sociale lui donne naturellement un droit de regard et d'intervention sur ce qui s'y passe. Est-ce judicieux ? Les quatre prestations de base doivent être maintenues et réservées aux nationaux. Il est étonnant que ces prestations aient pu être distribuées à toutes les personnes présentes sur le territoire sans paiement de droit d'accès à un système fondé à l'origine par et pour les ouvriers français. Une politique familiale dynamique doit être privilégiée à partir du troisième enfant.

Les piliers de la politique économique sont la monnaie et le crédit, ils doivent échoir à la banque de France sous le contrôle du ministère des Finances. Les domaines économiques spécifiques devraient être confiés aux organismes consulaires qui disposent d'un réseau intérieur et extérieur à développer.

La dimension économique et sociale de l'État est partagée avec le périphérique. À celui-ci de répondre localement à ce qui ressort de la vie quotidienne, et de la conjoncture. La déconcentration et la décentralisation doivent rester des préoccupations avec la commune comme pivot essentiel. Le président de la République et le maire sont les personnalités les mieux élues. Si d'aventure, elles étaient affectées par une abstention massive, le temps des révolutions violentes ne serait plus très loin.

Nous avons envisagé dans l'horreur étatique la création de deux ministères qui regrouperaient toutes les missions spécifiques dans lesquelles l'état porte une responsabilité de coordination et de tutelle. Un ministère de tutelle reprendrait toutes les fonctions de contrôles des secteurs publics et parapublics opérationnels comme les entreprises nationalisées, les propriétés de l'État dans les entreprises privées, les sociétés d'économie mixte. Un autre ministère regrouperait les priorités du moment, le ministère des priorités nationales, il engagerait la puissance publique sur de grands programmes et serait financé par l'emprunt.

Quel État pour demain devrait faire l'objet d'un débat national ? L'élection présidentielle devrait le permettre, malheureusement elle sombre sur d'autres sujets comme les revendications immédiates qui évacuent une vision à moyen et à long terme de ce que les Français souhaitent faire de leur outil collectif.

Néanmoins, la crise dans laquelle se trouve le pays nécessite des mesures d'urgence dans plusieurs domaines : l'endettement, la justice, l'immigration et la souveraineté populaire, mais avant tout…

LE RETOUR DE L'ÉTAT-NATION

Le signal du retour de l'État-nation doit se manifester dès les premières mesures d'un nouveau pouvoir, d'un pouvoir pour le changement véritable. Les thèmes qui suivent ne peuvent être contournés.

ENDETTEMENT

L'endettement est celui sur lequel la décision doit être la plus rapide sous la forme d'un échéancier de désendettement. Le budget doit se boucler sans déficit. La dette cumulée doit être étirée au maximum de durée pour que le poids des remboursements ne grève pas l'action. La lutte contre les gaspillages, les gâchis et les fraudes participe du désendettement. L'arrêt des fermetures de réacteurs nucléaires en état de marche au profit d'éoliennes rendrait crédible la chasse aux gaspillages.

JUSTICE

Régalien par excellence, le ministère de la Justice ne répond plus à l'attente de nos compatriotes. « … l'importance de la Justice en tant qu'institution chargée d'appliquer la règle de droit est devenue non seulement fondamentale, mais la condition première de la démarche vers l'avènement d'une démocratie »[214]. La justice pénale, il serait légitime de la refonder, mais l'urgence de la situation oblige malheureusement à parer au plus presser. Le principal défaut de cette administration tient au mélange de deux professions en un seul statut : celle relative aux poursuites et celle qui relève de la sanction. La proximité des deux professions aboutit souvent à ce que les décisions des uns sont garanties par les jugements des autres, ce qui conduit à un système dans lequel ces deux professions se protègent pour garantir des carrières au détriment de l'idéal de justice.

La justice est rendue dans un tribunal. C'est sur celui-là que doit reposer l'effort de réforme. Il faut faire entrer au sein de toutes les juridictions des personnes de la société civile, comme c'est le cas au sein dans les cours d'assises, pour donner à celles-ci une grande latitude d'exercice et évacuer tant que faire se peut les contingences corporatives des décisions. La défense doit pouvoir s'exercer sans contrainte d'aucune sorte. Concernant les mesures d'internement, elles doivent revenir au tribunal qui devrait aussi être saisi de toute libération anticipée et discutable d'un multirécidiviste.

La justice civile doit être dotée des moyens lui permettant de traiter les litiges dans des délais raisonnables. Elle doit accueillir des personnalités de la société civile exigeantes.

---

214 Roland Sanviti : *Essai sur la démocratie au pouvoir.*

Il serait souhaitable que les personnes de la société civile soient désignées à partir de motivations exprimées et non plus au hasard. Un collège départemental regroupant tous les élus du département pourrait sélectionner une liste de candidats amenés à tenir ce rôle.

Le nombre de places en prison est insuffisant. L'américanisation de la société qu'on constate nécessitera des dizaines de milliers de places de prison supplémentaires. Une part importante des détenus sont d'origine étrangère, principalement africaine. Il faut envisager leur détention dans leur pays d'origine. Il semble que les gouvernements de ces pays ne sont pas favorables à ce retour. Il suffira de prendre le montant de l'hébergement de leurs ressortissants sur l'aide prévue à leur pays avant de supprimer définitivement les aides.

IMMIGRATION

L'immigration ne peut plus être considérée comme un supplément de main d'œuvre attirée pour combler les manques de forces productives dans les métiers sans qualification. Il s'agit d'une politique de peuplement non dite, inaugurée en 1975 par le rapprochement familial. Cette politique, certains, issus de la communauté présente depuis des millénaires, la qualifient de « grand remplacement » tandis que d'autres, dont les parents sont d'installation récente, formulent des exigences de propriété du territoire ou de parties de celui-ci, au point d'y installer leurs mœurs, leurs codes et leurs lois. Entre les deux, la masse des Français s'interroge sur la finalité de ce qui se trouve en présence. Entre les premiers et les autres, la confrontation, de l'avis même de ministres, sera inévitable. Une sorte de guerre civile larvée affecte des territoires de plus en plus étendus. Pour la paix à terme, il est vital de stopper immédiatement toute immigration afin de ne pas déséquilibrer encore davantage le rapport entre les locaux et les nouveaux venus et d'envisager les expulsions des individus indésirables. Les multi-récidivistes et leur famille au premier chef.

La responsabilité des responsables politiques qui ont favorisé l'immigration et laissé se bâtir ces zones dites désormais de non-droit est écrasante.

Pourtant les avertissements n'ont pas manqué, dès le début des années quatre-vingt, soient cinq ans après le rapprochement familial, des émeutes, des manifestations jusqu'alors inconnues sur le territoire, embrasèrent les quartiers périphériques des grandes villes. La jeunesse issue de l'immigration peinait à s'assimiler au socle national. Il fut admis que l'assimilation s'avérant impossible, une intégration serait concevable. L'intégration reconnaissait l'existence d'un ou d'autres peuples à côté du peuple primitif auquel, dès cet instant, il fut exigé d'accepter les nouveaux venus, quels que fussent leurs comportements. La divergence était actée.

La plupart des emplois dans une société technologique demandent des qualifications qu'obtient difficilement la masse des populations d'origine africaine. Ces populations connaissent de forts taux de chômage et rien ne permet de percevoir des améliorations pour leurs enfants. Pour des raisons liées à l'islam, le refus des connaissances scientifiques, diffusées gracieusement par notre système éducatif, ne permet pas d'envisager des progrès pour ces nouvelles générations.

Une délinquance endémique frappe les populations immigrées. Des données d'une étude sur l'année 2010 de Jacques Bichot, professeur d'économie émérite à l'université de Lyon III, sont publiées dans *Le Figaro* du 21 février 2012. La délinquance physique était estimée à 80 milliards d'euros par an pour un coût total de la délinquance évaluée à 150 milliards par an. En 2010, il est compté 778 homicides, le chiffre plus récent est de 1280 en 2019[215]. D'après Eurostat, la France se classe première en Europe pour les homicides, avec un taux de 1,3 pour 100000 habitants, suivie de l'Allemagne pour 0,8 et l'Italie 0,6. La violence n'a donc pas diminué. Il ne s'agit pas d'attribuer toute la délinquance à la population d'origine étrangère, mais force est de constater que sa part est importante et confère au paysage national quelque chose qui ressemble à l'Amérique. Amérique désormais confrontée aux violences du mouvement « black lives matter ».

Le 16 mars 2020, la population carcérale se montait à 72500 détenus. Qui la compose ? Ce sujet est tabou. Il a valu des condamnations à ceux qui s'y étaient essayés. Le Conseil de l'Europe publie les statistiques de la population étrangère incarcérée. Ce pourcentage est de 72 % pour le Luxembourg, 71 % pour la Suisse, 38 % pour l'Allemagne, 34 % pour l'Italie, 28 % pour l'Espagne et 22 % pour la France. Prenons acte de ces chiffres. Rapportés aux chiffres de la violence, on peut imaginer qu'un peu plus du cinquième des actes de violence sont commis par des étrangers, ce qui revient à un coût de 17 milliards.

Charles Prats, ancien magistrat, dans un livre (*le Cartel des fraudes*) évalue la fraude sociale à un montant supérieur à 30 milliards d'euros. La multiplication de fausses cartes de Sécurité sociale est à la base de cette fraude. À cette fraude, il faut ajouter la fraude fiscale et la fraude aux cotisations. Une étude sérieuse sur la délinquance et les fraudes à la sécurité sociale nous amènerait

215 Alain Bauer, *Le Figaro* du 7/9/2020. Entre 1999 et 2019, les homicides et tentatives sont passés de 2155 à 3562, les tentatives d'homicide pour les mêmes dates sont passées de 1044 à 2282. Officiellement les homicides en 2019 sont de 978. Comprends qui veut. En 2020, les homicides et tentatives se montent à 4472 (source DCPI État 4001).

à un montant dépassant le déficit budgétaire, cause première de l'endettement de la France.

Comme le dit si bien le ministre de la Justice, monsieur Dupont-Moretti « si demain les Arabes et les immigrés se barrent, vous êtes dans la merde pour faire votre ménage ». Effectivement, une des raisons du maintien de l'immigration tient, en partie, aux besoins des sociétés de nettoyage qui ont vu leur place exploser dans la société contemporaine. En dix ans, 100 000 emplois sont créés portant à plus d'un demi-million le nombre de salariés plein temps. Les rémunérations y sont très basses et ne permettraient pas, sans les aides publiques, aux employés du nettoyage de se loger, par exemple, à Paris, compte tenu des valeurs locatives. Or les logements HBM ceinturant Paris sont quasiment entièrement occupés par des populations d'origine africaine.

Ce qui émane de l'employeur est pris en charge par la collectivité publique. Là encore, profits privés et charges publiques.

À cela s'ajoutent tous les frais relatifs à l'accueil des familles et des individus en termes de logement, d'écoles, de prise en charge de toute sorte jusqu'aux banques alimentaires locales. L'aide sociale est devenue une vaste entreprise d'assistanat qui grève la compétitivité du pays. L'immigration nous coûte plus cher qu'elle nous rapporte. Les sommes dépensées auraient pu bénéficier à nos compatriotes qui ont dû néanmoins s'acquitter du fardeau de l'immigration par les taxes de toutes sortes qu'ils leur sont imputés.

L'immigration est à elle seule un sujet qui doit être pris dans son ensemble et qui nécessiterait une priorité nationale.

L'immigration massive n'est pas seulement un problème pour le pays d'accueil, il l'est aussi pour le pays de départ. Si toute la population jeune immigre, comment peut-on envisager un jour le développement de l'Afrique. L'immigration est un appauvrissement des pays concernés. Si le colonialisme se réduit à l'exploitation de population locale sur place, comment qualifier le même mouvement dans un autre lieu ?

DÉMOCRATIE DIRECTE

Comment le peuple peut-il exercer sa souveraineté lorsque tout est mis en œuvre pour l'en empêcher ? Les référendums sont les moyens les plus appropriés de l'expression populaire, cela implique d'en respecter le résultat.

La loi accorde depuis 2008 la possibilité « … à l'initiative d'un cinquième des membres du parlement soutenue par un dixième des électeurs inscrits sur les listes électorales »[216] d'organiser un référendum. Il est ainsi acté la possibilité d'un référendum national venant du bas, aussitôt limitée par les conditions quasi impossibles à réunir. Il faut créer des conditions favorables pour que l'exercice de la démocratie directe ne reste pas un vœu pieux. Ces conditions favorables résident dans le nombre de signatures exigées pour se faire.

Il en est de même pour les référendums locaux. Le cadre est fixé par l'article 72 de la Constitution et la loi organique du 1er août 2003 qui l'institue à titre expérimental.

La formation des métropoles et des agglomérations a éloigné la décision locale de la population. Le maire était le décideur local et non pas le président de la lointaine agglo. Le référendum local s'imposera, sauf à revenir à la libre administration des communes, pour que puissent s'exprimer les revendications locales.

Le retour au septennat pour la durée du mandat présidentiel est une exigence qui nécessitera un référendum populaire.

216 Article 11 de la Constitution.

POUR CONCLURE

Le quinquennat qui s'achève aura été le plus calamiteux de la cinquième République. Les Français pensaient avec François Hollande avoir touché le fond, ils n'envisageaient pas de décliner encore. Bien que porté par un coup d'État judiciaire, le jeune candidat séduisait des électeurs qui ne connaissaient rien d'autre de lui que ce qu'une campagne médiatique inouïe leur avait présenté. Le désenchantement vint d'autant plus rapidement qu'il avait, en prônant un Nouveau Monde, suscité l'espoir d'un changement.

Emmanuel Macron issu du mélange incestueux d'une partie de la haute administration et de la finance mondialisée ne pouvait véritablement assumer la Révolution évoquée dans son livre. Le « penser printemps » n'était qu'une formule sans contenu autre que la fin de la taxe d'habitation ou le dédoublement des classes dans « les territoires perdus de la République ». Des mesures ayant peu de rapport avec le sujet d'une transformation de la société.

En réalité, le président était comme ces produits à vie courte, lancés avec des campagnes publicitaires agressives, que les grandes firmes mettent sur le marché pour animer leurs ventes. Il n'y est pas nécessaire de laisser apparaître les limites du produit, ses faiblesses. Ce qui compte c'est d'obtenir un résultat, quoiqu'il en coûte de la vérité. Le candidat avait été surdimensionné, n'est pas Jupiter qui veut. Les Français en firent vite l'expérience. Celui qui aspire à la magistrature suprême n'est pas un candidat à la mairie ou à la députation. Il est celui qui doit tenir le bateau France dans un monde en mouvement. Il est celui qui doit faire face à une situation inattendue qui peut remettre en cause ses compatriotes ou le pays. Le poste suprême de la république ne peut être confié au meilleur démagogue pas plus qu'au meilleur débatteur. S'il dispose de qualités exceptionnelles, le titulaire de ce poste doit d'abord témoigner de sa résistance aux influences de toutes sortes. Cette résistance-là s'acquiert dans la confrontation de la vie politique qui durcit la carapace. C'est dans l'adversité que se trempe l'individu et c'est dans les circonstances qu'apparaît le héros. Pour forger celui-là ou celle-là, il faut les étapes du temps. La fonction présidentielle est un sacerdoce. À l'évidence, la pandémie a montré que la France ne disposait pas de cet homme-là, et l'équipe qui l'entourait ne pouvait pas non plus y suppléer. Le déclassement de la France s'étalait, comment cette puissance avait-elle pu en arriver là ? Comment un redressement avec cette même équipe ne pouvait que se présenter aléatoire ?

Finalement le Nouveau Monde d'Emmanuel Macron ne pouvait que ressembler à celui de ses prédécesseurs. Il comblait de cadeaux les grandes compagnies financières, le grand capital, celui qui précisément ruinait les peuples et détruisait les nations.

Le mouvement Gilets jaunes brisait l'apparente apathie et rappelait à Jupiter que des Français étaient encore là. C'est dans ces moments de rupture entre ceux d'en haut et ceux d'en bas que le chef apparaît ou celui en place montre sa solidité. Il n'en fut rien. Si Emmanuel Macron affirmait tenir compte de l'explosion du mécontentement en reprenant des revendications du mouvement, il sous-traitait à la cavalerie son maintien au pouvoir. Alors que devant toute émeute de banlieue, les forces de l'ordre doivent faire preuve de retenue, face aux Gilets jaunes certaines parties de celles-ci ont pu faire montre d'un zèle coupable. Les embastillés, blessés, estropiés, défigurés furent nombre. Les manipulations à l'aide des black blocs et autres antifas permettaient de caricaturer le mouvement. Cependant, la rupture était consommée avec la France périphérique.

Alors que dans le même temps son cabinet travaillait à leur disparition, Emmanuel Macron s'adressait aux maires. Il souhaitait qu'ils portent son message concernant les changements qu'il allait mettre en œuvre. Tout le monde constatait que le cœur n'y était plus. La parole du jeune président se déclinait dans une logorrhée insipide. Le rapport des forces avait changé. Quoiqu'en disent les instituts de sondages, Emmanuel Macron avait entrepris sa descente dans l'opinion. Aux élections européennes, la liste qu'il patronnait tombait à la deuxième place malgré l'apport sournois des républicains et de la gauche qui faisaient conduire leur liste par des quasi-inconnus peu convaincants.

La fin de son régime programmée, Emmanuel Macron quittait les habits de Jupiter pour reprendre ceux plus conformes de président disposant d'un domaine réservé. Les relations internationales étant de celles-là, il entreprend des visites au monde, il intervient à l'ONU et il renforce ses convictions européistes et atlantistes. L'arrivée du virus va modifier la donne. Emmanuel Macron le voit-il comme une aubaine, une occasion de se refaire ? Il va s'extraire de la Constitution pour prendre le pouvoir total. La gauche qui qualifiait la présidence du général de Gaulle de pouvoir personnel absolu n'y a-t-elle vu que du feu ? En tout cas, elle va rester fidèle à une sorte d'union sacrée avec celui pour lequel elle a appelé à voter. La faiblesse patente de la gauche auprès du peuple qu'elle a si souvent trahi ne lui permet plus de critiquer trop fortement Emmanuel Macron qui finalement lui assure son train de vie.

La puissance accordée à la pandémie assimilée à une guerre par l'exécutif macronien laisse le sentiment étrange d'avoir été entraîné dans une turbulence qui, par bien des côtés, n'était pas fondée. Beaucoup de gouvernements ont pris des mesures, en apparence analogue, mais jamais avec la même sévérité ni la même durée que la France. Malgré cela, les résultats obtenus furent médiocres, en tout cas moins bons qu'une grande majorité de pays. Ces mesures s'établissent sur un nuancier avec un curseur composant entre les mesures sanitaires et les mises à l'arrêt de l'économie. Elles s'inscrivent dans un rapport de forces. Elles sont foncièrement des décisions politiques. La Suède n'a pris aucune mesure spécifique sauf de considérer qu'il fallait vivre avec un virus dangereux et létal pour les personnes âgées et fragiles. Sa mortalité est inférieure à la nôtre[217].

Lorsque la pandémie se précise, le régime macronien est sorti affaibli de sa confrontation avec les Gilets jaunes. Les services d'urgence des hôpitaux sont en grève depuis un an.

L'hôpital public qui constitue le socle de notre système de santé est en voie de paupérisation rapide. Depuis les années quatre-vingt, la suppression de lits et la diminution du personnel sont la

217 Mortalité au 30 octobre 2021 par million d'habitants : France 1797 ; Suède 1472. Source D. Delawarde : *Rapport mensuel de situation covid planétaire.*

priorité de tous les régimes. À partir de la loi Bachelot en 2009 (Hôpital, patients, santé, territoire), l'hôpital public est une entreprise comme les autres. Elle produit désormais des actes référencés à un prix convenu, mais limité par le budget de la sécurité sociale. Ce qui fait qu'une « réforme » de ce type ne peut se concevoir que si la privatisation finale de la santé est visée. Elle est en cours. Les recettes de la sécurité sociale n'étant plus suffisantes, les « cotisations » mutualistes et un reste du par les malades ont agrandi le fonds. Dans le même temps, des dépenses supplémentaires sont venues obérer l'ensemble. Il est installé à la tête de la santé une couche parasitaire, pilotée par un État central qui ne l'est pas moins. Elle occupe et constitue les Agences, en particulier celles dites régionales, les ARS, créées en 2010. Elles sont justifiées par l'austérité qu'elles imposent aux hôpitaux. Elles doivent accélérer les fermetures de lits, de services, d'hôpitaux et réduire le personnel hospitalier. Leur mission est de ramener à une sorte de point mort des dépenses. Il faut passer le rabot partout. La condition d'un tel exercice ne peut perdurer que dans un ciel serein. Lorsqu'une épidémie se répand, elle déjoue non seulement les plans d'une technocratie administrative obsédée à réduire les couts de la santé, mais elle annonce une catastrophe humanitaire. Les protections des personnels contre l'agressivité du virus, qui ont été ratiboisées par François Hollande et Marisol Touraine, viennent s'ajouter à la déréliction de nos hôpitaux. Ceux-ci désormais risquent de se retrouver submergés comme leurs semblables Lombards que les médias macroniens se sont acharnés à dauber lors du pic de l'épidémie en Italie.

Dans ce contexte, que restait-il pour conduire sa guerre au virus le 16 mars 2020 ? Dire la vérité de l'état des hôpitaux et faire appel à la nation, sonner le branlebas de combat ? Ce n'est pas dans son génome. Emmanuel Macron n'est pas un guerrier, c'est un fort en thèmes et en postures. Le guerrier envisage sa fin et affronte la mort, lui est soucieux de son avenir présidentiel ou professionnel. Le guerrier est sur le terrain, Emmanuel Macron est dans sa tour d'ivoire ultra protégé. Il pense par ailleurs que les Français, que fondamentalement il méprise, disposent de peu de qualités, illettrés, alcooliques, criminels, procureurs… Multiplier les centres d'accueil des malades ? C'est inconcevable pour des tas de raisons ; or c'est là que la guerre se mène, sur le terrain. Les Chinois et les Coréens viennent de le montrer.

Aussi, dans un retournement inconcevable, Emmanuel Macron qui tend à personnifier seul l'exécutif décrète prioritaire sur les malades qui vont s'accumuler[218], le sauvetage de l'hôpital en l'état. Il lui faut donc confiner le pays et reléguer au plus loin les malades qui viendraient à s'y présenter. En conséquence, il se fond dans le scénario de l'Imperial College de Londres, plus exactement d'une composante de celui-ci, une créature de Bill Gates. L'ancien patron de Microsoft la finance. Elle va produire le scénario suivant : la pandémie va décimer la population mondiale. Il n'existe pas de remède pour y faire face sauf de s'enfermer chez soi dans l'attente d'un vaccin.

Ce qui n'apparaît pas en mars 2020, dans le maelstrom que suscitent les premiers morts du virus, c'est d'abord le manque de moyens et de structures d'accueil des malades qui est en réalité crucial. Bien qu'annoncé, aucun effort réel n'a été fait pour tenter

---

218 Vingt mois plus tard, le premier secrétaire du régime, Jean Castex, poussera un peu plus le bouchon « le meilleur moyen de soulager l'hôpital, c'est de ne pas tomber malade ».

de remédier au manque de lits, au manque de services d'urgence, au manque de services de réanimation et au manque d'hôpitaux. À cette réalité objective et incontournable s'est superposé un manque de sang-froid du cercle dirigeant et du premier en son sein. À ce manque de maitrise s'est progressivement substitué le froid calcul d'une stratégie de la peur. Cette stratégie mise en place terrifie les gens et les met en condition pour accepter tous les traitements qui se présenteront. Certains disent que des vaccins sont déjà bien avancés. La rapidité avec laquelle ceux-ci arriveront sur le marché peut le laisser supposer. Le seul obstacle à leur monopole et à la mise sur le marché serait l'existence d'un traitement.

Un traitement existe. Il a été mis au point par une sommité française des maladies infectieuses, le professeur Didier Raoult. Dans l'institut qu'il dirige qui s'avère être un outil exceptionnel disposant d'une capacité de recherche des plus puissantes au monde, il a mis au point un traitement approprié qu'il a validé. Le traitement repose sur la prise de deux médicaments, un antibiotique et la chloroquine qui tue le virus dans sa phase de développement, celle qui précède la réaction des défenses naturelles. En vente libre à des milliards d'unités depuis 70 ans, la chloroquine (ou hydroxychloroquine) est un médicament efficace et peu couteux.

Contre toute attente, la chloroquine va faire l'objet d'un dénigrement systématique de la part d'une nomenklatura médicale, principalement parisienne, souvent rémunérée par Big Pharma et en connivence avec le pouvoir macronien. En effet, alors que ce médicament aurait pu sauver des vies, des décrets vont l'interdire. Le professeur Raoult a évalué à 25 000 les personnes qui auraient pu être sauvées. Ce que confirme un autre professeur, Christian Perronne, dans son livre. « Pendant ce temps, début mai, la France bat le record du monde de la létalité due au coronavirus. Et l'Hexagone est le seul pays au monde à interdire l'hydroxychloroquine, sauf pour les mourants. Cherchez l'erreur[219] ». Il en sera de même de tout traitement qui viendra se mettre en travers d'un vaccin attendu. L'administration de la santé, et en particulier celle de l'anciennement prestigieuse AP-HP, va conduire à une mort prématurée beaucoup de nos anciens. Cette réduction de la vie aurait pu leur être épargnée si avait été écouté le professeur Raoult. La visite d'Emmanuel Macron à l'IHU de Marseille laisse supposer un changement de stratégie de l'autorité. Il n'en sera rien, les enjeux sont trop importants, des milliards sont en jeu. Le laboratoire multinational Pfizer est une connaissance d'Emmanuel Macron. Associé-gérant à la banque Rothschild, il a assuré en 2008, la reprise de sa division alimentation pour bébé par le Suisse Nestlé. Le vaccin est un produit de cette puissante compagnie du Big Pharma, qui en attend de grands bénéfices. Les grandes compagnies ne veulent pas de concurrent. N'oublions pas que l'essence du régime macronien c'est un pouvoir au service de ceux qui l'ont mis en place, c'est-à-dire au service des multinationales et de la finance internationale. Le Big Pharma en est à coup sûr. L'épisode de l'épidémie permet à Pfizer de voir ses ventes et ses profits exploser. Big Pharma n'est pas le seul à bénéficier de l'épisode pandémique. La bourse de Paris a connu sa meilleure année depuis plus de vingt ans. C'est aussi vrai pour Wall Street, mais plus modestement.

219 *Y a -t-il une erreur qu'ILS n'ont pas commise ?* Page 105.

Profitant de la donne virale et grâce à des coups d'État de faible intensité, Emmanuel Macron a transformé l'exécutif à sa convenance à l'arrivée du virus. Il est l'exécutif à lui seul avec le Conseil de défense sanitaire et des collaborateurs ministres. Le législateur ne compte plus, il n'est convoqué que de besoin.

Le président va appuyer encore plus fort sur la peur de ses concitoyens. Alors que la pandémie, bien que ravivée temporairement par les migrations estivales, régresse, il annonce un nouveau confinement sans lequel « c'est au moins 400 000 morts supplémentaires à déplorer » affirme-t-il. Ce nouveau confinement soumet la population à une propagande délirante qui invente des malades sans symptômes. Emmanuel Macron est dans la prophétie de l'Imperial College of London qui prévoit, quoi qu'on fasse, un demi-million de morts. La fin du deuxième confinement correspond à l'arrivée du vaccin qu'il va saluer par un tweet « Nous avons une nouvelle arme contre le virus : le vaccin ». Quelle était donc l'arme précédente ? Le confinement ?

Le vaccin ne dégage pas l'engouement auquel il prétendait répondre. Certes un grand nombre de Français se sont vaccinés, mais on est loin de ce qui était présenté comme les conditions de l'immunité collective, soit 66 % suivant les recommandations changeantes des épidémiologistes du conseil scientifique.

Aussi Emmanuel Macron se sentira contraint d'élever d'un ton ses exigences. Profitant des vacances, ce qui indique ses craintes d'une réaction populaire, il met en place un passeport sanitaire en juillet 2021. Forme déguisée de l'obligation vaccinale qu'il ne peut exiger en tant que telle pour plusieurs raisons. Les vaccins ne sont pas validés, mais toujours en phase expérimentale. L'État en obligeant se trouve responsable des complications éventuelles.

Il n'empêche que la pandémie n'est pas close. Un nouveau variant fait son apparition, le delta. Dans l'intervalle, la situation des hôpitaux publics s'est encore dégradée. Des milliers de soignants ont démissionné, des milliers d'autres se voient suspendus pour non-vaccination.

Une campagne visant à rendre responsables de la situation les non-vaccinés se renforce.

Côté bilan, avec la même part de dépenses, la mortalité française est 35 % supérieure à l'allemande[220]. En 2020, le PIB allemand a chuté de 5 % et le nôtre de 8,7 %.

Finalement, le combat contre le virus n'a pas, malgré les efforts consentis, donné de résultats spectaculaires, mais par contre celui contre les libertés ne fait aucun doute !

La liberté de circuler est suspendue. Les confinements ont transformé les lieux privés en centre de détention. Alors que les frontières effectives du pays sont restées sans contrôle, l'accès au domaine public était réservé et soumis à une répression démesurée.

La liberté du travail et la liberté d'entreprendre sont circonscrites. Des dizaines de milliers d'entreprises sont vouées à disparaître, emportant avec elles quelquefois les efforts de toute une vie.

La liberté de prescrire des médecins, condition première de leur exercice, s'est trouvée abolie par décret et autres directives autoritaires. La conduite du ministère de la Santé est devenue incohérente et totalement étrangère aux attentes de la population. L'ordre des médecins s'est comporté en supplétif de l'exécutif en engageant des poursuites contre les médecins insensibles aux ukases du pouvoir. La liberté d'expression doit protéger les dis-

220 Nombre de morts par million d'habitants au 30 octobre 2020 : France 1797, Allemagne 1143.

sidents. Raison pour laquelle un droit existe. Or, ce droit n'est plus respecté partout. La liberté d'expression est menacée par une doctrine qui élève les décisions gouvernementales en vérités irréfragables validées par des sondeurs corrompus. Les droits de l'homme, protégés par le bloc constitutionnel, ne sont plus respectés par la pratique du pouvoir. La question de savoir si la France est devenue un régime autoritaire ou une dictature s'est naturellement posée.

La démocratie qui qualifie la République française se trouve mise entre parenthèses officiellement à partir du 23 mars 2020 et dont la fin est dorénavant repoussée en juillet 2022. Une nouvelle architecture du pouvoir se voulant plus efficace, avec un Conseil de défense à sa tête, est apparue. Son pilotage se fonde sur un aréopage non élu formé pour la circonstance autour du président. Cette forme nouvelle pourrait être qualifiée de démocrature ou de dictocratie.

La dictature, ou la tyrannie, est un régime dans lequel celui qui commande, décide seul de changer les règles admises qui s'imposent à tous pour de nouvelles qui lui seront profitables. La démocratie implique que soit demandé leur avis à ceux concernés par le changement des règles afin qu'elles soient acceptées parce que profitables à tous.

La vaccination qui devait permettre au pays de vivre comme avant se heurtait à un peuple qui trainait des pieds pour se faire vacciner. Il entendait ce que les réseaux sociaux lui communiquaient et constatait que finalement le « vaccin » ne correspondait pas tout à fait à sa définition. Pire il rendait malade des biens portants. Emmanuel Macron franchissait de nouveaux pas en rendant, malgré tout, obligatoire la vaccination. S'il tirait gloriole de l'augmentation des vaccinés, il s'enferrait un peu plus dans un piège diabolique dont il ne sortirait plus. Le 5 janvier 2022, il déclarait une nouvelle guerre, celle qu'il allait mener contre les non-vaccinés auxquels il enlevait, à la façon d'un dictateur sud-américain, le statut de citoyens.

D'échec en échec, la victoire finale sur le virus aux formes changeantes et ses conséquences sociales s'est éloignée, mais l'acheminement vers une catastrophe d'une ampleur inconnue s'est précisé.

La République française, sous la tutelle de l'Union européenne, est un élément d'une fédération qui ne dit pas son nom. Cette fédération lui impose une conduite qui n'est pas conforme au principe de sa loi fondamentale « gouvernement du peuple, par le peuple et pour le peuple »[221] français. Un « État de droit » a été substitué à la république, un droit européen conforme à un État européen. Une sorte de passerelle entre la république déchue et la fédération européenne en voie de proclamation. L'ambiguïté du terme permet d'imaginer un nouvel Eden où les droits, signifiant les désirs, car sans devoir, s'épanouiraient indéfiniment. Le revenu universel pourrait en constituer la forme achevée. Par contre, le véritable État de droit qui, par essence, permet aux individus d'échapper à l'arbitraire, est anéanti quand la machinerie judiciaire se met en œuvre.

La pandémie a permis au président Macron de se constituer un pouvoir à sa mesure, mais son pouvoir quel est-il ? Il est au même

221 Article 2 de la Constitution, alinéa 5.

niveau que la Bavière désormais. Il n'est qu'un état dans une fédération. La pandémie lui a permis de s'arroger le pouvoir réglementaire que la Constitution attribue au Premier ministre. Il est en quelque sorte un ministre-président. Son ministre de la Santé est devenu un représentant des laboratoires multinationaux qui voit d'un mauvais œil le concurrent chloroquine du professeur Raoult. Le ministre-président s'est entouré de conseils de toute sorte avec lesquels il pilote le pays. Il fait valider leurs prestations par une chambre des députés au manque de maturité politique évidente. Quelques élus courageux[222] se sont exprimés sous les sarcasmes et les insultes de la bien-pensance lors des rares séances du Parlement. Ils seront l'honneur du parlement. Le déclassement de la France, mis en évidence avec la pandémie, s'est accéléré avec la gestion d'Emmanuel Macron. La guerre que le Président annonçait en mars 2020 ressemble à la drôle de guerre de juin 1939 à juin 1940. Certes, il y a eu des morts, mais ils n'ont pas bouleversé la démographie comme dans une vraie guerre, comme celle qui allait sévir à partir de juin 1940. Nous devons nous attendre à des évènements brutaux qui se manifesteront sur d'autres terrains après l'élection présidentielle.

La richesse produite en 2020 a diminué de plus de 8 % par rapport à 2019. Il manque environ 200 milliards d'euros dans les poches des Français auxquels il faut ajouter le même montant emprunté. À titre de comparaison, cette somme représente plus de trois années de budget de l'éducation nationale. Il manquera cette somme aux entreprises qui devront rembourser les prêts accordés pour les empêcher de produire. L'année 2021 aurait rétabli les

222 On peut, au vu des circonstances, l'assimiler au chemin de l'honneur.

comptes d'après la Banque de France. Les prévisions pour après ne sont guère optimistes. La France s'est fragilisée. Son endettement en est la manifestation.

Au dire des spécialistes de différentes disciplines des sciences sociales et médicales, de graves difficultés attendent les Français pour demain. La priorité à la covid dans les hôpitaux a reporté des interventions sur des maladies graves. La mise sous cloche du pays à plusieurs reprises ne sera pas sans conséquence sur sa santé mentale. Les jeunes, les étudiants ont vu leur vie sociale abîmée. Quand ils ont jailli des ténèbres dans lesquels on les confinait pour s'amuser, ils furent traités comme de vulgaires criminels. Les résultats scolaires et universitaires seront forcément entachés de tout ce qui a manqué à la jeunesse française.

En s'attribuant l'apparence d'un pouvoir absolu durant l'épidémie que lui aurait laissée provisoirement l'Union européenne, Emmanuel Macron s'est considérablement affaibli. Les échecs de tout ce qui fut entrepris seront justement attribués à sa personnalité. Son quinquennat est un naufrage. Sera-t-il en position pour se représenter comme Nicolas Sarkozy ou s'en abstiendra-t-il comme François Hollande ? Telle est la question.

Emmanuel Macron a laissé en plan comme ses prédécesseurs les problèmes que rencontre la France depuis une cinquantaine d'années. Comme eux, il lègue une dette colossale encore augmentée, pour handicaper celui qui devra relever le pays. Les attributs souverains étant pour l'essentiel transférés, les organes de ceux-ci sont progressivement abandonnés. Les administrations de justice, de sécurité, d'éducation, de santé… ne sont plus en mesure d'accomplir leurs missions. Dans l'intervalle, la physionomie a changé, le pays s'est transformé en profondeur. Son déclin s'est accentué alors qu'une nouvelle population difficilement assimilable gagnait son sol et y faisait souche.

Seul le retour des attributs du pouvoir permettra à la France de reprendre en main son destin. L'indépendance est le bien le plus précieux d'une nation, il est grand temps de la reconquérir. La reconquérir pour faire quoi ?

Nous avons avancé les idées du changement dans la dernière partie du livre. Elles ne sont pas exhaustives, mais conditionnées. Le changement ne peut commencer sans clarifier les rapports avec l'Union européenne. Si la France reste dans l'Union telle qu'elle fonctionne et si la France conserve l'euro tel qu'il est défini, elle ne pourra prendre aucune décision la concernant. Une fois cette question posée, que devra-t-elle faire sortir ou rester ? La réponse à cette question se situe en grande partie dans ses relations avec l'Allemagne qui domine l'Union. Souhaite-t-elle une fédération toujours plus poussée ou un rassemblement d'États souverains ? Veut-elle continuer à engranger des excédents commerciaux de ses exportations que les déficits de la France et sa ruine industrielle compenseraient ?

La France ne peut vivre sous une tutelle étrangère de quelque façon que ce soit. Il lui faut donc revoir ses alliances, ses coopérations commerciales et économiques en fonction de ses intérêts propres. La France n'est pas qualifiée pour supporter toute la misère du monde.

TABLE DES MATIÈRES

Éditions des Cimes
5 rue Auguste Bartholdi,75015 PARIS.
www.editions-cimes.fr
01 83 62 98 12

Dépôt légal : mars 2022
ISBN : 979-10-91058-46-9

Imprimé en France
en mars 2022
par la société Tirage (91)